NA TRILHA DE MACUNAÍMA

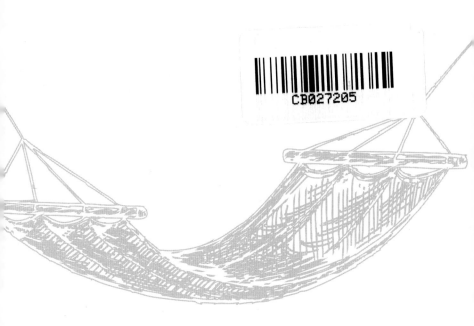

Dados Internacionais de Catalogação na Publicação (CIP)
(Simone M. P. Vieira - CRB 8ª/4771)

Turino, Célio
Na trilha de Macunaíma : ócio e trabalho na cidade / Célio Turino.
3. ed. – São Paulo : Editora Senac São Paulo : Edições Sesc São Paulo, 2025.

Bibliografia.
ISBN 978-85-396-3765-2 (Impresso/2025)
e-ISBN 978-85-396-3766-9 (ePub/2025)
e-ISBN 978-85-396-3767-6 (PDF/2025)
ISBN 978-85-9493-287-7 (Edições Sesc São Paulo/2025)

1. Andrade, Mário de, 1893-1945. Macunaíma – Crítica e interpretação 2. Lazer – São Paulo (SP) – História 3. Ócio – São Paulo (SP) – História 4. Trabalho – São Paulo (SP) – História 5. Vida urbana – São Paulo (SP) I. Título.

22-1726t

CDD – 306.48120981611
BISAC SPO066000

Índice para catálogo sistemático:

1. São Paulo : Cidade : Lazer : Comportamento social : História 306.48120981611
2. São Paulo : Cidade : Ócio e trabalho : Comportamento Social : História 306.48120981611

NA TRILHA DE MACUNAÍMA

ÓCIO E TRABALHO NA CIDADE

3ª EDIÇÃO

CÉLIO TURINO

SERVIÇO NACIONAL DE APRENDIZAGEM COMERCIAL
ADMINISTRAÇÃO REGIONAL DO SENAC NO ESTADO DE SÃO PAULO
Presidente do Conselho Regional: Abram Szajman
Diretor do Departamento Regional: Luiz Francisco de A. Salgado
Superintendente Universitário e de Desenvolvimento: Luiz Carlos Dourado

EDITORA SENAC SÃO PAULO

Conselho Editorial
Luiz Francisco de A. Salgado
Luiz Carlos Dourado
Darcio Sayad Maia
Lucila Mara Sbrana Sciotti
Luís Américo Tousi Botelho

Gerente/Publisher: Luís Américo Tousi Botelho
Coordenação Editorial: Verônica Pirani de Oliveira
Prospecção: Andreza Fernandes dos Passos de Paula,
 Dolores Crisci Manzano, Paloma Marques Santos
Administrativo: Marina P. Alves
Comercial: Aldair Novais Pereira
Comunicação e Eventos: Tania Mayumi Doyama Natal

Edição de Texto: Silvana Vieira
Preparação de Texto: Leticia Castello Branco
Coordenação de Revisão de Texto: Marcelo Nardeli
Revisão de Texto: Edna Viana, Fátima Couto, Ivone P. B. Groenitz,
 Jussara Rodrigues Gomes, Leia Fontes Guimarães,
 Luiza Elena Luchini
Coordenação de Arte e Capa: Antonio Carlos De Angelis
Projeto Gráfico e Editoração Eletrônica: Fabiana Fernandes
Imagens da Capa: Adobe Stock
Impressão e Acabamento: Gráfica CS

Todos os direitos desta edição reservados à
Editora Senac São Paulo
Av. Engenheiro Eusébio Stevaux, 823 – Prédio Editora
Jurubatuba – CEP 04696-000 – São Paulo – SP
Tel. (11) 2187-4450
editora@sp.senac.br
https://www.editorasenacsp.com.br

© Editora Senac São Paulo, 2025

SERVIÇO SOCIAL DO COMÉRCIO
ADMINISTRAÇÃO REGIONAL NO ESTADO DE SÃO PAULO
Presidente do Conselho Regional
Abram Szajman
Diretor Regional
Luiz Deoclecio Massaro Galina

Conselho Editorial
Carla Bertucci Barbieri
Jackson Andrade de Matos
Marta Raquel Colabone
Ricardo Gentil
Rosana Paulo da Cunha

EDIÇÕES SESC SÃO PAULO
Gerente Iã Paulo Ribeiro
Gerente Adjunto Francis Manzoni
Editorial Clívia Ramiro
Assistente: Antonio Carlos Vilela
Produção Gráfica Fabio Pinotti
Assistente: Ricardo Kawazu

Edições Sesc São Paulo
Rua Serra da Bocaina, 570 – 11º andar
03174-000 – São Paulo SP Brasil
Tel.: 11 2607-9400
edicoes@sescsp.org.br
sescsp.org.br/edicoes
/edicoessescsp

SUMÁRIO

Nota dos editores 7

Prefácio – *Luiz Gonzaga Godoi Trigo* 9

Agradecimentos 15

Apresentação 17

Ócio e trabalho: valores em mutação 25

Mais ócio e menos trabalho:
a fórmula da vida emancipada 65

Lazer: o ócio permitido –
conceitos para uma política pública para o lazer 109

Na trilha de Macunaíma: Ai! que preguiça!... 171

A cidade descobre o lazer:
o rio Tietê – a muiraquitã de São Paulo 237

E Macunaíma fez, seguindo na trilha – vinte anos depois 283

Bibliografia complementar 295

NOTA DOS EDITORES

Já dizia Nietzsche, no século XIX, que o frenesi do trabalho fazia os homens sentirem vergonha do repouso e remorso pelo tempo gasto com reflexões.

A entronização do trabalho – e a demonização do ócio (identificado com preguiça, nas economias industriais) – embotou por muito tempo a visão da sociedade e de suas autoridades com respeito à importância do lazer para o exercício de uma vida plena e criativa. Na melhor das hipóteses, o tempo livre era entendido como um momento de restaurar forças para retomar o trabalho.

Essa visão felizmente vem mudando, graças a textos como este de Célio Turino, que fazem antever, no horizonte das intenções humanas, uma preocupação mais consistente com políticas públicas de lazer ligadas às artes, ao esporte e ao convívio social.

Mais uma oportuna parceria entre o Senac São Paulo e o Sesc São Paulo em benefício da cultura e da reflexão sobre o trabalho.

PREFÁCIO

Este livro é valioso por diversos motivos. Talvez o principal deles seja analisar, de maneira criativa e abrangente, a concepção de lazer urbano, com foco na cidade de São Paulo. Os outros motivos, não menos importantes, referem-se à discussão sobre lazer ao longo da história; as relações entre ócio, lazer e trabalho; e a inserção do lazer na problemática social e urbana atual. Um avanço nos estudos sobre o lazer no Brasil e em vários países do mundo foi a ampliação do campo de discussão, abarcando todas as classes sociais e os diversos segmentos étnicos e culturais que utilizam o lazer. Outro avanço é a necessidade de situar o cidadão não apenas como agente passivo de atividades recreativas, de entretenimento ou de lazer, mas como participante ativo. Desde o planejamento e organização dos espaços destinados ao exercício do lazer até a sua implantação, gestão, operação e – o mais importante – a crítica do que está sendo realizado, tudo deve passar pela discussão não só de especialistas, mas também da comunidade onde esses projetos serão alojados.

O texto de Célio Turino, em que a forma não trai o conteúdo, é bem escrito e propicia prazer ao leitor. Seria desagradável, além de um pouco contraditório, um conteúdo tão rico em conceitos e informações sobre um tema como o "lazer" ser impresso em um texto árido, extremamente técnico e desnecessariamente sisudo. Não houve essa incoerência entre nobres objetivos e o exercício acadêmico sério. O texto é denso, bem articulado, inovador, com rigor metodológico e ao mesmo tempo bom de ler em uma poltrona confortável, desfrutando de um passeio guiado pelas competentes ideias do historiador.

É um passeio especial. Após os percursos pelas trilhas conceituais, antecipando futuras discussões e análises comparativas nos capítulos seguintes, mergulha-se na literatura de Mário de Andrade. De posse dessa riqueza, o autor conduz então o leitor aos primórdios do desenvolvimento urbano de São Paulo e nos mostra os rios e as várzeas como fontes iniciais do lazer da cidade. É um resgate das origens paradisíacas do rio Tietê e da Zona Leste da cidade, vistas então, em passado não muito distante, como áreas destinadas ao desfrute da vida.

Em uma época em que a região periférica de São Paulo como um todo, e a Zona Leste em especial, são amplamente discutidas e recebem investimentos como o Parque Ecológico Tietê e o câmpus Zona Leste da Universidade de São Paulo (USP-Leste), o trabalho de Célio Turino amplia um debate crucial para milhões de pessoas que vivem, trabalham e se divertem nessas áreas. A questão não é apenas técnica ou urbanística, compreende práticas e políticas que envolvem as questões de cidadania. O lazer como possibilidade de inclusão social, o esporte como tentativa de diminuir a violência, o espaço urbano como área mais democrática e pluralista. O pano de fundo é sempre o prazer, vislumbrado em diversos momentos histtóricos e em diferentes temas acadêmicos, mas mantendo a posição de importante instância humana em que expressões e atitudes podem, livremente, se manifestar. Para isso é necessário o espaço público e políticas facilitadoras integradas. Não é possível uma política de lazer desvinculada de outras políticas (de segurança pública, transportes, habitação e saúde, bem como econômica, social e cultural). Não é possível exercer plenamente o lazer em sociedades onde a injustiça social gera violência, desconfiança e exploração. Não é possível o prazer em lugares onde inexista a vivência de "comunidades" organizadas.

O texto de Turino é a favor do lazer, da educação, do esporte, da cidadania, dos bens históricos e culturais, do prazer de jogar bola em gramados verdes e nadar em rios de águas puras. As contradições de Macunaíma são um paralelo literário vigoroso às contradições urbanas das metrópoles brasileiras, e é na maior dessas metrópoles (São Paulo) que a discussão sobre as concepções sobre lazer são exemplificadas. A teia entre trabalho, ócio, lazer e violência é vasta, mas é tecida pelos seres humanos, e, portanto, pode ser mudada. A sociedade deve ser melhorada, e é para isso que livros como este são escritos.

LUIZ GONZAGA GODOI TRIGO

Professor de lazer e turismo da USP-Leste e da PUC-Campinas.
Livre-docente em lazer e turismo pela ECA-USP.
Doutor em educação pela Unicamp.

Entre as muitas descobertas
que a trilha de Macunaíma me permitiu,
está a história de Vei, a sol.
É tão claro, se a sol é uma estrela,
deve ser tratada no feminino.
Mas essa é uma sabedoria taulipangue,
os indígenas do norte da Amazônia.
Para nossa civilização
seria impossível admitir que todos os
planetas girassem sob a órbita feminina.
Por isso a estrela sol foi transformada em astro sol.
Prefiro seguir Macunaíma,
e dedico essa obra às Veis
que iluminaram e aqueceram minha vida.

Para
Cândida, mãe de minha mãe
Elza, minha mãe
Thereza, mãe de minhas filhas
Mariana e Carolina, minhas filhas
Silvana, companheira de todos os dias de trabalho e preguiça

E para Ci, Mãe do Mato

AGRADECIMENTOS

Gostaria de registrar alguns agradecimentos. Em especial, a Marcos Tognon, que pacientemente indicou caminhos de pesquisa sem nunca interferir especificamente no conteúdo. Também agradeço às pessoas com quem trabalhei na Prefeitura de São Paulo, durante a gestão 2001-2004, na Secretaria Municipal de Esportes, Lazer e Recreação, especialmente aos funcionários do Departamento de Promoções Esportivas, Lazer e Recreação (Depel), servidores do povo no verdadeiro sentido da palavra. Mas não podia deixar de fazer uma menção especial à pedagoga e amiga Roselene Crepaldi, que me emprestou muitos livros relacionados ao universo infantil, a Rui Costa, sociólogo de primeira, a José Roberto Gnecco, professor de história da educação física na Universidade Estadual Paulista (Unesp), a Julieta Abreu, a Albertina Suzuki e a Nádia Campeão, secretária de Esportes, Lazer e Recreação do Município de São Paulo, com quem tive o prazer de trabalhar. Sou grato ainda ao aprendizado que obtive na convivência com o pessoal do Serviço Social do Comércio (Sesc), que, mesmo sem comentar especificamente este trabalho, ofereceu discussões e questionamentos de grande valia. Na trajetória de pesquisa, agradeço aos funcionários do Arquivo Histórico Municipal de São Paulo, da Biblioteca Mário de Andrade, do Instituto de Estudos Brasileiros (IEB), bem como aos funcionários da Pós-Graduação da Universidade Estadual de Campinas (Unicamp) e aos professores e colegas do Núcleo de Pesquisa em História e Cidades. E um agradecimento final em lembrança do meu querido professor de graduação José Roberto do Amaral Lapa, já falecido, com quem aprendi a aproveitar o tempo de um jeito diferente. Em plena ditadura militar, a Unicamp era um mundo de liberdade. Mil ideias, tanta coisa por fazer. Queríamos mudar o mundo, quem sabe uma revolução. Assembleias, passeatas, campanha pela anistia. Debates sobre conjuntura, protestos, reuniões clandestinas. Particularmente me recordo de uma aula em que estávamos agitados, não havia tempo a perder, precisávamos fazer faixas, cartazes... Mas o velho professor pacientemente nos ensinava a refletir. A todos, muito obrigado.

APRESENTAÇÃO

Como gestor público de lazer na cidade de São Paulo, ao mesmo tempo que tinha de resolver problemas teóricos, precisava dar respostas, melhorar a qualidade do trabalho, entender o porquê, os sentidos e os usos que os cidadãos de São Paulo davam para o seu tempo liberado e suas atividades de lazer. Nesse período, refleti mais profundamente sobre o papel do lazer em nossa sociedade e procurei entender sua capacidade de mobilizar e transformar consciências, ou de conformá-las, dependendo do enfoque. Dessa forma, este livro é a mescla do estudo acadêmico com a atuação prática.

Foi procurando embasar conceitualmente a formulação de uma política pública para o lazer na cidade de São Paulo[1] que descobri

---

[1] Aqueles que desejarem mais informações sobre as políticas formuladas podem recorrer às seguintes coletâneas por mim organizadas: *O lazer nos programas sociais: propostas de combate à violência e à exclusão* (São Paulo: Anita Garibaldi, 2003); *Esporte e sociedade* (São Paulo: IMK, 2004); e, ainda, *Recreio nas férias: uma experiência de política pública de lazer e educação* (São Paulo: IMK, 2004).

a trilha deixada por Macunaíma, ou por Mário de Andrade, como preferirem. Não foi fácil. Primeiro era preciso penetrar esse mundo do lazer, conhecer gostos, preferências, motivações... Também foi necessário descobrir um novo universo de autores e pesquisadores, bem como apresentar novas questões e me aproximar de temas antes tão distantes de meu espectro de preocupações. A disciplina e o método acadêmico, aliados à intervenção prática na gestão e na formulação de políticas, foram as ferramentas que permitiram abrir essa trilha. Max Horkheimer falava do papel central da práxis como verificação final das teorias; talvez essa tenha sido uma oportunidade para a verificação, quem sabe, de uma história aplicada. Uma história que busca conhecer as narrativas, distinguindo suas origens e interesses e estabelecendo relações entre as diversas áreas de conhecimento (particularmente, neste trabalho, a interdisciplinaridade foi fundamental), inquirindo, buscando vínculos com situações concretas e procurando entender processos de longo prazo.

O foco é o lazer na cidade de São Paulo e a sua influência na formação de um comportamento social, um jeito, uma maneira de ser dos moradores da cidade. Evidentemente me concentrei em um período, que vai da emergência do lazer, no início do século XIX, até a perda do rio Tietê como espaço de convívio social no tempo livre da cidade, em 1944.

Trata-se de discussão cada vez mais necessária, numa época em que os ambientes de trabalho, antes locais onde se estabeleciam vínculos sociais, tornam-se mais e mais competitivos e em que grande número de pessoas nem sequer tem a oportunidade de um trabalho regular. A ideia deste estudo, portanto, é entender o processo de construção de identidades e de redes de solidariedade em uma vida fora do trabalho. Em que pese o avanço das pesquisas sobre a vida privada ou a micro-história, ainda são poucos os estudos voltados especificamente para o lazer, área relegada a um plano secundário entre as preocupações das ciências humanas, sendo normalmente uma atribuição deixada para o campo da educação física. Assim, foi necessário garimpar autores, descobrir novas abordagens e com isso pinçar os temas necessários à composição dos conceitos aqui apresentados.

Primeiramente tratei de entender a relação entre ócio e trabalho e a construção das imagens sociais que permeiam o tema. Sérgio Buarque de Holanda me deu uma pista, com *Visão do paraíso*, e também Marilena Chaui, com o seu brilhante prefácio a *O direito à preguiça*, de Paul Lafargue, genro de Karl Marx. Lafargue era um filho da América Latina, das Antilhas francesas, mestiço desenraizado que, com o seu vigor militante, desconstruiu a imagem da preguiça e do trabalho como nunca antes havia sido feito. A partir de Lafargue, retomei Marx em toda a sua dimensão filosófica e humanista. Ao contrário do que uma interpretação vulgar do marxismo nos faria crer, Marx entendia que o adequado uso do tempo de lazer e a redução da jornada de trabalho são condições fundamentais para o desenvolvimento humano, pelo qual as pessoas superariam o reino da necessidade para adentrar o reino genuíno da liberdade. Mas também contei com Max Weber, a nos demonstrar o momento em que a ideologia do trabalho assumiu todos os espaços da sociedade ocidental.

Seguindo esses autores, e também Bertrand Russell, o sofisticado filósofo de *O elogio ao ócio*, fomos consolidando uma opinião que apresenta o lazer, acima de tudo, como questão de poder e de luta entre interesses antagônicos. Dessa forma, toda política de lazer que se pretenda transformadora tem de contemplar a discussão sobre a redução da jornada de trabalho e o processo de emancipação dos trabalhadores, tema esse para o qual o sociólogo Ricardo Antunes oferece uma significativa contribuição com *Os sentidos do trabalho*.

Mas era preciso recorrer aos pesquisadores que têm por objeto específico o estudo sobre o lazer e o ócio. Priorizei os referenciais dos sociólogos Domenico De Masi e Joffre Dumazedier. Nos últimos dez anos a teoria do sociólogo do trabalho Domenico De Masi tem encontrado muita repercussão no Brasil e pode ser considerada um reflexo da própria ascensão da sociedade pós-industrial. De Masi aponta que

> [...] estamos caminhando em uma sociedade fundada não mais no trabalho, mas no tempo vago [...] a principal característica da atividade criativa é que ela praticamente não se distingue do jogo e do aprendizado, ficando cada vez mais difícil separar essas três dimensões, que antes, em nossa vida, tinham sido separadas de maneira clara e artificial. Quando trabalho, estudo e jogo coincidem, estamos diante daquela síntese que chamo exatamente de "ócio criativo".[2]

É claro que suas ideias sofrem uma série de críticas, como a de darem um tratamento um tanto quanto "neutro" para a questão do ócio, refletindo certo modismo bem ao gosto do nosso tempo e que vulgariza o debate. Mas sua influência no tema é tão grande que não podemos ignorá-la.

Os estudos do sociólogo do lazer Joffre Dumazedier assumem um rigor mais científico e foram consolidados entre os anos 1960 e 1970. Lamentavelmente, no Brasil esses estudos ficaram restritos às áreas de educação física ou de gestão do lazer, mas são tão pertinentes e consistentes que podem – e devem – auxiliar muito os estudos nas ciências humanas.

A influência de Dumazedier na formulação de políticas públicas para o lazer é incontestável. O diretor do Departamento Regional do Serviço Social do Comércio de São Paulo (Sesc São Paulo), Danilo

---

[2] Domenico De Masi, *O ócio criativo* (Rio de Janeiro: Sextante, 2000), p. 16.

Miranda, afirma sobre Dumazedier: "Durante as décadas de 1970 e 1980, tivemos a oportunidade de promover seminários internos com sua animada presença, além de enviar nossos pesquisadores para cursos de pós-graduação, na Sorbonne, sob sua orientação direta".[3] Foi assim que se definiram os rumos de avançadas e criativas ações em torno de uma política de lazer aliada às artes, ao esporte e à convivência social, responsável pela formação de toda uma geração de gestores do lazer, agitadores culturais e do próprio público.[4] No primeiro Encontro Nacional sobre Lazer e Recreação, realizado em 1975, Dumazedier abria sua conferência referindo-se à sua intimidade com os problemas brasileiros:

> Não é a primeira vez que venho ao Brasil, e tenho a impressão de estar acompanhando seus problemas desde 1963. A minha primeira viagem, no período de 1961-1963, foi realizada a convite da Universidade de Brasília [UnB] e do Movimento de Cultura Popular do Recife. [...] Durante dez anos, trabalhei com brasileiros, fora do Brasil, e sempre às voltas com o mesmo problema, o do lazer.[5]

---

[3] Danilo Santos de Miranda, "Prefácio", em Jofre Dumazedier, *Sociologia empírica do lazer* (São Paulo: Perspectiva, 2001), p. 8.

[4] A experiência do Serviço Social do Comércio de São Paulo (Sesc São Paulo) merece um estudo à parte (eis uma boa sugestão de tese), dada a presença da instituição no panorama cultural de São Paulo, disseminando a prática de frequentar centros de lazer que unem em um mesmo espaço áreas para espetáculos, oficinas culturais, biblioteca, exposições, piscinas e instalações esportivas e de recreação, unificadas sob projetos arquitetônicos arrojados (dos quais o projeto da arquiteta Lina Bo Bardi para a restauração de uma antiga fábrica no bairro da Pompeia, aliado à construção de um moderno edifício vertical, todo em concreto aparente, é um marco da arquitetura paulistana).

[5] Jofre Dumazedier, *Questionamento teórico do lazer* (Porto Alegre: Celar/PUC-RS, 1975), p. 46.

Em seu trabalho mais conhecido, *Sociologia empírica do lazer*,[6] Dumazedier sistematiza, como poucos autores o fizeram, o tema do ponto de vista teórico e metodológico.

Também foi uma grande satisfação a descoberta de Norbert Elias, original pensador falecido no final dos anos 1980. Além de *O processo civilizador*, analisei sua coletânea de artigos sobre esporte e lazer, publicados em *A busca da excitação,* em que ele apresenta o lazer sob uma perspectiva do autocontrole, da quebra da rotina e da formação de comportamentos, normas e condutas sociais. Com ele, retomei Pierre Bourdieu e sua teoria dos campos, do *habitus* e da reprodução social, além de um interessante trabalho sobre esporte e classes sociais.

Entre os brasileiros, vale destacar Luís Otávio Camargo, que demonstra que o trabalho vai deixando de ser a principal fonte de preocupação das pessoas e que,

> [...] em nome da qualidade de vida, a diversão e o gozo lúdico da existência também se tornam um problema a ser resolvido pelos indivíduos e uma fonte de cobrança da família e dos amigos, pois através da educação informal propiciada pelo lazer, plasma-se um modelo cultural de prática social que interfere no desenvolvimento pessoal dos indivíduos.[7]

Cabe mencionar também o professor Nelson Marcelino, da Unicamp, sem dúvida o autor brasileiro que melhor sistematizou a discussão sobre o tema – com destaque para a relação entre lazer e educação –, além de ter influenciado toda uma nova geração de gestores do lazer. E, como lazer mantém uma relação direta com educação e jogo, destaco os autores europeus Gilles Brougère, Johan Huizinga e Liev Vigótski.

---

6   Joffre Dumazedier, *Sociologia empírica do lazer*, cit.

7   Luís Otávio Camargo, *O que é lazer* (São Paulo: Brasiliense, 1989), p. 14.

Como contraponto crítico, a Escola de Frankfurt, em especial Herbert Marcuse, Theodor Adorno e Erich Fromm (apesar de sua curta passagem pela Escola de Frankfurt), serve de apoio com um conjunto de ideias de excepcional profundidade. Para as questões relativas à pós-modernidade, Anthony Giddens, Mike Featherstone e Stuart Hill. Entre os historiadores, Eric Hobsbawm, de quem guardo o conselho "Tente entender sua época e não enumerar fatos"; E. P. Thompson; Maria Stela Bresciani, com seu conciso e consistente estudo *Londres e Paris no século XIX: o espetáculo da pobreza*; Edgar De Decca, não somente por seus artigos relacionados ao tema, mas pelas teses que orientou; Maria Auxiliadora Guzzo Decca, com o pioneiro *A vida fora das fábricas*; e Nicolau Sevcenko, com *Orfeu estático na metrópole*. E também os memorialistas de São Paulo, Richard Morse, Henrique Nicollini e Antônio Egídio Martins, entre outros. Além, é claro, de Ecléa Bosi e sua insubstituível *Memória e sociedade*.

Mas nada supera o prazer de lidar com um pensador de tamanha vitalidade como Mário de Andrade, ao mesmo tempo objeto e guia deste livro. O encontro com Mário de Andrade se deu por caminhos tortuosos: buscava um artigo apenas, "A divina preguiça", de 1918, só encontrado depois de muita procura. "A divina preguiça" é um clássico que deveria figurar ao lado de *O direito à preguiça,* de Paul Lafargue, e de *O elogio ao ócio,* de Bertrand Russell, como as grandes referências mundiais sobre o tema. Com "A divina preguiça", encontrei Macunaíma. Com Macunaíma reencontrei o Brasil e o nosso ócio criativo.

Mais que isso, encontrei toda uma lógica de interpretação do país e da nossa realidade, uma desconstrução de preconceitos e uma renhida disputa entre as ideias de progresso e trabalho *versus* preguiça e brincadeira. Sem dúvida, Macunaíma influenciou a própria construção narrativa deste livro, e assim mergulhei na literatura de Mário de Andrade. Como ponto de apoio, o indispensável *Roteiro de Macunaíma*, de Manuel Cavalcanti Proença, bem como outras referências literárias: *Brás, Bexiga e Barra Funda*, de Antônio Alcântara Machado, *Parque industrial*, de Pagu, além de versos e canções de Juó Bananere, Cornélio Pires, Blaise Cendrars e Adoniran Barbosa (e como referência atual, o *rapper* Mano Brown).

Em *Macunaíma* descobri o sentido do ócio em toda a sua dimensão. E na busca da muiraquitã perdida encontrei São Paulo. Seria antecipar a história, mas entrelaçamos a trama da muiraquitã com o drama do rio dos paulistas, o Tietê, tratado no quinto capítulo. É nesse capítulo que desenvolvi a discussão sobre o lazer moldando comportamentos nos campos de várzea, nas competições aquáticas (no início do século XX as grandes atividades esportivas de São Paulo eram o remo e a natação, praticados no rio Tietê), nos encontros de recreio e piqueniques. Essas eram práticas ao mesmo tempo preguiçosas e inteligentes, como veremos. Com a perda do rio como fator de identidade da cidade, os moradores foram se alienando, se embrutecendo, rompendo vínculos de solidariedade e civilidade. Mário de Andrade não só acompanhou de perto esse processo como teve a sensibilidade de perceber o significado dessa perda. "Meditação sobre o Tietê", seu último poema, é uma espécie de testamento, um alerta para as gerações então por vir.

ÓCIO E TRABALHO:
valores em mutação

Nos primeiros dias na terra que viria a ser o Brasil deu-se um alegre encontro entre os povos da terra e aqueles que haviam chegado do mar. O coletor de impostos, o almoxarife Diogo Dias, que segundo Caminha era "homem gracioso e de prazer" (ator de circo), começou a dançar com os nativos.

Além do rio, andavam muitos deles dançando e folgando, uns diante dos outros, sem se tomarem pelas mãos. E faziam-no bem. Passou-se então além do rio, Diogo Dias, almoxarife que foi de Sacavém, que é homem gracioso e de prazer; e levou consigo um gaiteiro nosso com sua gaita. E meteu-se com eles a dançar, tomando-os pelas mãos; e eles folgavam e riam, e andavam com ele muito bem ao som da gaita. Depois de dançarem, fez-lhes ali, andando no chão, muitas voltas ligeiras, e salto real, de que eles se espantavam e riam e folgavam muito.[1]

---

[1] Pero Vaz de Caminha, "Terra de Vera Cruz", abril de 1500, em *A carta de Pero Vaz de Caminha*, catálogo da Mostra do Redescobrimento (São Paulo: Fundação Bienal de São Paulo, 2000), p. 83.

Essa foi a primeira troca simbólica do país que começava a nascer; nenhuma palavra foi dita, apenas gestos, sons e o prazer de dançarem juntos. Antes desse encontro, os povos que habitavam o lugar viviam em festa, obtendo seu sustento com pouco esforço, pois a terra lhes oferecia tudo que fosse necessário. "Primeiras sociedades do lazer, primeiras sociedades da abundância",[2] esse foi o mundo que portugueses e espanhóis encontraram ao cruzar o Atlântico. A impressão é de que haviam chegado ao Éden. Na época de Colombo, muitas foram as discussões a esse respeito. Mapas indicavam a localização do paraíso, cosmógrafos ajustavam suas cartas, teólogos debatiam o Gênesis. Santo Isidoro de Sevilha chamou as terras encontradas de ilhas afortunadas (*insulae consulatae*):

> Espontaneamente dão muito rico fruto nas árvores; os bosques cobrem--se espontaneamente de vides; em vez de ervas há ali messes; de onde aquele erro de gentios, e de versos dos poetas quando julgaram tais ilhas, pela fecundidade do solo, constituem o Paraíso. Situam-se no Oceano, do lado esquerdo da Mauritânia, próximas do Ocidente, e separadas dela pelo mar.[3]

O próprio Cristóvão Colombo dá a entender que chegou à porta do paraíso por especial graça de Deus:

> Já disse, aquilo que achava deste hemisfério e da sua feiúra, e creio, se passasse por debaixo da linha equinocial, que ali chegando, neste lugar mais alto, achara maior temperança e diversidade nas estrelas e nas águas, não porque acredite que onde se acha a altura extrema seja possível navegar-se ou seja possível subir até lá, pois creio que lá

---

[2]   Marshall Sahlins, *apud* Pierre Clastres, *A sociedade contra o Estado* (Rio de Janeiro: Francisco Alves, 1978), p. 137.

[3]   Santo Isidoro de Sevilha, *apud* Sérgio Buarque de Holanda, *Visão do paraíso* (São Paulo: Brasiliense/Publifolha, 2000), p. 195.

está o Paraíso Terrestre, onde ninguém pode chegar, salvo por vontade
divina [...].[4]

Sérgio Buarque de Holanda parte do imaginário medieval do
paraíso, encontrado no Gênese, para compreender esse deslumbra-
mento com o mundo que se descortinava:

[...] o Senhor Deus, tendo criado o homem, em quem insuflou o fôlego
da vida e o fez assim alma vivente, plantou para sua habitação um horto
"da banda do Oriente". Ali espalhou por toda parte, plantas agradáveis
à vista e boas para comida [...].[5]

Nessa terra de "muito bons ares", a comida estava ao alcance
das mãos, bastava extrair frutos, plantar, caçar ou pescar. Vaz de
Caminha descreve a ida à terra firme em busca de água e comida:

Foi o Capitão com alguns de nós um pedaço por este arvoredo até uma
ribeira grande e de muita água [...]. Ali ficamos um pedaço, bebendo
e folgando, ao longo dela, entre esse arvoredo, que é tanto, tamanho,
tão basto e de tantas prumagens [variedades], que homem as não pode
contar. Há entre ele muitas palmas, de que colhemos muitos e bons
palmitos.[6]

Beber e folgar ao mesmo tempo em que se busca o alimento,
esse era o cotidiano de trabalho encontrado nas terras de Pindorama.
Os indígenas sabiam extrair da terra aquilo que ela lhes oferecia,
e assim que conseguiam o suficiente podiam se dedicar à arte, às
brincadeiras e à festa. Na verdade, arte, brincadeiras e festa estavam misturadas com a busca do sustento. O sentido do trabalho
em um ambiente como esse certamente era diferente da realidade

---

[4]   Cristóvão Colombo, *apud* Sérgio Buarque de Holanda, *Visão do paraíso*, cit., p. 194.

[5]   Sérgio Buarque de Holanda, *Visão do paraíso*, cit., p. 184.

[6]   *A carta de Pero Vaz de Caminha*, cit., p. 85.

da Europa medieval, e os portugueses da frota cabralina que foram buscar água e comida, "por este arvoredo até uma ribeira grande e de muita água", também se deixaram folgar pelo caminho, e mesmo assim, colheram "muitos e bons palmitos".

Mas ao mesmo tempo que a riqueza natural da terra deslumbrou os visitantes, também despertou a cobiça e, quase que na mesma sequência, a inveja em relação àqueles povos que prescindiam do trabalho para levar a vida. Prescindiam do trabalho e também do Estado, dois dos principais axiomas da civilização ocidental. A desnecessidade de um trabalho duro estava presente não apenas entre povos nômades, como também em relação aos agricultores tupis-guaranis; portugueses, franceses ou espanhóis não admitiam uma realidade assim; a ociosidade nativa os chocava. O antropólogo Pierre Clastres faz a seguinte descrição do ritmo de trabalho desses povos:

> Uma mesma área de cultivo era utilizada por um período ininterrupto de quatro a seis anos. Em seguida era abandonada, por esgotar-se o solo [...] O grosso do trabalho efetuado pelos homens consistia em arrotear, por meio de um machado de pedra e com o auxílio do fogo, a superfície necessária. Essa tarefa no fim da estação das chuvas mobilizava os homens durante um ou dois meses. Quase todo o resto do processo agrícola – plantar, mondar, colher –, em conformidade com a divisão sexual do trabalho, era executado por mulheres.[7]

Constatado isso, o autor conclui que para os homens havia a necessidade de apenas dois meses de trabalho duro a cada quatro anos; o tempo restante era passado em ocupações como a pesca e a caça, que, apesar de proverem a comunidade de alimentos, não

---

[7] Pierre Clastres, *A sociedade contra o Estado*, cit., p. 135.

eram consideradas penosas e sim um prazer, estando misturadas, como dissemos, com festas e brincadeiras.

Mesmo entre os indígenas da atualidade, a presença do trabalho na vida cotidiana é bastante reduzida. J. Lizot, antropólogo que viveu vários anos entre os ianomâmis da Amazônia venezuelana, estudou o tempo que os adultos dedicavam ao trabalho, marcando todas as atividades necessárias para o cumprimento da tarefa. Em qualquer situação esse tempo nunca ultrapassou três horas diárias. Mesmo sem uma contagem exata do tempo, Pierre Clastres constatou que, em sua experiência pessoal no contato com os guaiaquis, nativos do Paraguai, o tempo que eles dedicavam ao trabalho nunca superou metade do dia: "passavam pelo menos metade do dia em quase completa ociosidade, uma vez que a caça e a coleta se efetuavam, e não todos os dias, entre, mais ou menos, 6 e 11 horas da manhã".[8] A lógica dessas sociedades não é exatamente da recusa do trabalho; eles trabalham pouco, é verdade, mas enfrentam suas obrigações. A diferença [em relação aos europeus] é que param no momento em que suas necessidades são satisfeitas. Ou seja, dependendo das condições ecológicas, podem trabalhar mais ou menos. O sentido de sua vida é encontrado no lazer, na busca do significado das coisas, e não na acumulação de riquezas materiais. Essa foi a diferença encontrada pelos portugueses há quinhentos anos.

Além da abundância de recursos naturais que parecia inesgotável – "águas são muitas, infinitas" –, Vaz de Caminha descreveu o tipo físico e a ausência de malícia dos povos da terra:

> A feição deles é serem pardos, maneira de avermelhados, de bons rostos e bons narizes, bem-feitos. Andam nus, sem nenhuma cobertura. Nem estimam de cobrir ou de mostrar suas vergonhas; e nisso têm tanta

---

[8]   *Ibid.*, p. 136.

> inocência como em mostrar o rosto. [...] Ali andavam entre eles três ou
> quatro moças, bem moças e bem gentis, com cabelos muito pretos,
> compridos pelas espáduas, e suas vergonhas tão altas, tão cerradinhas e
> tão limpas das cabeleiras que, de as muito bem olharmos, não tínhamos
> nenhuma vergonha.[9]

Ausência de malícia, recursos abundantes, despreocupação em estocar riquezas ou alimentos. Por que um povo que vivia nessas circunstâncias iria preferir o trabalho ao descanso? A própria organização da vida social prescindia de um corpo estatal, inexistindo um poder político que pudesse coagi-los a abandonar sua vida de ócio. Para os recém-chegados europeus, era inaceitável que aquelas pessoas vivessem tão perto da felicidade e que isso acontecesse com tão pouco esforço. Mesmo com a recorrente comparação ao paraíso ("a inocência desta gente é tal, que a de Adão não seria maior, quanto a vergonha"), a missão que eles se impuseram foi a de salvar essa gente do pecado (como se houvesse pecado no paraíso): "o melhor fruto que nela se pode fazer, me parece que será salvar essa gente. E esta deve ser a principal semente que Vossa Alteza em ela deve lançar".[10]

Claro que, antes de sugerir a salvação dos moradores do Éden, Caminha descreve mais uma vez as riquezas da terra, sempre presentes nas intenções de todos os que cruzaram o oceano à procura do Novo Mundo:

> [...] um deles pôs olho no colar do capitão, e começou a acenar com a
> mão para a terra e depois para o colar, como que nos dizendo que ali
> havia ouro. Também olhou para um castiçal de prata e assim mesmo
> acenava para a terra e novamente para o castiçal como se lá também
> houvesse prata. [...] Isto tomávamos nós por assim o desejarmos.[11]

---

[9]   *A carta de Pero Vaz de Caminha*, cit., p. 80.

[10] *Ibidem.*

[11] *Ibidem.*

Ao menos Caminha foi sincero nos propósitos do Reino, que, para realizar seus desejos, como que cumprindo uma ordem divina, desde então repetiu os versos do Gênesis para todo aquele povo que ainda vivia como Adão: "Maldito é o solo por causa de ti! Com sofrimentos dele te nutrirás todos os dias de tua vida. Com o suor do teu rosto comerás teu pão".[12]

Essas palavras marcariam para sempre o destino dos moradores do continente que seria chamado de América, assim como marcaram o destino dos descendentes de Adão e Eva. Desde a expulsão do paraíso, o trabalho surge como pena divina a redimir uma vida em pecado e ligada indissoluvelmente à preguiça. A vida ociosa e feliz do paraíso transforma-se em promessa que só será reconquistada após a morte e como prêmio para uma existência de virtudes e sacrifícios. Após a carta de Caminha, a terra de Vera Cruz deixou de ser paraíso e passou a integrar a história dos homens.

Obter o sustento sem sacrifício não mais seria possível, até porque os indígenas não trabalhariam apenas para suas tribos. Era preciso domesticar aqueles selvagens, salvando-lhes a alma, mesmo que isso significasse a destruição de seus corpos e de suas mentes. O que se seguiu àquele primeiro encontro, em que houve espaço até para a dança, foi uma história de horror e extermínio. Os nativos teriam de aprender a lidar com os rigores do trabalho, mesmo que Caminha tivesse atestado que "a terra em si é de mui bons ares", o que não exigiria o armazenamento de alimentos para os rigorosos tempos de inverno ou estiagem. Mas, apesar de dispor de uma produção que já era suficiente para todos, atendendo até mesmo os visitantes mais inesperados, foi preciso produzir mais.

---

[12]   Gênesis, 3:17-9.

Trabalho para purgar os pecados, apesar de representar um castigo, tornou-se virtude. Marilena Chaui chama a atenção para o paradoxo do que significa o desprezo à preguiça e a valorização do trabalho, pois ele surge como castigo divino e está presente "em quase todos os mitos que narram a origem das sociedades humanas como efeito de um crime cuja punição será a necessidade de trabalhar para viver".[13] A origem da palavra "trabalho" é encontrada no latim *tripalium,* instrumento de tortura para empalar escravos. O exército de escravos liderados por Espártaco, depois de derrotado por Roma, teve esse destino: a morte por empalamento, no *tripalium.* Da mesma forma *labor,* que significa dobrar-se sob o peso de uma carga, dor, sofrimento.

A etimologia de "trabalho" nos auxilia a perceber a contradição conceitual que existe entre a raiz dessa palavra (cujo significado original estava associado a castigo) e o sentido de virtude que ela acabou adquirindo, e por isso é importante que a levemos em consideração. Mas essa é uma construção ocidental de trabalho, e seria um equívoco atribuir-lhe uma dimensão inerentemente negativa. Para os povos do Oriente, o conceito é outro:

> A ideia de trabalho no Ocidente é construída [...] em oposição ao lazer e ao ócio. Por isso o trabalho associa-se, frequentemente, à obrigação e mobiliza os sentimentos de castigo, sofrimento, pena, cruz que se carrega, ao passo que o não trabalho se vincula ao ideário da recompensa, descanso, prêmio, etc. No Oriente, a ideia de trabalho funda-se

---

[13] Marilena Chaui, "Prefácio", em Paul Lafargue, *O direito à preguiça* (2ª ed. São Paulo: Hucitec/Unesp, 2000), p. 11. Para análise deste texto, fiz uso de três diferentes edições da obra de Lafargue (Kairós, 1980, Hucitec/Unesp, 2000, e Claridade, 2003). Optei por transcrever a tradução da Editora Claridade, pois esta vem acompanhada do original em francês. Entretanto, fiz uso dos diferentes prefácios das três edições (Francisco Foot Hardman, Marilena Chaui e Olgária Matos, respectivamente), pela consistência de informações e rigor analítico.

na oposição entre trabalho intelectual e manual. Nesse sentido, o trabalho dignifica a vida se possibilitar o desenvolvimento da criatividade, da inventividade e da capacidade cognitiva humana em suas múltiplas dimensões.[14]

A noção de trabalho como sinônimo de escravidão é produto da expropriação do trabalho alheio, bem como da alienação imposta ao trabalhador expropriado, que se vê destituído do usufruto do resultado de seu trabalho e do próprio processo de produção, que é compartimentado e abstrato. Na perspectiva de uma sociedade emancipada, livremente regulada, o trabalho, ou um novo tipo de trabalho, continuará tendo uma função social vital. Deverá haver, isso sim, uma relação de maior equilíbrio entre o tempo de trabalho e o de não trabalho; e, nesse caso, a humanização da vida social levaria à humanização do próprio trabalho. Sobre o tema, Ricardo Carlos Gaspar apresenta uma significativa contribuição:

> A caracterização do ser humano livre como sendo aquele homem sem obrigação de trabalhar, cuja generalização coletiva supostamente caracterizaria a utopia comunista, parece-nos equivocada, não apenas por identificar exclusivamente o trabalho à necessidade – portanto, a atividade trabalho seria ontologicamente incompatível com a liberdade, o que contraria a legítima interpretação de Lukács acerca da ontologia marxiana do trabalho, na qual este aparece como domínio do indivíduo genérico sobre sua própria singularidade particular e, enquanto tal, modelo de toda a liberdade –, como por diluir as diferenças que sempre prevalecerão – embora não mais de caráter antagônico – entre a atividade produtiva socialmente regulamentada e o ócio, nas suas diferentes formas de manifestação.[15]

---

[14] Leila Maria da Silva Blass, "Trabalho e suas metamorfoses", em Ladislau Dowbor *et al.* (orgs.), *Desafios da globalização* (Petrópolis: Vozes, 1997), p. 150.

[15] Ricardo Carlos Gaspar, *As fronteiras do possível: trabalho, lazer e civilização* (São Paulo: Germinal, 2003), p. 128.

"Mãe dos vícios!", "Morada do demônio", "Preguiçoso como um índio" (depois, como um negro, ou nordestino, ou pura e simplesmente como um pobre, um despossuído vítima qualquer) são imagens recorrentes da preguiça, em que "o laço que ata preguiça e pecado é um nó invisível que prende imagens sociais de escárnio, condenação e medo".[16] Esse modo de perceber a preguiça está incorporado ao cotidiano da sociedade e vai muito além de uma visão religiosa, que considera a preguiça um dos sete pecados capitais. Nos dicionários de língua portuguesa de Aurélio Buarque de Holanda e Antônio Houaiss, preguiça e ócio são sinônimos. Encontramos cinco diferentes significados para o ócio: descanso do trabalho, folga, repouso; tempo que se passa desocupado, quietação, lazer; falta de trabalho, desocupação, ociosidade; preguiça, indolência, moleza; trabalho mental ou ocupação suave, agradável. A representação mais comum, no entanto, relaciona ócio e preguiça a indolência, vadiagem, valores negativos.

Diz o ditado: "O diabo sempre inventa uma maldade para quem está de mãos vazias". Como se a ocupação e o trabalho possuíssem

> [...] a virtude milagrosa de transformar todos em virtuosos, maduros, livres, dignos de mérito e felizes [enquanto o ócio, em oposição, seria] promotor do enfraquecimento das virtudes, como a antecâmara de todas as perversões, como ocasião de tédio, violência e uso de drogas.[17]

Penetrando no imaginário, nas pequenas atitudes, brincadeiras e comentários, essa percepção do ócio tem um efeito direto na vida prática, no comportamento familiar, educacional e social, bem como

---

[16] Marilena Chaui, "Prefácio", em Paul Lafargue, *O direito à preguiça*, edição Hucitec/Unesp, cit., p. 10.

[17] Domenico De Masi (org.), *A economia do ócio* (Rio de Janeiro: Sextante, 2001), p. 22.

na definição de políticas públicas em áreas como: lazer, cultura, esportes, educação e a própria formação para o trabalho.

Nos últimos anos, porém, a relação entre ócio (ou preguiça) com lazer e criatividade começa a ser recuperada.

Jacques Derrida demonstrou que os aspectos mais básicos da identidade humana podem ser encontrados na estrutura da linguagem que usamos para expressá-los, em que a disputa pelo conceito em torno das palavras é, sobretudo, uma questão política, de poder e controle social. Assim também acontece em relação ao ócio, à preguiça ou ao lazer. E essa disputa de ideias e conceitos começou na Europa, a partir do século XIX, com a intensificação da luta entre proletários e capitalistas. Exemplos notáveis da reflexão sobre o conceito de ócio vêm, primeiro, do genro de Karl Marx, Paul Lafargue, com *O direito à preguiça*, e depois, na década de 1930, do grande pensador britânico Bertrand Russell, com *O elogio ao ócio*. Analisaremos a seguir os dois textos, começando pelo de Russell.

O ELOGIO AO ÓCIO

Poucos autores trataram do tema com tanta profundidade e clareza de raciocínio como o filósofo, matemático e pacifista Bertrand Russell. Um dos grandes pensadores do século XX, ganhador do prêmio Nobel pelo conjunto de sua obra, Bertrand Russell afirma, em seu *O elogio ao ócio*, que "a crença nas virtudes do trabalho produz males sem conta", e a moral do trabalho é "uma moral de escravos". Inicialmente ele procura definir o que é o trabalho, identificando dois tipos: "o que modifica a posição dos corpos na superfície da terra ou perto dela, relativamente a outros corpos; o que manda que outras pessoas façam o primeiro".

Lembrando que o primeiro tipo é desagradável e mal pago e o segundo muito bem pago e agradável, conclui que, para o segundo tipo:

> [...] além daqueles que dão ordens, há os que dão conselhos a respeito das ordens que devem ser dadas. Geralmente dois tipos opostos de conselhos são dados simultaneamente por dois grupos organizados; a isso se chama de política. A qualificação necessária para esse tipo de trabalho não é o conhecimento do tema a respeito do qual se dão conselhos, mas o conhecimento da arte de falar e escrever convincentemente, isto é, da propaganda.[18]

Bertrand Russell também faz uma distinção para uma "terceira classe de pessoas", os grandes proprietários de terra que, por meio de um direito de herança e de suas propriedades, fazem com que as outras pessoas "paguem pelo privilégio de poder existir e trabalhar". Nesse momento do texto, encontramos uma obra-prima na arte da oratória. Utilizando-se da fina ironia das classes altas inglesas – das quais, aliás, ele é filho, embora sua lucidez o faça descolar-se totalmente desses interesses –, Russell provoca no leitor uma completa inversão de valores: os nobres e grandes proprietários de terra, acostumados a tratamento de primeira classe, agora são apontados como uma *terceira classe* de pessoas. Com uma única ironia, ele inverte uma representação social construída durante séculos e desmonta um dos pilares da ideologia dominante. Esses proprietários são classificados como ociosos, e ele alerta que a esse ócio não dedica elogio, pois

> [...] o seu ócio só é possível devido ao trabalho dos outros e, na verdade, a sua aspiração a um ócio confortável é, historicamente, a origem de

---

[18] Bertrand Russell, *O elogio ao ócio* (Rio de Janeiro: Sextante, 2002), p. 25.

todo o evangelho do trabalho. A última coisa que essa gente jamais desejou é que os outros seguissem o seu exemplo.[19]

Essa ética transformou ócio e preguiça em pecado apenas para os outros, invertendo o próprio sentido de trabalho e ócio. Até a Revolução Industrial, o excedente produzido por um único homem era pouco mais do que o necessário para sua própria manutenção e de sua família. Está na origem do Estado a apropriação desse excedente, que era imposta pela força das armas (os guerreiros responsáveis pela defesa da tribo logo se tornaram os coletores de impostos) ou pela força de crenças religiosas, pois também os sacerdotes cobravam tributos dos fiéis.

> Pouco a pouco, porém, descobriu-se que era possível induzi-los a aceitar uma ética segundo a qual era sua obrigação trabalhar duro, mesmo que uma parte desse trabalho fosse para sustentar o ócio dos outros. [...] A ideia do dever, historicamente falando, foi um meio usado pelos detentores do poder para convencer os demais a dedicarem suas vidas ao benefício de seus senhores.[20]

Bertrand Russell demonstrou que essa era uma forma "invertida" de consciência, em que "os detentores do poder escondem tal fato de si mesmos, procurando acreditar que seus interesses particulares são idênticos aos interesses maiores da humanidade". Em seguida ele conclui:

> O lazer é essencial à civilização e, em épocas passadas, o lazer de uns poucos só era possível devido ao trabalho da maioria. Esse trabalho era valioso não porque o trabalho é bom, mas porque o lazer é bom. E

---

[19] *Ibid.*, p. 26.
[20] *Ibid.*, p. 27.

com a técnica moderna, seria possível a justa distribuição do lazer sem nenhum prejuízo para a civilização.[21]

É claro que essa mudança de enfoque implicaria uma mudança no controle dos meios de produção, envolvendo muito mais interesses do que uma reflexão filosófica, por mais clara e precisa que seja...

> A ideia de que os pobres devem ter direito ao lazer sempre chocou os ricos. [...] Quando alguns abelhudos vieram afirmar que a jornada era longa demais foi-lhes dito que o trabalho mantinha os adultos longe da bebida e as crianças afastadas do crime.[22]

Um discurso e uma postura que se mantêm presentes até os dias atuais. Assim, Russell conclui que o imperativo de manter os pobres aplacados levou os ricos a doutrinar, durante milhares de anos, sobre a dignidade do trabalho, enquanto tratavam de se manter indignos a respeito do assunto. O trabalho é um meio para atingir a felicidade, e não um fim em si mesmo. Um "instrumento capaz de tornar o homem capaz de viver",[23] disse Aristóteles, que já apontava para um futuro em que as máquinas poderiam substituir a necessidade do trabalho, tornando desnecessária a escravidão (ou a exploração do trabalho alheio, se preferirmos transportar esse conceito para os dias atuais) e possibilitando o desenvolvimento de uma vida elevada, cheia de sentidos – o oposto da alienação gerada pelo culto ao tecnicismo e pela busca desenfreada do lucro. Bertrand Russell acrescenta que "movimentar a matéria em quantidades necessárias à nossa existência não é, decididamente, um dos objetivos da vida humana. Se fosse, teríamos de considerar qualquer operador de

---

[21] *Ibid.*, p. 28.
[22] *Ibidem.*
[23] Aristóteles, *Poética*, Coleção Os Pensadores (São Paulo: Nova Cultural, 1999), p. 148.

britadeira superior a Shakespeare",[24] ou seja, uma ética que tenha por princípio a emancipação da humanidade precisa superar uma existência de escravos. Pensamos muito na produção e pouco no consumo, e acabamos dando pouca importância ao desfrute e à felicidade, deixando de avaliar a produção pelo desfrute que ela proporciona, diz ele.

Independentemente da crítica ao ócio explorador, desfrutado por uma minoria, Bertrand Russell reconhece – assim como vários autores que vieram depois, e mesmo Paul Lafargue, que escreveu antes dele – que as vantagens desfrutadas por uma pequena classe ociosa foram fundamentais para contribuir

> [...] com quase tudo o que hoje chamamos de civilização. Ela cultivou as artes e descobriu as ciências, escreveu os livros, inventou as filosofias e aperfeiçoou as relações sociais. Mesmo a libertação dos oprimidos foi geralmente iniciada a partir de cima. Sem a classe ociosa, a humanidade nunca teria saído da barbárie.[25]

No entanto, passados os anos, com a hereditariedade de bens, essas mesmas classes sem nenhuma obrigação social geraram um enorme desperdício. Russell prossegue afirmando que, para cada Darwin que produziram, também geraram milhares de donos de terra cujo único empenho na vida era caçar raposas e punir eventuais invasores.

Esse papel criativo do ócio (no sentido da liberação da necessidade de um trabalho ligado à subsistência mais imediata de modo que permitisse o desenvolvimento do estudo e da pesquisa) deveria ser preenchido, nos tempos atuais, pelas universidades. Porém, uma reflexão mais crítica leva a uma constatação diferente:

---

[24] Bertrand Russell, *O elogio ao ócio*, cit., p. 31.
[25] *Ibid.*, p. 33.

NA TRILHA DE MACUNAÍMA: ÓCIO E TRABALHO NA CIDADE

> Hoje, espera-se que as universidades produzam de modo mais siste-mático aquilo que a classe ociosa produzia apenas acidentalmente, como mero subproduto. Trata-se de um grande avanço, mas que tem seus inconvenientes. A vida universitária é tão diferente do mundo exterior que, no meio acadêmico, as pessoas tendem a ficar alheias às preocupações e problemas dos homens e mulheres comuns. Além disso, elas utilizam um jargão de tal forma especializado que, em geral, as opiniões que expressam deixam de exercer a influência que deveriam ter sobre o público em geral. Outra desvantagem é que os estudos uni-versitários são estruturados de tal forma que alguém que conceba uma linha original de pesquisa frequentemente se sente desencorajado. As instituições acadêmicas, por mais úteis que sejam, não são os guardiões adequados dos interesses da civilização num mundo em que todos os que vivem fora de seus limites estão ocupados demais para dar atenção a atividades não utilitárias.[26]

A forma de romper esse processo de alienação e autoalienação em todos os segmentos da sociedade seria a construção de uma nova sociedade do lazer. Sociedade em que o trabalho deixe de ser um fim para se transformar em meio para a conquista da plena realização humana, em que os bens produzidos pelo trabalho sejam equitativamente distribuídos, permitindo a redução da jornada de trabalho e o aprofundamento dos estudos, da consciência e dos sentidos verdadeiramente humanos.

> Num mundo em que ninguém tenha de trabalhar mais do que quatro horas diárias todas as pessoas poderão saciar sua curiosidade científica [...], todo pintor poderá pintar seus quadros, sem passar por privações, independentemente da qualidade de sua arte. Jovens escritores não precisarão buscar a independência econômica indispensável às obras monumentais. Pessoas que em seu trabalho profissional se tenham interessado por alguma fase da economia ou da política poderão desen-volver suas ideias sem aquele distanciamento acadêmico.

---

[26] *Ibid.*, p. 34.

[...]

O trabalho exigido será suficiente para tornar agradável o lazer, mas não levará ninguém à exaustão. E como não estarão cansadas nas horas de folga, as pessoas deixarão de buscar diversões exclusivamente passivas e monótonas. Uma pequena parcela dedicará, com certeza, o tempo não gasto na ocupação profissional a atividades de alguma utilidade pública, e, como não dependerão dessas atividades para a sua sobrevivência, não terão a originalidade tolhida e nem a necessidade de se amoldar aos padrões estabelecidos pelos velhos mestres.[27]

Filósofo humanista, Bertrand Russell chamou os homens de sua época à reflexão. *O elogio ao ócio* poderia ser considerado uma utopia do lazer. Pena que sua obra seja ainda tão pouco conhecida.[28]

O DIREITO À PREGUIÇA

"Ó preguiça, tem piedade de nossa longa miséria! Ó preguiça, mãe das artes e das nobres virtudes, seja o bálsamo das angústias humanas!"[29]

É dessa forma que Paul Lafargue encerra seu panfleto *O direito à preguiça*. Texto preciso em seus argumentos, é, ao mesmo tempo, persuasivo e comovente, um clássico da literatura panfletária,

---

[27] *Ibid.*, p. 35.

[28] Um dos primeiros livros de não ficção que li, no início da adolescência, foi *Crimes de guerra no Vietnã*, de autoria de Bertrand Russell (Rio de Janeiro: Paz e Terra, 1967). Ele tinha mais de 90 anos quando o escreveu, e, desde a publicação de seu *O elogio ao ócio*, em 1935, já assistira aos horrores da Guerra Civil espanhola e da Segunda Guerra Mundial (o bombardeio de Guernica, o Holocausto e as bombas de Hiroshima e Nagasaki) e às guerras da Coreia e do Vietnã. Mantinha, no entanto, o mesmo vigor e crença na humanidade.

[29] Paul Lafargue, *O direito à preguiça* (São Paulo: Claridade, 2003), p. 77.

podendo ser lido como instrumento de análise, de crítica e, sobretudo, de ação revolucionária. Até o início do século XX, a publicação dessa obra entre o movimento socialista internacional só foi inferior à circulação do *Manifesto comunista*; na Rússia, ela foi traduzida antes mesmo do *Manifesto comunista* de Marx e Engels, e, entre 1905 e 1907, teve dezessete edições.[30] O discurso no funeral de Paul e Laura Lafargue foi proferido, em 3 de dezembro de 1911, por Lênin, o líder da Revolução Russa, atestando a importância de Lafargue para o movimento comunista internacional:

> Os operários conscientes e todos os social-democratas da Rússia aprenderam a estimar Lafargue profundamente como um dos divulgadores mais dotados e mais profundos do marxismo, cujas ideias foram tão brilhantemente confirmadas pela experiência da luta de classes na Revolução e Contrarrevolução russas. [...] Para nós que tivemos a felicidade de buscar, nas obras de Lafargue e de seus amigos, o conhecimento direto da experiência e do pensamento revolucionários dos operários europeus, é-nos agora particularmente evidente que o triunfo da causa, a cuja defesa Lafargue dedicou sua vida, aproxima-se rapidamente.[31]

Seis anos depois, o mundo presenciaria a vitória da revolução proletária na Rússia, e muitos de seus líderes haviam sido iniciados no marxismo lendo *O direito à preguiça*. É mérito desse manifesto recuperar o sentido grego de ócio e assim travar o primeiro combate aos ideais burgueses de trabalho e preguiça. O texto circulou na forma de artigos publicados no jornal socialista *L'Égalité*, entre 16 de junho e 4 de agosto de 1880, e começa com a seguinte constatação:

---

[30]   Francisco Foot Hardman, "Prefácio" à primeira edição brasileira de *O direito à preguiça* (São Paulo: Kairós, 1980).

[31]   *Apud* "Anexo" à terceira edição brasileira de *O direito à preguiça* (São Paulo: Kairós, 1981), s/p.

> Uma estranha loucura dominou as classes operárias das nações onde reina a civilização capitalista. Essa loucura traz como consequência misérias individuais e sociais que há dois séculos torturam a triste humanidade. Essa loucura é o amor ao trabalho, a paixão moribunda que absorve as forças vitais do indivíduo e de sua prole até o esgotamento. Em vez de reagir contra essa aberração mental, os padres, os economistas, os moralistas sacrossantificam o trabalho.[32]

O estilo literário de Lafargue é irônico, direto e ao mesmo tempo sagaz e elegante, dirigindo seus ataques não somente à ordem burguesa como também à hipocrisia cristã. Logo no início ele caracteriza a santificação do trabalho como uma "aberração mental", e toda a sua argumentação desconstrói a ideia da preguiça como pecado capital. Declarando-se não cristão, ele cita palavras de Jesus, em Mateus, capítulo VI, como louvor à preguiça: "Contemplai o crescimento dos lírios dos campos: não trabalham nem fiam, e não obstante, digo-vos, Salomão, em toda a sua glória, não se vestiu com maior brilho". Ou então invoca a própria conduta de Deus, que deu aos seus adoradores o exemplo supremo de preguiça ideal: após seis dias de trabalho, descansou por toda a eternidade.

As igrejas cristãs pregam a preguiça como pecado apenas para os fiéis; para eles próprios, os monges e clérigos, o ideal máximo para se aproximar de Deus é o estado de contemplação, a vida em mosteiro, mesmo que frugal.

> Nos tempos medievais, as interpretações cristãs de Aristóteles atribuíam uma índole sagrada à contemplação, à sabedoria e à beleza que deveriam ser cultivadas pelos monges dentro dos mosteiros. Nesse ambiente, o

---

[32] *Apud* Paul Lafargue, *O direito à preguiça*, edição Claridade, p. 19.

trabalho manual só era permitido depois da quietude alcançada pela contemplação da divindade.[33]

Essa é uma prática comum a todas as outras religiões que buscam se "religar" com Deus isolando-se de todas e quaisquer preocupações mundanas, com exceção do protestantismo, como apontou Max Weber. Sebastian de Grazia aponta que Tomás de Aquino, na *Suma teológica*, via o trabalho como uma necessidade natural; porém, havendo condições para que as pessoas pudessem viver sem trabalhar, a sociedade (ou parte dela) estaria desobrigada de fazê-lo. Pois, para Tomás de Aquino, a contemplação era superior a qualquer atividade humana, já que por meio dela se podia conhecer a verdade.

Ao apontar a contradição filosófica de classificar o ócio (afinal a contemplação é um estado de ócio) como pecado capital, Lafargue também não é indulgente com os trabalhadores, e alerta que o proletariado, ao deixar-se perverter pelo dogma do trabalho, traiu sua missão histórica de emancipar toda a humanidade.

Para Lafargue, todas as misérias individuais e sociais nascem da paixão pelo trabalho. A lógica do trabalho, além de produzir riquezas usufruídas apenas pelos detentores do capital, é também uma lógica de controle. Napoleão dizia que tem menos vícios o povo que muito trabalha, conceito que até hoje vemos repetir-se em nossas sociedades. As fábricas modernas, ainda segundo Lafargue, tornaram-se as "casas ideais de correção", em que os operários – homens, mulheres e crianças – são encarcerados e condenados a trabalhos forçados, durante 12 a 14 horas. Ele cita o livreto *Um ensaio sobre os negócios*

---

[33] Graciela Uribe Ortega, "Identidade cultural, território e lazer", em *Lazer numa sociedade globalizada. Anais do Congresso Mundial de Lazer* (São Paulo: Sesc, 2000), p. 165.

e o comércio, de autoria desconhecida e de grande circulação em Londres, que propunha "casas ideais do trabalho" (*ideal workhouses*) para dobrar os sentimentos de orgulho e independência que a preguiça traz consigo. E, exatamente por isso, ele contesta a bandeira sindical de luta por mais trabalho:

> Que vergonha para o proletariado francês! Tão-somente escravos teriam sido capazes de tamanha baixeza. [...] entregaram suas mulheres e seus filhos aos barões da indústria. Com suas próprias mãos, demoliram seus lares; com suas próprias mãos, secaram o leite de suas mulheres; as infelizes, grávidas e amamentando seus bebês, tiveram de ir para as minas e para as manufaturas curvar a espinha e esgotar os nervos; com suas próprias mãos quebraram a vida e o vigor de seus filhos.
>
> – Vergonha para os proletários!
>
> [...] A nossa época é, dizem, o século do trabalho; na verdade é o século da dor, da miséria e da corrupção.[34]

Militante da Associação Internacional dos Trabalhadores, membro da Comuna de Paris, um dos fundadores do Partido Operário Francês (que viria a se transformar no atual Partido Comunista Francês) e da Segunda Internacional Socialista, Lafargue foi contundente em sua crítica aos proletários da França. De certa forma essa contundência deve ter surtido efeito, pois a França é o país que mais editou *O direito à preguiça* e mais avançou no debate e na aplicação de uma efetiva redução da jornada de trabalho (retomaremos a análise da experiência francesa mais adiante).

Na série de artigos que deram origem ao pequeno livro, Lafargue insiste na denúncia à armadilha do louvor ao trabalho. Cita Destutt de Tracy, um economista da época que afirmava que o povo era mais pobre exatamente nas nações em que o capitalismo

---

[34] Paul Lafargue, *O direito à preguiça*, edição Claridade, cit., p. 27.

florescia; e também um discípulo deste, Victor Cherbuliez, que acusava os próprios trabalhadores de contribuírem para a acumulação do capital e, assim, para o próprio sistema que os depauperava. Em seguida, desmascara a falsa moral cristã ao citar o reverendo Townshend, da Igreja Anglicana, para quem a imposição legal do trabalho pressupunha:

> [...] demasiado esforço, demasiada violência e faz demasiado estardalhaço; a fome, pelo contrário, não só é uma pressão calma, silenciosa, incessante, como, sendo a motivação mais natural do trabalho e da indústria, demanda também os mais poderosos esforços.[35]

Assim, com força poética e encadeando palavras, vai descortinando a própria ideologia capitalista, e faz um alerta aos trabalhadores:

> Trabalhem, trabalhem, proletários, para fazer crescer a riqueza social e as suas misérias individuais, trabalhem, trabalhem para que, tornando-se mais pobres, tenham mais motivos para trabalhar e para ser miseráveis. Tal é a lei inexorável da produção capitalista.
>
> [...] Os proletários, embrutecidos pelo dogma do trabalho, não compreendem que o sobretrabalho [excesso de trabalho] que infligiram a si próprios durante o tempo da propensa prosperidade é a causa de sua miséria atual.[36]

Seu manifesto, no entanto, não é um ataque cego ao trabalho, conceito caro ao marxismo; pelo contrário, o que ele prega é a distribuição dos benefícios do trabalho e um trabalho não alienado, que rompa com a divisão entre trabalho intelectual e manual, que

---

[35] Reverendo Townshend, *apud* Paul Lafargue, *O direito à preguiça*, edição Claridade, cit., p. 35.

[36] Paul Lafargue, *O direito à preguiça*, edição Claridade, cit., p. 36.

ganhe sentido, libere e emancipe a humanidade. É por outra forma de trabalho e outro sistema de trocas que ele luta, suprimindo o objetivo do lucro capitalista e assegurando uma jornada menor e mais bem distribuída entre toda a sociedade. Lafargue diz que o trabalho só se tornará um condimento de prazer da preguiça, um exercício benéfico para o organismo humano, uma paixão útil ao organismo social quando for devidamente regulamentado e limitado a um máximo de três horas por dia. Ele conclui o raciocínio afirmando que a paixão cega pelo trabalho faz deste um instrumento de sujeição dos homens livres.

O direito à preguiça identifica na exploração capitalista uma nova forma de escravidão. Sua publicação foi um instrumento, uma ferramenta para a práxis política, e estava em profunda sintonia com o movimento operário da época. Desde o Congresso de Genebra, da Associação Internacional dos Trabalhadores (AIT), em 1866, a questão da redução da jornada de trabalho, com a limitação da jornada diária de oito horas, assim como a supressão do trabalho noturno e a regulamentação do trabalho infantil, assumiu vital importância, e o Primeiro de Maio é expressão desse movimento.

No Brasil, essa bandeira foi levantada pela primeira vez em 1906, no Congresso Operário Brasileiro, e em 1907 houve a primeira greve geral pelas oito horas. Francisco Foot Hardman, autor de *Nem pátria, nem patrão*,[37] ao analisar a vida operária e a cultura anarquista no Brasil, identifica várias citações a Lafargue na imprensa operária em sua fase anterior a 1920. A primeira é de 1896, em Santos, com um resumo de outro popular panfleto escrito por Lafargue, *A religião*

---

[37]   Francisco Foot Hardman, *Nem pátria, nem patrão* (São Paulo: Brasiliense, 1984).

do capital, demonstrando uma relativa sincronia entre o movimento socialista brasileiro e o movimento operário europeu.[38]

Porém, a primeira tradução de *O direito à preguiça* no Brasil só é publicada em 1980. Foot Hardman identifica esse atraso no fato de que os textos

> [...] são incômodos não só para a consciência burguesa, mas também para as ideologias conciliatórias do "sacrifício para todos", da abnegação ao ofício, do "apertar" o cinto, todas elas afinadas com a impostura de um consenso esquisito e arbitrário e apoiadas numa ética do trabalho, conservadora e puritana.[39]

No Brasil, entretanto, o Partido Comunista só foi formado em 1922, sob o impacto da construção do socialismo na Rússia, e travava simultaneamente um duro combate em relação ao latifúndio improdutivo, às terras ociosas. E isso em um país que nem havia tomado contato com a cultura puritana do trabalho; até 1888, suar o rosto com trabalho era degradante, coisa de escravos; depois, de imigrantes, "carcamanos", gente suja, comedores de bucho de boi – por isso, bucheiros (comedor de vísceras). Antes de defender a preguiça, era necessário exaltar o trabalho.

O fato de a nossa primeira edição de *O direito à preguiça* ter sido tão tardia, com uma circulação relativamente restrita (menos de 20 mil exemplares em um total de seis edições, de 1980 até os dias de hoje), não tira a atualidade e a importância desse manifesto. Longe de ter sido superado, como diz Marilena Chaui,

---

[38] Paul Lafargue, "A religião do capital" (resumo), em *A Questão Social*, nº 44 (Santos: Centro Socialista de Santos, 1896).

[39] Francisco Foot Hardman, "Prefácio", em Paul Lafargue, *O direito à preguiça*, edição Kairós, cit., p. 11.

> [...] ele pode resgatar a dignidade e o autorrespeito dos trabalhadores quando, em lugar de se sentirem humilhados, ofendidos e culpados pelo desemprego, se erguem contra os privilégios da apropriação privada da riqueza social e contra a barbárie contemporânea porque podem conhecê-la por dentro e aboli-la. Lutarão não mais pelo direito ao trabalho, e sim pela distribuição da riqueza e pelo direito de fruir todos os seus bens e prazeres.[40]

Após a Revolução Russa, a circulação de *O direito à preguiça* foi arrefecida, mas, a cada novo fluxo revolucionário, ela aparece com toda a força. A obra de Lafargue foi um dos textos políticos mais lidos na República espanhola, em particular no período da Guerra Civil, tendo sido a única a ser apreciada tanto por anarquistas como por marxistas. Na França foi publicada clandestinamente pela Resistência, e no final da Segunda Guerra contou com diversas edições patrocinadas pelo Partido Comunista Francês, sendo uma de suas edições de maior circulação. Quando das revoltas estudantis de 1968, estava traduzida em quase todos os idiomas, tendo sido assumida por diversos movimentos esquerdistas em todo o mundo, e desde então a obra tem sido constantemente difundida.

O direito à preguiça também inspirou o surgimento do Movimento Situacionista (entre 1958 e 1969), na França, que, adotando uma postura de subversão de códigos, hábitos e formas de pensar, de certa forma profetizou as revoltas estudantis de 1968. Olgária Matos também aponta o grupo Krisis e seu *Manifesto contra o trabalho* como herdeiro da tradição de *O direito à preguiça*:

> O que, para que e com que consequência se produz, no fundo não interessa nem ao vendedor da mercadoria força-de-trabalho nem ao comprador. Os trabalhadores das usinas nucleares e das indústrias

---

[40] Marilena Chaui, "Prefácio", em Paul Lafargue, *O direito à preguiça*, edição Hucitec/Unesp, cit., p. 52.

químicas protestam veementemente quando se pretende desativar as suas "bombas-relógio". E os "empregados" da Volkswagen, Ford e Toyota são os defensores mais fanáticos do programa suicida automobilístico.[41]

No processo de acumulação do capital, como já apontou Marx, trabalho se transforma em mercadoria, e

[...] a mercadoria, por seu valor de exibição, é fetiche, feitiço que faz o consumidor "perder o bom senso". As mercadorias produzidas pelas necessidades do mercado e não dos homens criam consumidores passivos, desumanizados, subordinados – e de maneira crescente – a objetos que respondem não por sua utilidade, mas às exigências do desenvolvimento da economia, o que significa que a sociedade se estrutura em uma racionalidade irracional, a do mercado mundial.[42]

A RECUPERAÇÃO DA IDEIA GREGA DE ÓCIO

A recuperação do conceito de ócio comum aos gregos e outros povos antigos não é obra unicamente de Lafargue, mas a sua difusão, sem dúvida, é consequência da ampla repercussão alcançada por *O direito à preguiça*. Foi a partir dele que pesquisadores puderam avançar na análise etimológica do ócio, bem como de todos os sentidos e significados daí decorrentes. Até então, prevalecia a versão da *Encyclopédie*, organizada por Denis Diderot, no século XVIII:

Os egípcios, os espartanos e os lucanos tinham leis contra o ócio. Os atenienses eram ainda mais atentos em prevenir o ócio. Não podendo obrigar todos os cidadãos a ocupar-se de coisas similares, por causa da desigualdade de seus dotes, eles faziam com que abraçassem profissões

---

[41]   Olgária Matos, "Prefácio", em Paul Lafargue, *O direito à preguiça*, edição Claridade, cit., p. 11.

[42]   *Ibid.*, p. 10.

de acordo com as faculdades de cada um. Com esse objetivo ordenavam aos mais pobres da república que se voltassem para a agricultura e ao comércio, uma vez que sabiam que o ócio é a mãe da pobreza e que a pobreza é a mãe do crime. Para os ricos, prescreviam que se dedicassem à arte da equitação, à caça e à filosofia, estando convencidos de que, deste modo, eles poderiam ser excelentes em qualquer uma destas artes, afastando-se assim de muitas formas de desordem.[43]

"Proletários embrutecidos pelo dogma do trabalho, escutem a linguagem desses filósofos", conclamava Lafargue, que, referenciando-se em Heródoto, apresentava uma outra interpretação:

> Não posso afirmar que os gregos receberam dos egípcios o desprezo que têm pelo trabalho, porque encontro o mesmo desprezo estabelecido entre os trácios, os citas, os persas e os lídios; em suma, porque, entre a maioria dos bárbaros, aqueles que aprendem as artes mecânicas, até mesmo os seus filhos, são considerados os últimos cidadãos [...]. Todos os gregos foram educados segundo esses princípios, sobretudo os lacedemonianos.[44]

Xenofonte afirmava que "o trabalho retira todo o tempo e não dá lugar para a república e os amigos", acreditando, até, que as pessoas que fazem trabalhos manuais, "condenadas a permanecer sentadas durante o dia inteiro, algumas até suportando o fogo contínuo, não podem deixar de sofrer alterações no corpo e é muito difícil que o espírito não se ressinta disso".[45]

Foi na Grécia antiga que os pensadores e pesquisadores dos séculos XIX e XX encontraram a fonte para reconstruir os valores do ócio. E é exatamente no uso do tempo livre dedicado ao ócio que

---

[43]   Denis Diderot (org.), *Encyclopédie, apud* Domenico De Masi & Dunia Pepe (orgs.), *As palavras no tempo* (Rio de Janeiro: José Olympio, 2001), p. 262.

[44]   Heródoto, *apud* Paul Lafargue, *O direito à preguiça*, edição Claridade, cit., p. 79.

[45]   Xenofonte, *apud* Paul Lafargue, *O direito à preguiça*, edição Claridade, cit., p. 81.

os fundamentos da cultura, da ética e da moral ocidental foram definidos. Sebastian De Grazia percebia nesse ideal grego de ócio "um elemento diferente, um tom ético, uma insinuação de que o tempo livre malbaratado não é lazer"; para em seguida afirmar: "O lazer é uma condição ou um estado – o estado de estar livre da necessidade do trabalho", admitindo que o lazer independe do momento histórico, existindo em todas as civilizações.[46] Dumazedier concorda em parte com essa afirmação. No entanto, para ele, "o lazer possui traços específicos, característicos da civilização nascida na Revolução Industrial",[47] e deve ser analisado dentro de um contexto histórico.

Johan Huizinga, autor de *Homo ludens*, acrescenta mais um aspecto nessa concepção helênica, em que o ócio estava associado à aprendizagem, ao cultivo do "eu", e era diferente da simples definição de tempo livre. Originalmente, *scholé*, a raiz etimológica tanto de ócio como de escola, significava "parar", "cessar", ou seja, parar para ter tempo disponível, tempo para si:

> A sabedoria e a ciência dos gregos não eram produtos da escola, no sentido que atualmente damos à palavra. Ou seja, não eram produtos secundários de um sistema educacional destinado a preparar os cidadãos para funções úteis e proveitosas. Para os gregos, os tesouros do espírito eram fruto do ócio, e para o homem livre todo o tempo durante o qual não lhe era exigida qualquer prestação de serviços ao Estado, à guerra ou ao ritual era tempo livre. [...] A palavra escola tem por trás dela uma história curiosa. Originalmente significava "ócio", adquirindo depois o sentido exatamente oposto: de trabalho e preparação sistemática.[48]

---

[46] Sebastian De Grazia, *apud* Stanley Parker, *A sociologia do lazer* (Rio de Janeiro: Zahar, 1978), p. 10.

[47] Joffre Dumazedier, *Sociologia empírica do lazer* (São Paulo: Perspectiva, 2001), p. 26.

[48] Johan Huizinga, *Homo ludens* (São Paulo: Perspectiva, 2001), p. 165. Este livro reúne uma série de conferências e artigos apresentados a partir de 1903, e foi publicado originalmente na Alemanha, em 1938.

Atualmente, o grande propagador desse conceito é o sociólogo do trabalho Domenico De Masi. Ele propõe um novo modelo que uniria trabalho, estudo e lazer, de modo que as pessoas seriam educadas a partir da satisfação de necessidades radicais, como a introspecção, a amizade, o amor, as atividades lúdicas e a convivência. A esse novo modelo de educação e organização social, considerado muito mais produtivo e adequado às necessidades da sociedade pós-industrial, ele dá o nome de ócio criativo. Retornaremos adiante a essa questão, sob o ponto de vista dos desafios atuais, mas antes disso é preciso recuperar o posicionamento dos dois campos ideológicos fundamentais para a compreensão do século XX.

OS COMUNISTAS E O DIREITO AO ÓCIO

A questão da preguiça, ou do lazer, no movimento operário sempre esteve dialeticamente ligada ao combate à exploração capitalista. Basta lembrar que um conceito central de *O capital* é a redução da taxa de mais-valia, ou seja, do sobretrabalho. Quanto mais tempo liberado do trabalho, menor a taxa de exploração. Friedrich Engels via na ampliação do tempo do lazer o impulso que faltaria à emancipação dos trabalhadores e à superação do capitalismo. Ele acreditava que, com mais lazer, os trabalhadores se reuniriam mais, teriam a possibilidade de aprofundar a sua organização, aumentando a consciência coletiva e sua capacidade de mobilização. A realidade do século XX demonstrou que as motivações para a prática política são muito mais complexas. No entanto, essa é uma indicação de como os revolucionários do século XIX percebiam a importância estratégica do lazer e do tempo liberado do trabalho, bem como de sua identificação com ideais libertários, humanistas: "No regime da preguiça, para matar o tempo que nos mata segundo a segundo, haverá sempre espetáculos e representações teatrais".[49]

Essa tradição libertária e humanista, podendo parecer utópica ou romântica, não estava dissociada do marxismo em sua preocupação científica, racional, identificando-se profundamente com a gênese do pensamento de Marx e Engels. Em um dos poucos momentos em que eles trataram do que viria a ser a sociedade comunista, nos seus manuscritos de juventude, uma ideia muito semelhante à que vimos já estava expressa:

> [...] na sociedade comunista, onde cada um não tem uma esfera de atividade exclusiva, mas pode aperfeiçoar-se no ramo que lhe apraz, a sociedade regula a produção geral, dando-me assim a possibilidade de hoje fazer tal coisa, amanhã outra, caçar pela manhã, pescar à tarde, criar animais ao anoitecer, criticar após o jantar, segundo meu desejo, sem jamais tornar-me caçador, pescador, pastor ou crítico.[50]

Para Marx e Engels, as questões da superação da exploração do trabalho e da emancipação humana com a conquista de um tempo efetivamente livre, entendido como liberdade e capacidade de escolha em relação ao que cada um pode e deve fazer com o seu tempo, estavam diretamente relacionadas à ruptura com a alienação do trabalho (a passagem do reino da necessidade para o reino da liberdade). Essa alienação está intimamente relacionada à divisão

---

[49] Paul Lafargue, *O direito à preguiça*, edição Claridade, cit., p. 73.

[50] Karl Marx & Friedrich Engels, *A ideologia alemã* (São Paulo: Grijalbo, 1977), p. 47. Sempre é bom lembrar que o cerne da obra de Marx e Engels consiste na crítica à sociedade capitalista, bem como no desenvolvimento de um método de interpretação filosófica e histórica da realidade – o materialismo científico e o materialismo histórico, respectivamente –, voltado para a práxis. A previsão do que viria a ser o comunismo e de sua primeira etapa, o socialismo, restringiu-se a indicações, entre elas essa, que extraímos de *A ideologia alemã*, uma de suas referências mais conhecidas.

social do trabalho, em que "divisão do trabalho e propriedade privada são expressões idênticas".[51]

Na época, o lazer ainda era estruturado pelas próprias entidades sindicais e culturais do proletariado, ou então por círculos intelectuais ligados à social-democracia (refiro-me à sua origem), ou aos anarquistas, que programavam passeios, piqueniques, festivais, "teatro social", espetáculos, jogos e festas. Ou seja, o lazer era inerente à auto-organização da classe trabalhadora. A questão do controle externo sobre o tempo do lazer em uma sociedade administrada seria analisada posteriormente pelos teóricos da Escola de Frankfurt. Naquela época, a indústria cultural ainda dava os primeiros passos, não tendo assumido o (quase) pleno controle dos meios e veículos do lazer e da cultura.

A Revolução Russa versus o conceito de ócio

Paradoxalmente, a importância do lazer no movimento comunista é relativizada exatamente no momento em que o operariado tem, pela primeira vez, a oportunidade de construir seu modelo de sociedade, emancipando-se do trabalho forçado. Com a Revolução Russa, em 1917, as tarefas da construção do socialismo exigiam, antes do lazer, o trabalho. E não apenas o trabalho tal como exaltado nas obras do realismo socialista, que retratam trabalhadores felizes dirigindo tratores ou forjando o aço, mas o trabalho pesado, estafante. Não pretendemos fazer uma descrição minuciosa desse período, muito menos um julgamento. Mas, para entendermos melhor essa relação dialética entre ócio e trabalho e a postura dos

---

[51] *Ibid.*, p. 46.

comunistas em relação à preguiça, é necessário avaliar o que aconteceu imediatamente após a Revolução Bolchevique.

A Rússia estava isolada, tendo que enfrentar inimigos dentro e fora de suas fronteiras: de um lado, os exércitos estrangeiros; de outro, as diversas tropas leais ao regime czarista.

Embora a solidariedade à revolução fosse intensa em todo o mundo (até mesmo no Brasil, onde os anos de 1917 e 1918 foram considerados anos vermelhos, e a greve de 1917 praticamente paralisou São Paulo), a revolução não vingou em nenhum outro país além da Rússia. Na Hungria, por um breve período em 1919 e por uma série de circunstâncias particulares, instalou-se uma república bolchevique, liderada por Bela Kun, que, em seu discurso de renúncia, acusava o próprio proletariado pela falta de sustentação política necessária, de modo que essa experiência não se manteve além de noventa dias. Por outro lado, o Exército Vermelho, que, ao contrário do que se pensa, avançou para além da Rússia, procurando expandir ao máximo a revolução, foi derrotado na batalha de Varsóvia, em 1920, e teve de recuar. O embaixador britânico Lorde D'Abernon considerou a vitória polonesa um dos momentos decisivos da história do mundo. Esse dado de realidade impôs à Rússia a tarefa de construir o socialismo apenas em suas fronteiras.

Construir o socialismo sob intenso cerco capitalista era algo impensável nas previsões de Marx, mas não havia alternativa. Um milhão de russos morreram de fome, as indústrias e a infraestrutura estavam destruídas; era preciso trabalho, muito trabalho, trabalho e mais trabalho. Em maio de 1919, Lênin convocou os trabalhadores para os "sábados comunistas". Estes foram instituídos como uma excepcionalidade de guerra, mas foram muito utilizados em todo o período de construção do socialismo na União das Repúblicas Socialistas Soviéticas (URSS), e consistiam num apelo à autodisciplina voluntária. Sobre esse momento, Eric Carr, historiador da Revolução Russa, constata que

> [...] milhares de trabalhadores em Moscou e Petrogrado se apresentaram como voluntários para trabalhar horas extras sem remuneração, a fim de intensificar o envio de soldados e suprimentos para as frentes de combate, e esse precedente foi seguido um ano mais tarde. A instituição dos *udarnik*, ou trabalhadores de choque, para realizar trabalho particularmente importante com grande rapidez, data dessa época. [...] Sem essa combinação de dura coação e entusiasmo espontâneo a guerra civil não poderia ter sido vencida.[52]

Durante toda a primeira fase da Revolução Russa até a Segunda Guerra Mundial, a continuidade dessas convocações teve um papel estratégico (econômico e não apenas de mobilização ideológica) no desenvolvimento econômico da "pátria socialista", e certamente modificou a forma de "ver" e perceber o ócio e a preguiça.

Do mesmo modo que aconteceu no período anterior às revoluções burguesas, quando foi preciso travar um duro combate contra o parasitismo da aristocracia do Antigo Regime, no século XX o movimento operário associou a preguiça ao parasitismo burguês. A crítica marxista ao lazer ficou muito mais concentrada na questão do controle do tempo de não trabalho do que propriamente na defesa da preguiça. Trótski retomou o tema em *Terrorismo e comunismo*, onde atribui o progresso humano a uma preguiça natural que teria levado o homem a desenvolver a técnica com o objetivo de poupar forças, razão por que, segundo ele, o comunista do futuro seria um feliz e genial preguiçoso. Mas, para a luta imediata, era preciso identificar a "indolência parasitária da burguesia" em caricaturas

---

[52] Eric H. Carr, *A Revolução Russa de Lênin a Stálin (1917-1929)* (Rio de Janeiro: Zahar, 1981), p. 33.

nas quais gordos capitalistas fumavam charuto e sobreviviam à custa do trabalho alheio.

Trabalho e mais trabalho... Da mesma forma que aconteceu após as revoluções burguesas, esse foi o destino da maioria da população russa, mesmo com a vitória bolchevique. Como vimos, o sobretrabalho destinado ao capitalista transformou-se em sobretrabalho para o Estado socialista. Mas, além do fato de não haver uma alteração significativa no tempo de trabalho dos operários, que continuou semelhante ao das fábricas dirigidas por capitalistas, também não houve mudança nas relações internas de trabalho. Era preciso fazer frente ao cerco imperialista, e a União Soviética teve de optar por uma industrialização acelerada; para tanto, tomou o caminho aparentemente mais fácil e consagrado, e foram utilizados os mesmos métodos de produção das indústrias capitalistas, o fordismo e o taylorismo. O próprio Lênin incentivou esse processo ao defender a fusão entre o espírito revolucionário russo e o espírito prático americano. Submetidos à mesma quantidade de trabalho e às mesmas relações de poder na produção, os trabalhadores sob o Estado socialista continuaram desenvolvendo um trabalho alienado, afastando-se assim do principal objetivo apontado no *Manifesto comunista* de Marx e Engels: a sua emancipação. Não é de estranhar que os regimes socialistas do século XX (à exceção de Cuba)[53] tenham se desmanchado com tanta facilidade. Talvez uma atenção maior às relações de poder e ao tempo de trabalho e de lazer (livre e com conteúdo emancipador) possa auxiliar as pessoas do século XXI na retomada da luta por uma vida preenchida de sentidos e plenamente emancipada.

---

[53] China, Vietnã, Laos e Coreia do Norte também são regimes que continuam se declarando socialistas, mas, para efeito deste texto, não vem ao caso fazer uma análise sobre o rumo que tomaram.

A PREGUIÇA SOB A LÓGICA DO CAPITALISMO

A sociedade capitalista condena milhões de pessoas ao desemprego e à impossibilidade de obter sustento por seus próprios meios; isso faz parte da lógica econômica do sistema, que precisa de um exército de mão de obra de reserva. A função desse exército é possibilitar uma acumulação maior do capital por meio da regulação do custo da mão de obra, impedindo que os salários cresçam. Quando os salários alcançam certo patamar, os trabalhadores empregados são substituídos por aqueles a quem se impôs uma preguiça forçada. Com a acumulação do capital surgem novos métodos de produção, com maior economia de escala e automação. Assim, mais trabalhadores são dispensados, contraindo ainda mais o custo do trabalho. Apesar desse utilíssimo papel do ócio forçado (o desemprego) no processo de acumulação capitalista, a ideologia burguesa construiu a ideia de que o ócio é contrário aos deveres do homem de bem, cuja principal obrigação é ser útil à sociedade na qual vive.

Analisando esse processo de representação social, Marilena Chaui conclui que esse imaginário, "enfim, força o trabalhador desempregado a sentir-se humilhado, culpado e um pária social".[54] O filme espanhol *Segunda-feira ao sol* (*Las lunes al sol*, 2002), de Fernando León de Aranoa, mostra magnificamente o dia a dia de ócio forçado entre trabalhadores desempregados na Galícia. Em um domingo à noite, para inventar o que fazer, eles ocupam a balsa que transportava trabalhadores. Na manhã de segunda-feira ela está no meio da baía: todos os passageiros estão retidos no porto, e os

---

[54] Marilena Chaui, "Prefácio", em Paul Lafargue, *O direito à preguiça*, edição Hucitec/Unesp, cit., p. 10.

amigos desempregados tomam sol no barco. Um deles pergunta ao outro: "Que dia é hoje?", e o amigo responde: "Não sei".

A função dessa autoimagem projetada é exatamente imobilizar o trabalhador desempregado, mantendo-o na mansidão de uma dócil espera por emprego. Quanto mais gente esperando por emprego, maior o contrapeso para impedir a melhora de salário ou das condições de trabalho ou lazer entre aqueles que ainda têm emprego.

Do mesmo modo que o capitalismo necessita da manutenção desse exército de reserva na mais completa imobilidade e fuga da consciência, também é necessário estimular o desenvolvimento de novos valores do trabalho. Max Weber fala em um novo *ethos* nascido sob a ética protestante, em que um castigo divino (a expulsão do paraíso e a praga de que a partir de então os homens precisariam ganhar o alimento com o suor de seu rosto) transforma-se em virtude, retirando qualquer sentido de ganância ou avareza do objetivo de ganhar dinheiro em cada atitude e em cada minuto:

> Lembre-se de que tempo é dinheiro. Para aquele que pode ganhar dez *shillings* por dia pelo seu trabalho e vai passear, ou fica ocioso metade do dia, apesar de não gastar mais que seis *pence* em sua vadiagem ou diversão, não deve ser computada apenas essa despesa; ele gastou, ou melhor, jogou fora, mais cinco *shillings*.[55]

Weber extrai desse aforismo de autoria de Benjamin Franklin a conclusão de que esse irrefreável desejo de ganhar dinheiro é resultado de um conjunto de normas e condutas que racionalizaram a atividade econômica e a geração do lucro. Longe de representar uma simples hipocrisia, essa ética parte do princípio da virtuosidade cristã de apologia ao trabalho e ao sacrifício, confundindo vadiagem

---

[55] Benjamin Franklin, *apud* Max Weber, *A ética protestante e o espírito do capitalismo* (São Paulo: Martin Claret, 2003), p. 46.

com diversão, condenando o passeio como uma atividade que tira tempo do trabalho, que joga fora "mais cinco *shillings*". Essa lógica capitalista – e calvinista – classifica a acumulação de bens como o principal objetivo da vida, e a falta de trabalho é vista como uma barreira a essa acumulação. O tempo de lazer é considerado desperdício, e o desemprego é a inabilitação ou a incapacidade de conseguir trabalho. As condutas preguiçosas são opostas ao ideal de um bom cristão:

> De fato, o *summum bonum* dessa ética, o ganhar mais e mais dinheiro, combinado com o afastamento estrito de todo prazer espontâneo de viver, é, acima de tudo, completamente isento de qualquer mistura eudemonista, para não dizer hedonista; é pensado tão puramente como um fim em si mesmo, que do ponto de vista da felicidade ou utilidade para o indivíduo parece algo transcendental e completamente irracional. O homem é dominado pela geração de dinheiro, pela aquisição como propósito final de vida.[56]

Do mesmo modo que o capitalismo necessita da resignação e do conformismo daqueles que trabalham para que o capitalista acumule cada vez mais, ele também combate qualquer ideal de vida que não considere o dinheiro como um fim último. Assim, o pensamento que prevalece em nossa sociedade é o do deus dinheiro, da coisificação do ser.

Além da ética protestante, um dos importantes passos nesse processo foi a consolidação do pensamento burguês em relação ao ócio, expresso na *Encyclopédie*, organizada sob o signo do Iluminismo. A *Encyclopédie* acrescentou novos fundamentos ao conceito de preguiça, classificando-o sob uma lógica racionalizadora. O verbete "Ócio" diz o seguinte:

---

[56] Max Weber, *A ética protestante e o espírito do capitalismo*, cit., p. 49

O ócio indica a falta de uma ocupação útil e honesta. Existem, diz La Bruyère, criaturas de Deus chamadas homens, cuja vida é inteiramente ocupada e cuja atenção é toda concentrada em talhar o mármore. Há outros homens que se admiram disso, são de todo inúteis e passam o seu dia sem fazer nada. O ócio no qual eles afrouxam é fonte de desordem.

[...]

Os homens que com autossuficiência cuidam de apenas consumir os bens que a fortuna lhes propiciou, sem fazer nenhum trabalho, digo que tais homens são inúteis à sociedade, uma vez que nada fazem por ela. A indiferença em que vivem restringe-lhes o espírito, torna-os desprezíveis [...]. Nada pode dispensar o homem deste dever, pois isto lhe é imposto pela natureza. É vergonhoso repousar antes mesmo de ter trabalhado. O repouso é uma recompensa e precisa ser merecido.

[...]

Tudo aquilo que a moral pode dizer contra o ócio será sempre pouco. Vejam-se os celerados que a justiça é obrigada a condenar à morte, os que não são nem artesãos nem trabalhadores: foram crianças dedicadas ao ócio, expostas ao risco e ao crime. E é exatamente a essa forma de ócio que se pode atribuir a maior parte das crises e dos motivos que levaram à queda de Roma. Podemos, portanto, concluir que essa doença é igualmente funesta aos homens e aos impérios; e que multiplicar num Estado os tipos de ocupação significa assegurar a felicidade, a riqueza e a tranquilidade dos indivíduos.[57]

Poucas décadas depois de escrita a *Encyclopédie*, a França viveu sua revolução, e uma nova classe assumiu o poder. Para vencer o Antigo Regime e estabelecer a nova ordem era necessário consolidar os valores da burguesia emergente, e o esforço dos enciclopedistas caminhou em dois sentidos: dar um caráter revolucionário ao esforço

---

[57]   Denis Diderot (org.), *Encyclopédie*, *apud* Domenico De Masi & Dunia Pepe, *As palavras no tempo*, cit., p. 262.

enciclopedista, condenando os hábitos e condutas de uma aristocracia parasitária; propagar a nova ética do trabalho e dos compromissos com a emergente sociedade burguesa, providenciando um "enquadramento" dos pobres.

Muito do significado que atualmente atribuímos ao ócio foi sistematizado no século XVIII, época em que a burguesia estava assumindo o controle não só da economia como também das instituições políticas, das ideias e valores que seriam repassados como universais para toda a sociedade.

MAIS ÓCIO E MENOS TRABALHO:
a fórmula da vida emancipada

Na sociedade capitalista, a luta pelo direito ao lazer está diretamente relacionada aos confrontos de classe e aos embates entre trabalhadores e proprietários. No cerne desses embates está a conquista de um maior tempo livre. Desde 1866, com o Congresso Internacional dos Trabalhadores, em Genebra, a luta pela redução da jornada de trabalho é vista como condição preliminar para a emancipação dos trabalhadores. Nos Estados Unidos, de forma concomitante, a percepção era a mesma:

> A primeira e mais importante exigência dos tempos presentes para libertar o trabalho deste país da escravidão capitalista é a promulgação de uma lei, pela qual deve ser estabelecida uma jornada normal de trabalho de oito horas em todos os estados da União. Estamos decididos a empregar todas as nossas forças até termos alcançado esse glorioso resultado.[1]

---

[1] Congresso Geral dos Trabalhadores, Baltimore, Estados Unidos, agosto de 1866, *apud* Karl Marx, *O capital*, vol. 1 (São Paulo: Abril, 1983), p. 237.

A insígnia da redução da jornada de trabalho tem um caráter libertário que talvez nenhuma outra bandeira trabalhista já tenha tido. Referindo-se à força dessa bandeira nos Estados Unidos, Marx considera que ela foi "o primeiro fruto da guerra civil", e que da "morte da escravidão nasceu imediatamente uma vida nova e rejuvenescida [em que] o trabalhador de pele branca não pode emancipar-se onde o trabalhador de pele negra é marcado com ferro em brasa".[2] Ou seja, a luta pela redução da jornada de trabalho não deve ser encarada apenas em sua dimensão sindical, dizendo respeito à construção de novos valores de solidariedade e humanidade. Em *O capital*, Karl Marx dedica um capítulo inteiro a esse debate, demonstrando que:

> Em seu impulso cego, desmedido, em sua voracidade por mais-trabalho, o capital atropela não apenas os limites máximos morais, mas também os puramente físicos da jornada de trabalho. Usurpa o tempo para o crescimento, o desenvolvimento e a manutenção sadia do corpo. Rouba o tempo necessário para o consumo de ar puro e luz solar. Reduz o sono saudável para a concentração, renovação e restauração da força vital e tantas horas de torpor quanto a reanimação de um organismo absolutamente esgotado torna indispensável [...][3]

Desde então, a luta pelo resgate do tempo necessário para o consumo de ar puro e luz solar deu a tônica nos embates de classe. Basta lembrar que o evento internacional de maior significado para os trabalhadores, o Primeiro de Maio, está diretamente relacionado à luta pela redução da jornada de trabalho e consequente ampliação do tempo de lazer. A Internacional Socialista, em 1892, definiu essa data em homenagem aos operários mortos na manifestação acontecida no dia 1º de maio de 1886 na greve de Chicago, Estados Unidos.

---

2   *Ibidem.*

3   *Ibid.*, cap. VIII, p. 211.

Foram cinco os grevistas condenados à forca: August Spies, Adolph Fischer, Albert Parsons, George Engel e Louis Lingg.

A princípio seria desnecessário lembrar o nome dos cinco operários executados; bastaria a referência ao fato que deu origem ao Primeiro de Maio e esta narrativa seguiria sem problemas. Operários condenados à morte, assassinados em greves ou deportados, massacres de camponeses... já foram tantos! Em cada canto do mundo podemos encontrar exemplos semelhantes e dificilmente saberemos os nomes deles.

A classe pode ser referenciada no coletivo, mas é preciso conhecer as pessoas que a compõem. August Spies, Adolph Fischer, Albert Parsons, George Engel e Louis Lingg eram indivíduos com nome e sobrenome, gostos e desejos próprios, e cujas motivações não podem ser ignoradas, sob o risco de que o Dia do Trabalhador se transforme no Dia do Trabalho, um feriado cuja origem as pessoas não sabem muito bem qual é.

Em *Contos novos*, Mário de Andrade apresenta o personagem "35": assim mesmo, sem nome, o jovem carregador de malas da estação de trem da Luz, conhecido pelo número, 35. Esse é um personagem do conto "Primeiro de Maio", que nesse dia observava bem o que não sabia exatamente o quê. Ele queria celebrar seu dia. Os carregadores mais velhos caçoaram, melhor trabalhar, pois para eles não havia feriado. Mas 35 retrucava com altivez. "Dia dele..." Tomou um banho, fez a barba e saiu pela cidade. "Ele estava celebrando e não tinha o que fazer. Não sabia bem direito, ficava atordoado com as notícias, os jornais falavam tanta coisa, faziam tamanha mistura de Rússia, só sublime ou só horrenda." De repente se viu no caminho do trabalho. "Pouca gente na rua." Bares fechados, praças vazias, só lhe sobrou a alternativa de sentar-se num banco e bem distante dos olhares dos camaradas carregadores, pois senão caçoariam dele, que estava folgando. "Tinha mas era muito polícia, polícia em qualquer esquina." Dirigiu-se para o Parque Dom Pedro, o Palácio das Indústrias. Aí encontrou gente, grupos se apinhavam, "operários endomingados", conversando baixo, "com melancolia de conspiração. Polícias por todo lado." O 35 tinha 20 anos, pensou que era moço, "precisava se sacrificar: se fizesse um modo bem visível de entrar sem medo no palácio, todos haviam de seguir o exemplo dele. Não fez".

O carregador 35 começou a perceber o significado de um Primeiro de Maio, mas continuou sem nome e, no dia seguinte, lá estava o 35 "se dirigindo num passo arrastado para a Estação da Luz".[4] Talvez, para se transformar em protagonista e ganhar plenamente a palavra, ele precisasse conhecer a memória de Spies, Fischer, Parsons, Engel e Lingg. A principal reivindicação deles: jornada diária de oito horas de trabalho. A palavra de ordem: "Oito horas de trabalho! Oito horas de repouso! Oito horas de educação!"; educação entendida em sentido amplo, de formação integral da individualidade, compreendendo as necessidades pessoais, domésticas, familiares e sociais. O sentido que os proletários de Chicago atribuíram ao uso do tempo livre é muito semelhante ao proposto por Sêneca em suas epístolas, em que comparava o ócio sem estudos à morte e à sepultura, assim como ao proposto por Marx, em *O capital*, quando ele descreve o lazer como: "Tempo para a educação humana, para o desenvolvimento intelectual, para o preenchimento de funções sociais, para o convívio social, para o jogo livre das forças vitais físicas e espirituais".[5]

---

[4]   Trechos transcritos do conto "Primeiro de Maio" de Mário de Andrade, *Contos novos*, em João Luís Lafetá (org.), *Mário de Andrade: literatura comentada* (São Paulo: Nova Cultural, 1990), p. 90.

[5]   Karl Marx, *O capital*, vol. 1, cap. XVIII, cit., p. 211.

A própria identidade do Dia Internacional dos Trabalhadores tem por marca a defesa de uma justa repartição do tempo, podendo ser interpretada como uma luta pelo direito ao lazer. Quanto mais tempo livre, menos mais-valia, e, com a liberação do tempo para si, as pessoas podem se encontrar mais, se organizar, refletir sobre sua própria vida e sobre a sociedade que as cerca, encontrando-se em sua dimensão verdadeiramente humana. Marx acreditava plenamente no potencial transformador que o tempo liberado do trabalho poderia produzir:

> Economizar tempo de trabalho é aumentar o tempo livre, isto é, o tempo que serve ao desenvolvimento completo do indivíduo. O tempo livre para a distração, assim como para as atividades superiores, transformará naturalmente quem dele tira proveito num indivíduo diferente [...][6]

Desde então, ou, antes disso, desde os primórdios do capitalismo, a luta pela ampliação do tempo livre tem sido uma constante na pauta dos trabalhadores.

A primeira vez em que ocorreu uma limitação formal da jornada de trabalho foi na Inglaterra, com o Moral and Health Act, de 1802, que assegurou uma jornada diária máxima de doze horas. Na França, a jornada máxima de doze horas foi resultado das revoluções da primeira metade do século XIX, e mesmo essa conquista, em 1852, com Luís Bonaparte, esteve prestes a ser revogada. Já na Inglaterra, em 1847, a legislação estabeleceu um limite máximo de dez horas diárias. Em todos os momentos essa redução esteve associada a uma intensa mobilização sindical e ao embate entre patrões e empregados. Em 1919, no contexto do pós-Primeira Guerra Mundial e refletindo

---

[6] Karl Marx, *Fondaments de la critique de l'économie politique*, vol. 2 [1857], *apud* Joffre Dumazedier, *A revolução cultural do tempo livre* (São Paulo: Studio Nobel, 1994), p. 47.

a "onda vermelha" que tomou conta da Europa após a Revolução Bolchevique, a Convenção nº 1 da Organização Internacional do Trabalho estabeleceu a jornada semanal de 48 horas. Confirmando o processo de luta constante entre as classes patronais e os trabalhadores, durante a Segunda Guerra, no governo colaboracionista de Vichy, a jornada semanal de trabalho foi elevada para sessenta horas, e, se não foi totalmente cumprida, foi bastante aproveitada pelo empresariado francês, explicando em parte seu apoio à ocupação nazista. Analisando um período mais longo, podemos observar com clareza os efeitos desse processo de luta de classes: entre meados do século XIX e o último quartel do século XX, o total de horas trabalhadas por ano sofreu uma redução de 40%.

TABELA 1. HORAS MÉDIAS TRABALHADAS POR ANO
(DO ÚLTIMO QUARTEL DO SÉCULO XIX AO ÚLTIMO QUARTEL DO SÉCULO XX)

País	1870	1938	1970	1979
Alemanha	2941	2316	1907	1719
Austrália	2945	2110	1755	1619
EUA	2964	2062	1707	1607
França	2945	1848	1888	1727
Itália	2886	1927	1768	1566*
Japão	2945	2391	2252	2129
Reino Unido	2984	2267	1735	1617

* Refere-se ao ano de 1978.
Fonte: Dieese, 1998. Disponível em www.dieese.org.br/esp/jtrab/pqjortra.xml.

O recente trabalho de dois historiadores franceses, François Guedj e Gérard Vindt, avança nessa discussão ao apresentar um minucioso levantamento histórico demonstrando que

> [...] um fato marcante na história do tempo do trabalho é, sem dúvida, a formidável resistência à sua redução, começando pelo patronato. Entre

as razões disso destacam-se: a busca do lucro máximo; a necessidade de isolar os assalariados (antigos artesãos ou camponeses) de seu meio de origem e de lhes impedir uma atividade e, portanto, um rendimento complementar; *a desconfiança sobre como os trabalhadores utilizariam o tempo livre*; e a oposição, por princípio, à intervenção do Estado no que se considera ser assunto privado.[7]

Constatando que "a história do tempo de trabalho é plena de avanços e recuos; conflitual e não linear", os autores fazem uma reflexão, envolvendo a medida do tempo do trabalho, que, no século XIX, referia-se à jornada diária. No período entre as guerras mundiais a atenção se deslocou para a jornada semanal e, após a Segunda Guerra, ao tempo anual (férias remuneradas, consumo no final do ano – participação nos lucros ou 13º salário, como no caso do Brasil – e ampliação de férias ou flexibilidade no tempo de trabalho). Raramente as negociações sindicais envolviam questões como a idade mínima para a aposentadoria ou o trabalho para jovens, pois esses assuntos ficaram muito mais ligados à esfera de governos ou políticas públicas mais abrangentes.

Nas duas últimas décadas do século XX houve uma profunda alteração na esfera de discussão sobre o tempo de trabalho e de *quem* se apropria da produtividade geral da economia. Entre meados do século XIX e meados do século XX a produtividade da economia multiplicou-se por vinte, e no mesmo período o tempo de trabalho foi reduzido em apenas 40%. Ou seja, a taxa de mais-valia se intensificou no período, criando margem para uma redução muito maior do tempo de trabalho. No entanto, esse tema desloca-se cada vez mais do confronto direto entre patrões e empregados, ou do campo sindical, para tornar-se uma questão de Estado, situando

---

[7] François Guedj & Gérard Vindt, *Les temps de travail: une histoire conflictuelle* (Paris: La Découverte/Syros, 1997), p. 14 (grifo nosso).

a discussão na esfera pública, deixando, assim, de ser visualizado com clareza, com todas as suas contradições. Antes, as lutas salariais ou por redução de jornada podiam ser facilmente identificadas; em torno delas os trabalhadores se mobilizavam, faziam greves e negociavam diretamente com os seus patrões. Agora, a discussão tornou-se abstrata, atuarial, técnica, como se esse fosse um tema neutro, um assunto de Estado – e de um Estado que se apresenta como descolado de interesses de classe.

As propostas em torno do sistema previdenciário se resumem a um alongamento do tempo de trabalho e a uma redução do valor das aposentadorias, o que significa menos possibilidade de gozo do tempo livre na velhice. Em nenhum momento se toca na questão de *quem* deve pagar pelo tempo livre a ser garantido no final de uma vida de trabalho.

No século XX a economia deu saltos de produtividade e gerou recursos suficientes para que fosse garantido maior tempo de ócio e de criação individual. No entanto, esses recursos foram canalizados para a concentração de renda entre pessoas, classes, países e regiões do mundo. Falar em sociedade do lazer ou liberação do tempo livre é, fundamentalmente, falar em formas de apropriação da renda e da riqueza geradas por toda a sociedade. Sem tocar nos fundamentos do sistema e nos interesses do capital, a discussão sobre liberação do tempo de lazer no final da vida estará sempre subordinada a uma prática social resignada, a uma "utopia do possível". Ou bem decidimos que caminhamos para uma sociedade do lazer e do bem--estar, ou nos atolamos em uma sociedade cada vez mais excludente e injusta. Essa é uma decisão política, e não há como escapar dela.

Concomitantemente à discussão sobre o tempo livre no final da vida, ocorre um deslocamento nas referências do tempo de trabalho daqueles que ainda estão em atividade. A jornada semanal ainda é a principal referência sindical, legislativa e social, mas estão ocorrendo transformações efetivas no mundo do trabalho, particularmente no que diz respeito aos assalariados, e isso tem reflexo direto nos modos de vida da sociedade. O banco de horas, presente em diversas negociações sindicais, principalmente entre metalúrgicos, caminha no sentindo da sazonalidade, mesmo que o contrato de trabalho garanta um emprego mais prolongado. Esse processo pode levar a um tempo maior de férias (dois, até três meses de férias coletivas) e fins de semana mais longos (a redução da jornada de trabalho na França e na Alemanha está tornando comuns os fins de semana de três dias), com repercussão direta na definição de políticas públicas para o lazer. Outra consequência também pode ser a de maior comprometimento e disponibilização do tempo do trabalhador em relação ao seu empregador, transformando o tempo de ócio, ou lazer, em uma longa espera por um chamado para o retorno ao trabalho, limitando a capacidade de decisão sobre o que fazer em relação ao tempo disponível. O trabalhador pode ter tempo para se matricular em um curso, por exemplo, mas não pode fazê-lo, uma vez que fica na expectativa de ser chamado para retomar o trabalho a qualquer tempo, em qualquer horário. Também são comuns os casos, principalmente nas grandes cidades, de trabalhadores qualificados que "ganham" telefone celular de suas empresas e ficam, dessa forma, completamente disponíveis para atender a chamados e assumir tarefas, independentemente de estarem usufruindo de seu tempo livre ou não.

Ainda com referência à pesquisa de François Guedj e Gérard Vindt, podemos distinguir três fases na evolução do tempo de trabalho. No início da industrialização, a jornada aumentou generalizadamente onde se podia trabalhar à luz do candeeiro,[8] atingindo entre

---

[8]   A invenção da lâmpada elétrica por Thomas Edison, em 1879, facilitou e racionalizou o trabalho noturno, acentuando ainda mais essa situação.

doze e quinze horas, seis dias por semana. À medida que a industrialização se consolidava, e isso aconteceu em momentos diferentes para cada país (na Inglaterra em meados do século XIX, no Brasil em meados do século XX), houve uma ligeira diminuição. A introdução da "semana inglesa", com o término do turno de trabalho na metade do dia de sábado, é um indicador desse processo, mas há também a limitação da jornada máxima e o combate ao trabalho (ou pelo menos à superexploração) infantil. Depois houve um processo de redução mais acentuada da jornada de trabalho na Europa, no final do século XIX. Esse processo de limitação da jornada, no entanto, atendia apenas os assalariados de grandes empresas. O fato é que, durante o liberalismo do século XIX, esse processo foi essencialmente resultado de um embate direto entre patrões e empregados, em que cada redução foi conquistada fábrica a fábrica, categoria a categoria, havendo pouca legislação a embasar tal processo, o que só aconteceu após a Primeira Guerra Mundial (no Brasil foi em 1943, com a Consolidação das Leis do Trabalho – CLT).

Nas últimas décadas, houve uma nova redução da jornada semanal de trabalho, principalmente na Europa,[9] provocando novos comportamentos e hábitos sociais. E esse processo de redução do tempo de trabalho e ampliação do tempo livre está relacionado ao trabalho diário ou semanal. Mas não existe apenas uma medida do tempo; na atualidade, apesar de as pautas sindicais estarem circunscritas à jornada semanal de trabalho, tal discussão acontece muito mais em relação ao tempo anual, e os seus efeitos são diferentes na

---

[9] Dados do *Anuário de Estatísticas do Trabalho*, publicado pela Organização Internacional do Trabalho (OIT), 1998, apontam que, entre 1979 e 1994, a jornada na Alemanha caiu de 41,9 horas para 38,3 horas semanais; na Austrália, de 35,5 para 33,2; nos Estados Unidos, de 35,7 para 34,7; na França, de 41,2 para 38,9; no Japão, de 47,3 para 43,5; e, no Reino Unido, de 42,4 para 40,1.

vida das pessoas. Voltar uma hora mais cedo para casa, mas gastar esse tempo em congestionamentos (o tempo de transporte não pode ser considerado tempo livre), ou então na frente da televisão, é muito diferente de ter mais uma semana ou um mês de férias, mesmo que, no final de uma conta matemática, haja uma redução equivalente de tempo. Por um lado, há uma mudança no comportamento social: as pessoas que já adquiriram renda suficiente procuram ficar mais tempo com seus filhos e familiares, ou então viajar; por outro lado, essa mudança reflete uma necessidade do processo produtivo em que várias empresas se organizam de modo sazonal, e para elas é até interessante que haja maior flexibilização na gestão do trabalho humano.

Em 1998, com a Lei nº 9.601, a flexibilização da jornada foi regulamentada no Brasil. Antes disso, tanto a Força Sindical como a Central Única dos Trabalhadores (CUT), as duas principais centrais sindicais brasileiras, ambas com orientação político-ideológica aparentemente distintas entre si, firmaram acordos para a criação de "banco de horas". Não é o caso de avançarmos na discussão sobre as motivações que as levaram a isso, relacionadas à tentativa de evitar demissões, mas sim sobre a flexibilização em si. A princípio, poderíamos deduzir que esta é uma situação em que há convergência de interesses entre capital e trabalhadores. Mas essa convergência é apenas aparente.

Em agosto de 2000 a Fiat Automóveis do Brasil ganhou o primeiro prêmio na categoria Melhores Empresas para Trabalhar da revista *Exame* (segundo a publicação, 80% da avaliação foi feita pelos próprios trabalhadores). Entre os motivos estava a flexibilidade da jornada. Na mesma época, a esposa de um metalúrgico, que assinou sob o pseudônimo "Uma amiga", entregou uma carta ao sindicato dos metalúrgicos de Betim, Minas Gerais:

NA TRILHA DE MACUNAÍMA: ÓCIO E TRABALHO NA CIDADE

> Eu, como esposa de um funcionário da Fiat, venho trazer o meu apoio a todos que estão lutando pelos seus direitos. Uma pessoa, para ser funcionária, *não pode ter nenhum outro compromisso*. Nem mesmo com a família. Pois seus funcionários só vão em casa para dormir. *Nem nos fins de semana têm a liberdade de firmar um compromisso com a família.* Primeiro têm que saber se a Fiat "deixa". É sempre assim:
>
> – Se a Fiat "deixar" eu levo você ao parque, filho.
>
> – Se a Fiat "deixar", nós vamos passear no zoológico.
>
> E assim por diante. Quando é que isso vai acabar? Isso já passou a ser invasão de privacidade...[10]

Ou seja, o interesse na flexibilização da jornada de trabalho está diretamente relacionado ao tempo que o trabalhador mantém disponível para a empresa, que dessa forma se apropria até mesmo de seu tempo livre. No lugar de o trabalhador ganhar tempo para si próprio, o que acontece é um aumento do controle e da submissão dele à lógica da produção. Cláudio Gonzáles, em um artigo sobre a jornada de trabalho, cita o jurista Sadi Dal Rosso, autor do livro *A jornada de trabalho na sociedade: o castigo de Prometeu*. Nesse trabalho, Sadi afirma que a jornada de trabalho no Brasil,

> [...] acrescida de inumeráveis horas extras, coloca o Brasil no restrito grupo das jornadas mais longas [e que] a política de redução da jornada continua na agenda social pelas duas razões históricas que sempre a sustentaram: trabalhar menos é importante por criar espaços de não trabalho, nos quais os atores sociais podem definir seus interesses e lutar por projetos sociais com significado; e lutar pela diminuição do tempo de trabalho é também procurar construir uma sociedade compartilhada com mais justiça e igualdade, em que o trabalho, que é fonte do rendimento

---

[10] Carta publicada em *Debate Sindical*, n° 36, São Paulo, janeiro de 2001, p. 28 (grifos nossos).

e dos direitos, seja acessível a todos e não elemento da exploração sobre o homem, mas como [*sic*] elemento de autorrealização.[11]

Em *Os sentidos do trabalho*, Ricardo Antunes afirma que a redução de jornada, além de ser um importante mecanismo para tentar minimizar o desemprego estrutural,

[...] configura-se como um ponto de partida decisivo, ancorado no universo da vida cotidiana, para, por um lado, permitir uma reflexão fundamental sobre o tempo, o tempo de trabalho, o autocontrole sobre o tempo de trabalho e o tempo de vida. E, por outro, por possibilitar o afloramento de uma vida dotada de sentido fora do trabalho.[12]

É na busca dos sentidos para o tempo, tanto do não trabalho como do trabalho, que está o cerne da luta por um ócio emancipador. Há mais de 2 mil anos Aristóteles já alertava para essa necessidade da busca dos sentidos. Mas como compatibilizar o trabalho assalariado, fetichizado e alienado com tempo (verdadeiramente) livre?

Uma vida cheia de sentido em todas as esferas do ser social, dada pela omnilateralidade humana, somente poderá efetivar-se por meio da demolição das barreiras existentes entre tempo de trabalho e tempo de não trabalho, de modo que, a partir de uma atividade vital cheia de sentido, autodeterminada, para além da divisão hierárquica que subordina o trabalho ao capital hoje vigente e, portanto, sob bases inteiramente novas, possa se desenvolver uma nova sociabilidade. Uma sociabilidade tecida por indivíduos (homens e mulheres) sociais e livremente associados, na qual ética, arte, filosofia, tempo verdadeiramente livre e ócio [...] possibilitem as condições para a efetivação da identidade entre indivíduo e gênero humano, na multilateralidade de suas dimensões. Em formas inteiramente novas de sociabilidade, em que liberdade e necessidade se realizem mutuamente. Se o trabalho torna-se dotado de sentido, será

---

[11]   Sadi Dal Rosso, *apud* Cláudio Gonzáles, "A redução da jornada de trabalho", em *Debate Sindical*, n° 38, São Paulo, p. 43.

[12]   Ricardo Antunes, *Os sentidos do trabalho* (São Paulo: Boitempo, 2002), p. 174.

também (e decisivamente) por meio da arte, da poesia, da pintura, da literatura, da música, do tempo livre, do ócio, que o ser social poderá humanizar-se e emancipar-se em seu sentido mais profundo.[13]

A defesa de um lazer que atenda efetivamente às necessidades humanas não está dissociada de antagonismos de classe e do combate às formas capitalistas de organização do trabalho (que, como vimos, tira os sentidos, aliena os indivíduos e penetra, até mesmo, no tempo de não trabalho). Por outro lado, um tempo livre dotado de sentido também tem a capacidade de penetrar esse mundo do trabalho, subvertendo-o, humanizando e emancipando o ser social. Uma política pública para o lazer que leve em conta esses pressupostos tem caráter transformador, de subversão de comportamentos e atitudes, mexendo com a forma pela qual a sociedade se percebe. Falar em lazer é falar em trabalho e redução de jornada (em ganho de tempo para o lazer). É também falar da conquista da autoconsciência, momento em que as pessoas se apoderam da própria vida, tornando-a fonte de realização e de satisfação.

Em 1998, sob governo socialista, a França aprovou a Lei Aubry, que reduziu ainda mais a jornada de trabalho (de 39 horas para 35 horas semanais). Como resultado, até as margens do Sena ganharam mais cor com os encontros de namorados ou pessoas lendo ao sol. Os dados da experiência francesa são eloquentes: até a aprovação da Lei Aubry, a França apresentava a segunda maior taxa de desemprego da Comunidade Europeia, sempre na casa de dois dígitos (12,5%, em 1996); dois anos após ela se reduziu para 9,5% da População Economicamente Ativa (PEA); no ano 2000 foram 500 mil novos postos de trabalho, um índice recorde, ainda mais se levarmos em conta a população total do país (60 milhões de habitantes). Cabe

---

[13]   *Ibid.*, p. 177.

ressaltar que a cobertura dos custos para a geração desses novos postos de trabalho foi dividida entre subsídios governamentais, redução de impostos e aumento da produtividade. Em casos específicos, é claro, também houve uma redução da taxa de lucro (o que, se de um lado contribui para uma sociedade mais igualitária, por outro gera conflitos entre patrões e empregados, demonstrando, mais uma vez, que o lazer e o tempo livre não são temas neutros).

Com a vitória do governo conservador, em 2002, o assunto volta com toda a força, e o Movimento das Empresas da França (Medef), de um lado, mobiliza-se pelo desmantelamento da lei, enquanto a Central Geral dos Trabalhadores (CGT), de outro, luta por sua consolidação ou ampliação.

No Brasil, o movimento pela redução da jornada de trabalho ainda não ganhou força suficiente para garanti-la em lei, mas tramitam dois projetos no Congresso: um, dos deputados Inácio Arruda (PCdoB/CE) e Paulo Paim (PT/RS), com uma Proposta de Emenda Constitucional, reduzindo a jornada para quarenta horas e aumentando o valor das horas extras (tornando essa opção pouco atrativa do ponto de vista econômico e assim estimulando a abertura de novos postos de trabalho); o outro projeto, do senador Geraldo Cândido (PT/RJ), busca uma redução maior: para 35 horas semanais. Na Exposição de Motivos, ambos os deputados argumentam:

> [...] além de necessária para combater o desemprego, essa medida atende também a um requisito de justiça social. Com efeito, não é justo que os aumentos de produtividade sejam apropriados apenas pelos empregadores e não beneficiem também os empregados, pois o progresso científico e tecnológico é uma conquista da humanidade como um todo e não um patrimônio de apenas parte dela.[14]

---

[14]   Cláudio Gonzáles, "A redução da jornada de trabalho", cit., p. 44.

Como na França, a reação dos empresários também é grande. Em 2000, o então presidente da Confederação Nacional das Indústrias (CNI), deputado federal Moreira Ferreira, declarou em nome do empresariado: "a redução da jornada de trabalho não pode ser predeterminada e submetida a uma camisa de força, sob pena de se tornar um elemento engessador da economia".[15] Ou seja, só a luta social poderá indicar se caminharemos para a ampliação do tempo de lazer e se esse tempo significará uma verdadeira emancipação social, ou se o país continuará mergulhado no desemprego, no desencanto e na violência da exclusão dos direitos e do esgarçamento social.

TEMPO LIBERADO POR FALTA DE TRABALHO

Do mesmo modo que é inadequado confundir lazer com ociosidade, também seria impróprio supor que lazer é sinônimo de "tempo livre". Do contrário entenderíamos que os milhões de desempregados, ou crianças jogadas ao léu, sem escola ou futuro, ou mesmo populações inteiras vivendo em vilarejos perdidos, sem muitas opções para ocupar o tempo além da luta pela sobrevivência, estariam gozando deliciosamente de uma vida de pleno lazer. Como sabemos, não é exatamente o que acontece. Emir Sader distingue dois tipos de ausência de trabalho na sociedade capitalista: "tempo liberado após o trabalho e tempo liberado por falta de trabalho – desemprego".[16]

---

[15] *Ibid.*, p. 45.

[16] Emir Sader, "Trabalho, desemprego e tempo livre", em *Lazer numa sociedade globalizada. Anais do Congresso Mundial de Lazer* (São Paulo: Sesc, 2000), p. 191.

O grande embate deste século será pela escolha entre uma sociedade que garanta para todos o direito a alguma ocupação, "uma sociedade da produção ou uma sociedade de especulação, uma sociedade financeira".[17] Para Mike Featherstone, o século XXI está construindo uma nova ordem social, em que a classe média será muito reduzida, uma "sociedade 20%/80%".[18] (Evidentemente, a maioria destes 20% estará concentrada nos países ricos, o que torna o problema nos países periféricos ainda mais grave, exceto na China, que tem apresentado índices impressionantes de crescimento econômico aliado à inclusão social.). O emprego "com carteira assinada" vai perdendo espaço, dando lugar à informalidade, que, pela própria insegurança quanto à renda no final do mês, exige muito mais trabalho.

Na segunda metade do século XX, São Paulo viveu três ondas de desemprego: 1965, 1980 e a mais prolongada, iniciada em 1997 e que se mantém até hoje. São aproximadamente 1,9 milhão de desempregados na Região Metropolitana de São Paulo. Os números impressionam. Porém, mais impressionante que os números é o depoimento das pessoas que viveram um desemprego prolongado.

---

[17] *Ibidem.*

[18] Mike Featherstone, "A globalização da mobilidade, experiência, sociabilidade e velocidade nas culturas tecnológicas", em *Lazer numa sociedade globalizada*, cit., p. 82. Featherstone lembra que essa situação de fechamento de postos de emprego inclui não somente a base dos trabalhadores, mas também os postos mais altos. A previsão para os cinquenta maiores bancos do mundo é de que, até 2010, aconteça um corte de 50% no pessoal empregado. Apenas na Alemanha, estima-se a extinção de meio milhão de empregos de altos salários. No citado artigo "Trabalho, desemprego e tempo livre", Emir Sader apresenta estudos de que, em 2025, apenas 2% da população econômica do mundo será suficiente para produzir e satisfazer as necessidades da humanidade. Atualmente 50% da população economicamente ativa já pode ser considerada excedente.

O ex-presidente do Brasil, Luiz Inácio Lula da Silva, viveu essa experiência:

> Eu sobrevivia fazendo bico para ganhar algum dinheiro. Eu comia o pão que o diabo amassou. Eu lembro que chegava na hora de comer e não tinha o que comer; se tinha, era arroz e batatinha cozida no molho. [...] Eu procurava trabalho nas empresas, fazia tudo a pé, não tinha dinheiro para ônibus [...] Tem coisa mais humilhante do que você sair com uma carteira profissional de manhã e voltar com ela de tarde, com ela suadinha, sem arranjar emprego, meses após meses? [...] Eu às vezes parava no meio do caminho e chorava muito.[19]

A conquista da "carteira de trabalho assinada" é um ícone da própria identidade do trabalhador, um elemento fundamental na coesão social. O desemprego prolongado e crônico (iniciado na última década do século XX e que adentra o século XXI) é um fator de esgarçamento dessa coesão. E não somente pelo empobrecimento, mas também porque "a pessoa que não tem garantido seu direito ao trabalho não tem o mínimo de dignidade e de emancipação, de possibilidade de planejar sua vida familiar e profissional, de organizar sua individualidade".[20]

A ausência do direito ao trabalho tem implicações diretas no lazer. As pessoas perdem referências que lhes dão um sentido de organização social, familiar e individual. Conforme definição de Joffre Dumazedier, lazer deveria ser o tempo que uma pessoa dedica a si mesma. Numa situação dessas, no entanto, por mais tempo liberado que a pessoa tenha, não é possível falar em lazer. E é exatamente essa condição que um número cada vez maior de cidadãos e cidadãs está presenciando, pondo em xeque a sua própria

---

[19] Depoimento de Luiz Inácio Lula da Silva, em Denise Paraná, *Lula, o filho do Brasil* (São Paulo: Perseu Abramo, 2002), p. 72.

[20] Emir Sader, "Trabalho, desemprego e tempo livre", cit., p. 196.

cidadania. As pessoas dispõem de tempo, mas perdem vínculos sociais, são excluídas de direitos, marginalizadas.

O tempo livre gerado pelo desemprego é transformado em tempo desperdiçado, levando a um contínuo processo de agravamento da desintegração social.

Ou seja, uma das matrizes da violência urbana não é somente o fato de a pessoa estar desempregada, mas a falta de perspectivas de vida gerada a partir desse desemprego, a falta de sonhos. Em distritos pobres de São Paulo, como o Capão Redondo, a maioria dos jovens nunca teve (e, a continuar esse modelo econômico, provavelmente nunca terá) uma carteira de trabalho assinada.[21] Por mais que esses jovens (e também adultos) tenham todo o tempo do mundo, esse não pode ser considerado um tempo de lazer, pois eles apenas ficam andando nas ruas do bairro, de uma esquina a outra, parando em pequenas rodas, observando uma sociedade que nada tem a lhes oferecer a não ser um tempo que nunca termina.

A VIABILIDADE DA REDUÇÃO DA JORNADA DE TRABALHO NO BRASIL

Os dados e a análise histórica indicam que a diminuição da jornada de trabalho, mesmo reduzindo momentaneamente o lucro de alguns, é positiva para a economia como um todo, criando postos para complementar as horas não trabalhadas, assim como para a ocupação dos novos serviços gerados por uma maior demanda pelo

---

[21]　Em uma atividade de recepção a jovens paulistanos que iriam participar do programa de Agentes Comunitários de Lazer, recebendo bolsa de 60% do salário mínimo por parte dos programas sociais da Prefeitura de São Paulo, tive a oportunidade de perguntar quantos dos presentes já tinham trabalhado com carteira assinada. Eram 120 jovens entre 16 e 20 anos, e apenas um levantou a mão.

lazer. O exemplo francês, com a jornada de 35 horas semanais, nos dá uma boa dimensão do que essa redução desencadeia em termos de mudança de comportamento e de crescimento econômico.

O aspecto mais evidente é a redução do desemprego, e, como vimos, os resultados são inquestionáveis. Com um menor índice de desemprego, a capacidade contributiva da sociedade aumenta na mesma razão em que as despesas com seguro social ficam menores. O primeiro efeito disso é um menor déficit público, ampliando a capacidade de investimento do Estado ou permitindo uma redução de impostos, a depender da orientação política do governo. A jornada semanal de 35 horas também possibilita o acréscimo de dias livres por ano (entre onze e dezesseis dias livres para cada assalariado francês), provocando um expressivo crescimento de vendas – e lucro – em atividades ligadas a *hobbies* e serviços caseiros do tipo "faça você mesmo". Outro efeito percebido nas grandes cidades da França foi a redução de congestionamentos às sextas-feiras e maior lotação dos trens nos fins de semana. Também aumentou a venda de livros e a ida a cafés, e as margens do Sena passaram a concentrar um número maior de pessoas (como divulgaram jornais de todo o mundo em fotos que, infelizmente, não parecem ter muito significado para os donos do poder). Com isso diminuiu a tensão social e a própria violência urbana, o que também influencia positivamente nos resultados macroeconômicos (para os que acham que macroeconomia é tudo).

Apesar desse quadro evidente, de que a França foi o país da União Europeia que teve o maior crescimento do Produto Interno Bruto (PIB) e que obteve os melhores resultados na redução dos índices de desemprego, o empresariado insiste em combater a redução de jornada – muito mais por motivos ideológicos do que propriamente econômicos. Levando em conta o próprio raciocínio neoliberal, podemos perceber a contradição dessa postura.

Um dos dogmas do pensamento econômico dominante é o combate ao déficit público e a diminuição da carga tributária. Se houver melhor repartição do emprego, a base contributiva da sociedade aumenta, podendo haver melhor distribuição da carga tributária. Com mais pessoas empregadas, a previdência social arrecada mais, e, com mais arrecadação, o déficit da previdência diminui. Não é exatamente esse um dos grandes objetivos da política econômica neoliberal? Com menor taxa de desemprego, as pessoas recorrem menos ao salário-desemprego, e a pressão sobre os gastos sociais do governo também diminui, de forma que tais recursos podem ser canalizados para novos investimentos ou então para a própria redução do déficit público. Mais uma vez, não é exatamente esse um dos grandes objetivos da política econômica vigente?

No caso do Brasil, com a redução do déficit público, os juros podem diminuir (ou pelo menos esse é o discurso). Não é precisamente essa uma das principais reivindicações do empresariado (e também de todo o país)? Com juros menores, sobram recursos para o país investir mais na atividade produtiva; com mais investimento, a economia cresce; com crescimento econômico, os lucros podem aumentar, mesmo que em termos relativos haja melhor distribuição dos ganhos entre o capital e o trabalho. A ampliação dos postos de trabalho resultante da redução da jornada de trabalho também tem outro efeito. Pessoas com emprego estável podem planejar melhor sua vida; com isso, os gastos de longo prazo são retomados, e a capacidade de consumo da sociedade aumenta. Não é exatamente a ausência de um consumo de longo prazo que inibe os investimentos produtivos?

Seguindo estritamente a lógica capitalista de consumo, pode-se argumentar que com mais tempo livre aumentam as despesas com lazer. E o lazer é o ramo da economia que tem maiores possibilidades de crescimento, pois sua satisfação é ilimitada, ao contrário de outros ramos da produção, em que a capacidade de consumo tem um limite físico. Mesmo que uma pessoa não sofra restrições de consumo, não há motivo para que tenha dez geladeiras em sua casa, por exemplo. Dessa forma, o crescimento da venda de geladeiras só pode acontecer se uma quantidade maior de indivíduos tiver renda e se dispuser a comprar geladeiras. Mas em relação ao lazer a situação é outra. Quanto melhores forem as condições para que as pessoas se estimulem a sair de casa, maiores serão os seus gastos com vestuário, ida a restaurantes, transporte... Em uma noite elas podem preferir ir ao cinema, depois a um restaurante; na noite seguinte podem ir a uma festa. Pode ser que prefiram viajar e, a cada fim de semana, escolham um lugar diferente. Com isso, geram novas necessidades de consumo. Ou seja, o lazer tem a capacidade de renovar constantemente os interesses, impulsionando a economia como nenhum outro ramo de atividade pode fazer. E o capitalismo já percebeu essa dimensão, tanto é que penetrou em todos os campos da atividade de lazer. No entanto, em uma contradição inerente ao próprio sistema capitalista, em que os microinteresses (tirar o maior lucro a partir da superexploração do negócio e no menor tempo possível) normalmente se sobrepõem aos interesses gerais do sistema, essa percepção fica limitada.

Dados do Departamento Intersindical de Estatística e Estudos Socioeconômicos (Dieese) indicam que, se fosse adotada a jornada de quarenta horas semanais, a simples reposição de mão de obra implicaria a criação imediata de 1,7 milhão de postos de trabalho. E a situação econômica brasileira, ao contrário do que a ideologia patronal tenta fazer crer, reúne condições excepcionais para a redução de jornada, até mesmo para uma redução superior às quatro horas pretendidas. Segundo estudo sobre emprego e desemprego realizado pelo convênio Dieese/Fundação Sistema Estadual de Análise de Dados (Seade), entre 1989 e 1999, o rendimento mensal médio pago na Região Metropolitana de São Paulo teve uma queda real de 18% (em valores atualizados para janeiro de 2000, o rendimento mensal em 1989 era de R$ 1.079, e em 1999 havia caído para R$ 886). Em situação inversa, a produtividade industrial subiu continuamente, chegando a alcançar 14,9% em um único ano, 1996, conforme vemos na tabela a seguir. Naquele ano o crescimento físico da produção foi de apenas 1,7%, com uma queda de 11,2% no pessoal ocupado e apenas 3,7% de aumento salarial para os trabalhadores que permaneceram no emprego. Ou seja, uma redução imediata de jornada de trabalho da ordem de 20% é perfeitamente sustentável pela economia brasileira, e nem estamos levando em conta o aumento da produtividade.

Pode-se alegar que o ganho de produtividade é necessário para a conquista e a manutenção de mercados, e abrir mão desses ganhos representaria perda de competitividade para os produtos brasileiros. Evidentemente, a ideia de que os ganhos de produtividade são repartidos no consumo é uma lógica distorcida em favor do capitalista, pois ele, efetivamente, recolhe para si a maior parte desses resultados.

TABELA 2. TAXA DE CRESCIMENTO DA INDÚSTRIA BRASILEIRA

	1992	1993	1994	1995	1996	1997	1998	1999	2000
Produção física	(-) 3,7	7,5	7,6	1,8	1,7	3,9	(-) 2,2	(-) 0,7	6,5
Pessoal ocupado	(-) 7,7	(-) 1,9	(-) 2,2	(-) 1,9	(-) 11,2	(-) 5,8	(-) 9,2	(-) 7,3	0,6
Horas pagas	(-) 8,0	(-) 1,9	(-) 2,9	(-) 2,3	(-) 11,5	(-) 6,2	(-) 9,6	(-) 7,7	0,2
Produtividade	4,6	9,5	10,8	4,3	14,9	10,7	8,4	7,6	5,7
Salário médio real	11,5	6,9	5,7	8,7	3,7	1,5	2,1	(-) 2,9	(-) 1,1

Fonte: IBGE, Pesquisa industrial mensal (Rio de Janeiro: IBGE, 2001).

Observando o achatamento dos salários sofrido na década de 1990, podemos perceber que é possível manter os salários com igual valor, e mesmo assim a jornada média de trabalho pode ser reduzida, no mínimo, 20%. A economia brasileira já suportou rendimentos salariais médios de valor muito superior ao praticado na última década, ou seja, uma redução de jornada sem redução de salários não afetaria nada a economia ou a competitividade do Brasil. O próprio salário mínimo teve uma perda real de 34,52% no período de 1989 a 1999, segundo dados do relatório *A situação do trabalho no Brasil*, publicado pelo Dieese em 2002, não havendo motivos racionais e econômicos (para não dizer éticos) que justifiquem o argumento de que a economia brasileira não suportaria sua recomposição. Uma forma mais rápida de recompor esse valor seria a redução de jornada, que, no caso do salário mínimo, teria de vir combinada com um aumento de salário; vale lembrar que o nosso salário mínimo é o menor pago entre os países do Mercosul, apesar de a economia do Brasil ser a maior de todas.

Pode-se alegar que o aumento de produtividade não tem tanta relevância nos setores de serviços e comércio, que ainda dependem fundamentalmente do trabalho humano. No entanto, serviços e comércio são os que mais se beneficiam da redução da jornada. Com uma jornada menor, mais pessoas se incorporam ao mercado formal de trabalho; havendo mais trabalhadores com renda, o comércio vende mais, há mais demanda por serviços. E o aumento de consumo pode compensar muito a eventual contratação de mais mão de obra, pois o comércio e os serviços só ganharão produtividade se houver um consumo em escala. De que adianta ter comerciários parados em lojas onde entram poucos clientes? A produtividade do comerciário se mede pela quantidade de vendas e não pelo tempo que ele permanece na loja. Mesmo que o comerciante seja obrigado a contratar mais pessoas em razão da redução de jornada, ainda assim ele terá um ganho largamente compensado pelo aumento de vendas.

No serviço público, a jornada de quarenta horas semanais já é regra, mas ela pode ser reduzida ainda mais. Em sã consciência, alguém acredita que um funcionário público não conseguiria produzir em seis horas o que ele faz em oito? A redução de jornada para o funcionalismo é uma questão até mesmo de recomposição salarial, em virtude do arrocho a que foi submetido na última década. Todos sabem que, a continuar o quadro econômico, dificilmente o Estado brasileiro terá condições de recompor integralmente o salário de dez anos atrás. Reduzindo a jornada, haveria um ganho relativo dos salários, compensando parte desse arrocho, sem que isso implicasse novas despesas ou redução da capacidade de atendimento do governo. Em áreas específicas, como saúde e educação, haveria necessidade de novas contratações, é fato, mas isso também seria positivo em termos de qualidade de serviços, compensando muito as despesas decorrentes dessas contratações. Em tais setores a jornada de trabalho em um único emprego normalmente já é inferior às quarenta horas semanais. No entanto, esses trabalhadores, em virtude dos baixos salários, têm mais de um emprego. Mas a recomposição dos salários dessas categorias, dando-lhes condições de trabalhar menos, é imperiosa. Ou será que a sociedade prefere que seus filhos tenham aulas com professores estressados, que não dispõem de um mínimo de tempo para o ócio e o estudo? (Evidentemente, os filhos dos pobres são os que mais sofrem, mas oferecer educação de qualidade é um dever de civilização.) E a jornada de trabalho dos médicos? Pode haver algo mais insano? Plantões de 24 horas seguidas, e as pessoas se deixam examinar e até operar por trabalhadores que nem ao menos pararam para dormir. As condições estão dadas. Cabe, então, à nação enfrentar o problema e decidir qual será o seu caminho.

A MORAL DO TRABALHO

Provavelmente nenhum país de economia diversificada reúne tantas condições para reduzir a jornada de trabalho como o Brasil. Os salários daqui são tão baixos que a redução de jornada pode e deve ser feita sem redução de salários, funcionando como um impulsionador do desenvolvimento econômico. Nesse aspecto, tal redução deve ser encarada como o principal instrumento de redistribuição de renda no país. Evidentemente, há um custo na redução das horas trabalhadas, que deve recair sobre aqueles que concentram a maior parte da renda. Ao contrário do que o discurso patronal tenta fazer crer, o aumento de custo decorrente da redução de jornada precisa ser encarado como o investimento social que pode recolocar a economia brasileira no caminho do crescimento.

Se a redução da jornada é positiva até mesmo para o crescimento econômico capitalista, por que há tanta resistência em diminuí-la?

Bertrand Russell demonstra de forma clara que a sociedade já tem todas as condições para uma drástica redução da jornada de trabalho (ele escreveu na década de 1930). E isso sem afetar a economia; muito pelo contrário, até impulsionando-a. Tomemos o exemplo da guerra:

> Todos os membros das forças armadas, todos os homens e mulheres engajados na produção de munições, na espionagem, na propaganda de guerra e nas funções de governo ligadas à guerra foram sacados das ocupações produtivas [apesar disso a produção econômica manteve sua capacidade de atender às necessidades da sociedade]. A guerra demonstrou claramente que, por meio da organização científica da produção, uma pequena parte da capacidade de trabalho do mundo é suficiente para que a população desfrute um nível de conforto satisfatório [...]. E se, no final da guerra, tivesse sido preservada a organização científica criada para liberar os homens para a tarefa de lutar e municiar, e se a

jornada de trabalho tivesse sido reduzida a quatro horas, estaria tudo certo. Em vez disso foi restaurado o antigo caos.[22]

Se, em tempos de guerra, é possível manter a produção mesmo retirando da atividade produtiva o grande contingente de mão de obra mobilizado para a guerra, por que não mudar o sistema de trabalho em tempo de paz? Em *O direito à preguiça*, cinquenta anos antes, Paul Lafargue diz que o vício do trabalho está arraigado no coração dos operários e que a quantidade de trabalho requerida pela sociedade é limitada pelo consumo, bem como pela oferta de matéria-prima. Em virtude disso ele também perguntava: "por que razão devorar em seis meses o trabalho de todo o ano? Por que não distribuí-lo uniformemente por doze meses [cortando a jornada de trabalho pela metade]?".[23] A resposta encontra-se em Russell: "Porque o trabalho é um dever e as pessoas não devem receber salários proporcionais à sua produção, mas à virtude demonstrada em seu esforço. Essa é a moral do Estado escravista".[24]

É tão impecável a clareza de raciocínio desses dois ensaios que merecem ser observados mais um pouco:

> Suponhamos que certa quantidade de pessoas produz todos os alfinetes de que o mundo necessita, trabalhando, digamos, oito horas por dia. Então surge um invento com o qual as pessoas podem produzir o dobro da quantidade de alfinetes. [...] Num mundo sensato todas as pessoas envolvidas na produção de alfinetes passariam a trabalhar quatro horas por dia. Mas no mundo em que vivemos permanece a jornada de oito horas, sobram alfinetes, alguns empregadores vão à falência e a metade dos homens perde seu emprego.[25]

---

[22] Bertrand Russell, *O elogio ao ócio* (Rio de Janeiro: Sextante, 2002), p. 28.
[23] Paul Lafargue, *O direito à preguiça* (São Paulo: Claridade, 2003), p. 59.
[24] Bertrand Russell, *O elogio ao ócio*, cit., p. 29.
[25] *Ibid.*, p. 30.

Se somarmos o tempo de trabalho e de não trabalho de todas as pessoas que originalmente estavam empregadas na fábrica, percebemos que ele continua rigorosamente o mesmo, só que, enquanto metade está completamente sem trabalho, a outra metade é submetida ao sobretrabalho. Assim, as classes patronais construíram uma ideologia, incorporada por quase todos, de que "o inevitável lazer causará a miséria por toda parte, em vez de ser uma fonte universal de felicidade".[26] O que acontece é exatamente o contrário. As pessoas são jogadas na miséria não pelo excesso de lazer, mas pelo excesso de trabalho a que uma parte da população é submetida. A solução apresentada por Russell é a redução da jornada de trabalho a um máximo de quatro horas diárias, mas ele lembra que isso choca as pessoas abastadas, para as quais os pobres não sabem o que fazer com tanto lazer. Como se a capacidade de gozar o lazer com qualidade fosse um direito exclusivo dos ricos.

Além dos preconceitos e da ideia de que a capacidade de usufruir livremente do seu tempo é atributo de poucos, há outro motivo que leva a classe dos capitalistas a repudiar a diminuição da jornada de trabalho. À medida que os trabalhadores vão ganhando autonomia no uso de seu tempo, sua capacidade de questionamento do sistema pode sair do controle, e algum dia eles podem perceber que a grande classe ociosa (no sentido de desnecessária) é a dos capitalistas, e a produção pode seguir seu rumo prescindindo deles. (Ver o próximo capítulo.) Assim, é melhor manter as pessoas ocupadas o maior tempo possível, até mesmo em seu parco tempo de lazer, com programas fúteis e inúteis. Uma jornada de trabalho mais longa dificulta que as pessoas utilizem seu tempo para refletir sobre sua própria condição.

---

[26]   *Ibid.*, p. 29.

O ÓCIO NA SOCIEDADE PÓS-INDUSTRIAL

A sociedade pós-industrial faz com que o debate sobre o ócio ganhe nova dimensão. Os países centrais do capitalismo – Estados Unidos, Japão e Europa ocidental – vivem um processo econômico em que o conteúdo imaterial agrega muito mais valor às mercadorias do que sua produção física. Em muitos casos, como previa o *Manifesto comunista* há mais de 160 anos, a própria materialidade da mercadoria chega a se desfazer, a se desmanchar.

Afora o ganho com a especulação financeira, em que dinheiro produz dinheiro, a grande fonte de riqueza está na produção de bens imateriais e na produção de conhecimento. Para a especulação financeira, a forma de acumulação de capital está na própria lógica do sistema, em que o aporte de recursos valoriza cada vez mais o patrimônio; no caso, os títulos públicos, as ações ou estoques imobiliários (que, se são tangíveis, por um lado, têm, por outro, sua valorização muito mais calcada no processo especulativo do que no material especificamente agregado a esses bens). Outra forma de concentração do capital se dá pela coerção econômica e jurídica a que são submetidas as economias dos países de fora do eixo central do capitalismo. Nós, brasileiros, conhecemos bem esse sistema, em que já se pagou quatro ou cinco vezes o valor original da dívida externa, e mesmo assim ela continua crescendo e impondo um processo de dependência e subordinação. Essa lógica também vale para a dívida pública interna, cujo valor apurado em 1994 se multiplicou por dez em oito anos, apesar de todos os valores pagos em forma de juros estratosféricos.

Em relação aos bens imateriais, a produção de tênis oferece um bom exemplo de como se processa essa economia. "Nós não vendemos tênis, nós vendemos sonhos", diz o departamento de *marketing*

94 NA TRILHA DE MACUNAÍMA: ÓCIO E TRABALHO NA CIDADE

da mais rentável marca de tênis do mundo, a Nike, que não possui uma única fábrica. Seu produto não é um calçado, mas o símbolo que o uso do tênis provoca, a afirmação de *status*, a autorrealização. Assim, jovens da periferia de São Paulo (ou de Nova York, ou de Johannesburgo) gastam todas as suas economias, até as de que não dispõem, para adquirir um produto cujo efetivo valor material é inferior a 20% do seu valor de venda.

Essa nova economia sobrevive da venda de serviços, informações e valores simbólicos. São produtos intangíveis. É claro que o mundo continua produzindo coisas, mas elas sofrem um deslocamento geográfico e econômico. É mais rentável criar marcas e gerenciar sistemas de vendas, deixando o trabalho estritamente físico para as outras partes do mundo. Um exemplo é a transformação da bauxita em alumínio, que exige uma alta concentração de energia (10% da energia produzida no Brasil),[27] mas que não passa de uma lata leve que só ganha valor quando agregada a produtos de alta tecnologia, esses, sim, produzidos nos países ricos. Também se transferem curtumes que exportam couro tratado a um preço cada vez menor e que poluem as águas em um ritmo cada vez maior; a fabricação e colagem de calçados; a movelaria... E os países da periferia do capitalismo até aplaudem (mais que aplaudem, oferecem incentivos fiscais e subsídios) essa transferência como sinônimo de progresso e desenvolvimento, competindo entre si para serem escolhidos, pois, quando não conseguem essa atração (como a maior parte dos países da África), ficam ainda mais excluídos. Entre os países que ainda competem para abrigar a produção de produtos

---

[27] Quando o Brasil viveu a experiência do "apagão", com a falta de energia elétrica para as cidades e indústrias, bastaria interromper por dois dias o fornecimento de energia elétrica para as indústrias de alumínio, sem que fosse necessário impor o sacrifício a toda a população do país.

tangíveis, encontra-se o Brasil. Mas mesmo no Brasil também vem ocorrendo esse processo de desmaterialização da economia – fenômeno concomitante à informalização do mercado de trabalho e aos precários contratos de prestação de serviços. Com a desmaterialização da produção, novos valores vão surgindo, com ênfase na flexibilidade, na criatividade e na estética.

Esse novo conjunto de necessidades gera profissões e trabalhos que agregam valor a partir de seu conhecimento e atividade criadora: programadores de computador, *designers*, publicitários, analistas financeiros, estilistas, etc. A forma de medir esse trabalho, no entanto, é imaterial, e só posteriormente pode ser constatado se ele, efetivamente, adicionou valor à mercadoria. São as emoções, as marcas, que agregam valor às mercadorias, e não o produto em si. Um exemplo bem concreto dessa conjuntura inconcreta é dado pela indústria de jogos para computador, os *games*. Muitas vezes esses jogos são resultado de anos e anos em que garotos ficaram na frente de computadores, apenas jogando, em pleno ócio, diriam seus pais. De repente, esse conhecimento e habilidade (a capacidade de ultrapassar barreiras virtuais) são a fonte de criação de um novo jogo. Se o jogo vender muito, o garoto pode ficar rico. Como distinguir a fronteira entre trabalho e ócio? Contabilizamos todo o tempo que o jovem ficou na frente do computador, apenas jogando? O seu ócio transforma-se em trabalho a partir do momento em que o novo jogo ganhou mercado? E se o jogo não desse certo, não encontrasse compradores? O tempo de desenvolvimento do jogo deixaria de ser trabalho e voltaria a ser ócio? Enfim, a nova economia exige novas categorias de análise. Mas, certamente, percebe-se que, para essas atividades crescentes, o tempo de trabalho passa por novas formas de produção e de medidas: a virtualidade, o teletrabalho.

Do mesmo modo que o trabalho passa por modificações, o consumo também passa por uma profunda metamorfose, estando cada vez mais associado à imaginação, à fantasia e à exploração de impulsos emocionais. Assim, como diz Campbell, "a atividade essencial do consumo não é a seleção, a aquisição ou o uso real dos produtos, mas a procura imaginária do prazer a que se presta a imagem do produto".[28]

A esse processo se dá o nome de pós-modernidade. Mike Featherstone lembra que o termo "pós-modernismo" foi empregado pela primeira vez em referência ao modernismo artístico, para em seguida ser adotado por filósofos e cientistas sociais, sendo posteriormente disseminado pela sociedade, particularmente entre os formadores de opinião. Apesar de relativamente comum, ainda existe muita confusão em relação ao que vem a ser o pós-modernismo. Featherstone classifica os principais traços do pós-modernismo da seguinte forma:

> Primeiramente é um movimento que se afasta das ambições universalísticas das narrativas mestras, em que a ênfase se aplica à totalidade, ao sistema e à unidade, e caminha em direção a uma ênfase no conhecimento local, na fragmentação, no sincretismo, na "alteridade" e na "diferença".
>
> Em segundo lugar é a dissolução de hierarquias simbólicas que acarretam julgamentos canônicos de gosto e de valor, indo em direção ao colapso populista da distinção entre a alta cultura e a cultura popular.
>
> Em terceiro lugar é uma tendência à estetização da vida cotidiana, que foi impulsionada pelos esforços, no âmbito da arte, a fim de diluir as fronteiras entre a arte e a vida, e o movimento em direção a uma cultura simuladora, na qual o véu das imagens, reduplicado de maneira alucinatória e interminável, apaga a distinção entre a aparência e a realidade.

---

[28] Joseph Campbell, *apud* Mike Featherstone, *O desmanche da cultura: globalização, pós-modernismo e identidade* (São Paulo: Studio Nobel/Sesc, 1997), p. 45.

Em quarto lugar, é uma descentralização do sujeito, cujo senso de unidade e cuja continuidade biográfica dão lugar à fragmentação e a um jogo superficial com imagens, sensações e "intensidades multifrênicas".[29]

Esse é o tempo de uma ruptura do senso de identidade do indivíduo, que se revela na perda de referências mais precisas, como na relação das pessoas com seu trabalho. Na fase industrial, a definição de classe social era mais permanente e, na maioria das vezes, durava a vida toda, incluindo gerações passadas e futuras. Nos tempos atuais, entretanto, a mobilidade impõe uma outra relação, que precisa ser observada empiricamente. Quem visita portas de fábrica na periferia de São Paulo (ou de qualquer outra grande cidade industrial do mundo) consegue perceber claramente essa perda de referências que davam um sentido de identidade às pessoas. Tudo é móvel, e de um dia para outro um metalúrgico pode se transformar em pequeno-burguês, dono de uma "birosca" na frente da fábrica em que antes trabalhava. De proletário a proprietário de um pequeno negócio. Ao contrário do que essa mobilidade poderia fazer crer, entretanto, não há mobilidade na escala social, e muitas vezes há um decréscimo no padrão de vida desse ex-operário. E provavelmente ele nunca mais retornará à condição de "peão" de fábrica. Proletário, desempregado, proprietário de pequeno negócio, biscateiro, guarda de porta de fábrica (com sorte, sua carteira de trabalho pode voltar a ser assinada graças à crescente indústria da segurança), desempregado novamente, guardador de carros, vendedor ambulante... Essa é a realidade de milhões de pessoas que habitam as grandes e médias cidades do Brasil. Como ponto de identidade há a pobreza, mas

---

[29]   Mike Featherstone, *O desmanche da cultura: globalização, pós-modernismo e identidade*, cit., p. 69.

dificilmente poderemos nos referir a elas como uma única classe, apesar de carregarem interesses bastante comuns.

A expressão "identidade multifrênica" foi criada por Fredric Jameson e indica a ruptura do senso de identidade do indivíduo. Vivemos em um tempo de mobilidade em relação ao trabalho e em relação às informações e referências culturais recebidas. O indivíduo se perde na multidão, mas desta vez a multidão deixa de ser uniforme. Há um bombardeio de imagens fragmentadas, de signos contraditórios, tudo ao mesmo tempo, desfazendo todo senso de continuidade ou de construção de um coerente sistema de valores. Passado, presente e futuro se misturam de tal forma que as pessoas perdem até mesmo o senso de realidade, impossibilitando o encadeamento de significados e levando ao imediatismo e à estetização da vida. Ao contrário do que pode aparentar à primeira vista, porém, essa não é uma marcha inexorável, devendo ser contextualizada na própria lógica do sistema capitalista. A estetização da vida e o hedonismo também compõem o cardápio de mercadorias desse sistema e são reforçados na medida em que podem produzir mais e mais dinheiro. É dentro desse contexto que reaparece a discussão sobre o ócio.

Há ainda as pessoas inseridas no processo produtivo (talvez fosse mais apropriado dizer: no processo de ganhar dinheiro), as profissões emergentes, os autores das necessidades imaginárias. Para eles, constrói-se a ideia de que estão envolvidos em atividades puramente criativas (em que a repetição e a cópia de anúncios publicitários são a expressão da criatividade pós-moderna), dando um novo *status* ao ócio. A difusão e a ampla aceitação nos altos meios empresariais das ideias do sociólogo italiano Domenico De Masi expressam claramente esse processo, em que no fundo o que se procura é uma justificativa e um conforto intelectual aos superexcitados executivos e jovens criadores inseridos nesse árduo sistema de ganhar dinheiro:

> O trabalho criativo requer "tempo integral": alguém empenhado em resolver um problema cuja solução comporte uma ideia nova (seja ele um artista, um publicitário, um profissional liberal, um empresário ou artesão) não pode interromper o pensamento perdendo o fio da meada, como fazia o operário que, ao soar da sirene, largava o serviço na cadeia de montagem.[30]

E essa percepção é sintetizada no conceito de que

> [...] o futuro pertence a quem souber libertar-se da ideia tradicional do trabalho como obrigação ou dever e for capaz de apostar numa mistura de atividades, onde trabalho se confundirá com tempo livre, com estudo e com jogo, enfim, com o ócio criativo.[31]

Essa ideia tem o mérito de resgatar o sentido original do ócio, dando-lhe uma dimensão criadora e humanista e abrindo caminho para colocar a questão em outra perspectiva. No entanto, apesar de simpático e sedutor, esse conceito assume um conteúdo idealista, focado no convencimento do indivíduo, sem levar em conta o fato de que há uma apropriação desigual dos resultados da riqueza produzida. E, no mundo em que vivemos, apenas uma parcela da população do globo poderá caminhar no rumo do chamado ócio criativo – e, mesmo assim, de uma criatividade

---

[30] Domenico De Masi, *A economia do ócio* (Rio de Janeiro: Sextante, 2001), p. 15.

[31] Domenico De Masi, *O ócio criativo* (Rio de Janeiro: Sextante, 2000), p. 10. Em *A economia do ócio*, cit., p. 26, De Masi exemplifica sua teoria lançando mão do pensamento zen: "Quem é mestre na arte de viver distingue pouco entre o trabalho e o tempo livre, entre a própria mente e o próprio corpo, entre a sua educação e a sua recreação, entre o seu amor e a sua religião. Com dificuldade sabe o que é uma coisa e outra. Busca simplesmente uma visão de excelência em tudo que faz, deixando que os outros decidam se está trabalhando ou brincando. Ele pensa sempre em fazer ambas as coisas ao mesmo tempo".

subordinada à lógica capitalista. Ou seja, a capacidade de *libertar-se da ideia tradicional do trabalho* está muito mais relacionada à força política dos agentes históricos do que a um ato de escolha individual, e muito menos à inexorável racionalidade econômica e social. Mas é possível mudar essa ordem.

Neste aspecto, Joffre Dumazedier atenta para o fato de que:

> Tudo se passa, em certos discursos políticos, como se o trabalho pudesse caminhar para "novos paraísos" desde que triunfe uma política de tempo escolhido, de círculo de qualidade, de popularização do corpo de acionistas ou de autogestão, etc. Isto não seria perder de vista os limites institucionais do trabalho? Sem dúvida é esquecer a distância irredutível que separa as propriedades do tempo escolhido dentro dos limites deste tempo obrigado do trabalho, das propriedades do tempo escolhido na extrema variedade de atividades do tempo livre.[32]

A discussão sobre o lazer não é neutra. Existem interesses e formas desiguais de apropriação do tempo. Um tempo que se transforma em dinheiro desigualmente apropriado. Talvez uma postura saudável para entender o agitado mundo a nossa volta fosse a de retornarmos a uma prática comum nos tempos de Charles Baudelaire, na Paris de meados do século XIX. Walter Benjamin lembra que naquela época...

> Havia o transeunte, que se enfia na multidão, mas havia também o *flâneur*, que precisa de espaço livre e não quer perder sua privacidade. Ocioso, caminha como uma personalidade, protestando assim contra a divisão do trabalho que transforma as pessoas em especialistas. Protesta igualmente contra a sua industriosidade. Por algum tempo, em torno de 1840, foi de bom-tom levar tartarugas a passear pelas galerias. De bom

---

[32] Joffre Dumazedier, *A revolução cultural do tempo livre*, cit., p. 102.

grado o *flâneur* deixava que elas lhe prescrevessem o ritmo de caminhar. Se o tivessem seguido, o progresso deveria ter aprendido esse passo.[33]

Em resumo, a hipervelocidade da sociedade pós-moderna precisa encontrar um novo ritmo de caminhar. Quem sabe as tartarugas vagarosas possam nos ensinar...

PERSPECTIVAS PARA UMA SOCIEDADE QUE REVÊ OS SENTIDOS DO ÓCIO

O movimento ecológico insere a questão do ócio em outra perspectiva, relacionada à própria manutenção da vida no planeta, onde as matas intocadas deixam de ser consideradas inativas, ociosas. Pelo menos a população começa a tomar consciência de que a qualidade de vida na Terra está diretamente relacionada à permanência de terras e sistemas intocados. E mesmo assim eles produzem: o nosso ar, a nossa água limpa...

A percepção desse sentido do ócio, em que ele deve ser visto associado à utilidade, foi constatada originalmente na literatura por Leon Tolstói. Na quarta parte de *Guerra e paz* há uma reflexão sobre o tema:

> Se o homem pudesse encontrar-se numa situação em que, embora se mantivesse ocioso, sentiria ser útil e cumprir com o seu dever, reencontraria uma das condições da felicidade original. Pois toda uma classe, a classe militar, goza dessa ociosidade que lhe é imposta e não pode ser censurada. Nessa ociosidade irrepreensível e obrigatória é que tem sempre residido e residirá sempre o atrativo principal da vida militar.[34]

---

[33]   Walter Benjamin, *Charles Baudelaire, um lírico no auge do capitalismo* (São Paulo: Brasiliense, 1994), p. 51.

[34]   Leon Tolstói, *Guerra e paz, apud* Paulo Rónai, *Dicionário universal de citações* (Rio de Janeiro: Nova Fronteira, 1985), p. 698.

Partindo de um rigoroso estudo sociológico, Dumazedier sugere:

Preparemos a população para viver períodos sem trabalho profissional, quando atividades voluntárias de trabalho familiar ou de "trabalho livre", ordinariamente limitados pelo trabalho profissional, poderão se desenvolver com redução provisória ou mesmo sem este último.[35]

E propõe seis alternativas de atividades a serem desenvolvidas fora do tempo de trabalho profissional e que receberiam uma subvenção pública em dinheiro:

1. para o grupo de pessoas que valorizam sobremaneira o seu trabalho profissional e que, de repente, se veem desempregadas, ele propõe uma reeducação do tempo livre, de modo que essas pessoas possam readquirir confiança em si mesmas e descobrir outras atividades de caráter sociocultural, sociopolítico e socioespiritual;

2. para os jovens recém-saídos da universidade, ele sugere uma reorientação para atividades de autoformação e orientadas para a solidariedade;[36]

3. para as pessoas que entendem o trabalho apenas como uma necessidade de ganhar a vida, a sugestão é a da reordenação do trabalho doméstico, auxiliando no cuidado com os

---

[35] Joffre Dumazedier, *A revolução cultural do tempo livre*, cit., p. 117.

[36] Recentemente a União Nacional dos Estudantes (UNE) apresentou a proposta da reedição do Projeto Rondon, que levava jovens estudantes universitários para prestar serviços voluntários em comunidades carentes, principalmente no interior do Brasil. A ideia e a homenagem ao marechal Rondon não podiam ser mais adequadas. O Projeto Rondon avançou no tempo da ditadura militar e teve sua imagem diretamente afetada por isso, mas o conceito é extremamente correto, direcionando o tempo livre dos estudantes para a tomada de contato com o Brasil e o desenvolvimento de ações solidárias. Passados quase vinte anos, é muito louvável o resgate dessas ideias sob novas bases, ainda mais que a iniciativa partiu dos próprios estudantes.

MAIS ÓCIO E MENOS TRABALHO: A FÓRMULA DA VIDA EMANCIPADA 103

filhos e na reorganização da casa, bem como o desenvolvimento de uma economia mais *convivial*, orientada para a solidariedade entre vizinhos;

4. para os jovens em situação de risco, e que deixaram a escola antes de completar o segundo grau, sugere-se o desenvolvimento intensivo de *atividades de utilidade coletiva* e estágios chamados de inclusão social;

5. para as pessoas que já estão sensibilizadas em relação ao trabalho social, propõe-se uma continuidade dessa ação em atividades de autoformação e junto com iniciativas solidárias;

6. a sociedade também precisa da ação militante, de jovens idealistas, ativistas políticos ou sociais; nada mais justo do que subvencioná-los; afinal, muito das mudanças de valores e dos novos direitos conquistados é herança desses movimentos, como os originados nas revoltas estudantis de 1968.

A experiência da Prefeitura de São Paulo na gestão Marta Suplicy, com os programas sociais e a distribuição de bolsas de aproximadamente 60% do salário mínimo por mês, caminhou nesse sentido. Entre 2001 e 2002, 3.500 pessoas, entre jovens e adultos com mais de 40 anos, participaram do programa de agentes comunitários de lazer; dessas, 1.700 concluíram as atividades. Além da distribuição de renda, essa ação representou "uma ruptura na ordem de ocupação do tempo livre nas comunidades, que passam a contar com intermediários orgânicos, filhos da própria comunidade e que conseguem reinterpretar as imposições da indústria do tempo livre".[37] Ou seja,

---

[37] Célio Turino, *O lazer nos programas sociais: propostas de combate à violência e à exclusão* (São Paulo: Anita Garibaldi, 2003), p. 26.

os programas sociais de requalificação profissional e distribuição de renda precisam repensar as suas ações, saindo do antigo modelo de formação de mão de obra tradicional (os cursos de corte e costura, pedreiro, introdução à informática), que muitas vezes apenas serve para isentar o poder público de responsabilidade quanto à colocação profissional e reafirmar o processo de responsabilização das vítimas pelo seu próprio infortúnio. A sociedade do século XXI produz recursos suficientes para o subsídio e a manutenção de atividades consideradas improdutivas, mas de caráter solidário. E essas atividades assumem um papel cada vez mais importante no cultivo de novos valores da civilização.

É sobretudo a partir de uma ampla redistribuição dos recursos gerados pela sociedade que construiremos um sistema mais avançado de convivência social. Nesse momento, a questão do lazer e do tempo livre, ou do ócio, assume um papel estratégico no redirecionamento da ordem social, econômica, política e cultural.

Um exemplo? O modelo de aposentadoria. Nossa sociedade não prepara as pessoas para a aposentadoria, e a interrupção do trabalho é, normalmente, repentina. Durante toda uma vida de trabalho as pessoas são condicionadas a pensar apenas na produção; de repente, de um dia para outro essa pessoa se aposenta e não tem mais nenhuma atividade a desenvolver. Seria mais sensato reduzir as horas de trabalho paulatinamente. Digamos, nos cinco anos que precedem a aposentadoria, a jornada cairia 50% (e o sistema previdenciário assumiria 50% do salário, em uma espécie de pré--aposentadoria; os outros 50% continuariam sendo pagos pelo empregador). Com isso o trabalhador iria se adaptando aos novos tempos, e sua atividade no trabalho assumiria um papel muito importante na transmissão de conhecimento para os mais jovens, que também poderiam ingressar no mercado de trabalho em meia jornada. Alguns poderão considerar essa ideia custosa, mas até do ponto de vista de recursos para a previdência (retardando o pagamento de uma aposentadoria completa) ela é eficaz, assim como quanto ao estímulo à geração do primeiro emprego.

Como tentei demonstrar anteriormente, a questão do lazer (com um sentido verdadeiramente emancipador) está no cerne da luta de classes (por mais que tentem nos fazer crer o contrário, a luta de classes não acabou) e envolve uma decisão sobre o modelo de sociedade que desejamos para os nossos filhos e netos. Para uns pode ser o socialismo renovado, para outros, um capitalismo solidário; mas, sem dúvida, o caminho liberal (o neoliberalismo nada mais é do que a recuperação dos valores liberais, do individualismo e da ganância exacerbados), do cada um por si, só nos levará à barbárie e ao esgotamento dos recursos do planeta. Por isso a discussão sobre o lazer está intimamente relacionada à questão da redução da jornada de trabalho e à adoção de um programa de renda mínima para todos os cidadãos.

O senador Eduardo Suplicy é autor de uma proposta que, combinada com uma consistente redução da jornada de trabalho, pode constituir a mais valiosa oportunidade de reequilíbrio social no Brasil.[38] Ele propõe uma renda de cidadania, em que todos, ricos, pobres, jovens, velhos e crianças, receberiam uma renda mínima para garantia de uma subsistência digna. Posteriormente, aqueles que ganhassem mais devolveriam esse valor quando da declaração do seu imposto de renda. O princípio é de que todos devem receber uma parte dos frutos da sociedade de maneira igualitária, sem

---

[38] Talvez esta seja a única oportunidade de o país promover esse reequilíbrio sem a necessidade de uma ruptura revolucionária. Se isso é possível realmente, só o tempo dirá.

superposição de clientelas, pulverização de recursos públicos ou disputa entre instituições. Como fonte de financiamento ele aponta a experiência do estado norte-americano do Alasca, onde 50% da receita com *royalties* da extração do petróleo é destinada a um fundo público que redistribui os recursos uniformemente para todos os cidadãos do estado. No Brasil poderia haver um fundo semelhante, que comporia uma cesta de ativos de propriedade comum (petróleo, gás, minérios, *royalties* da biodiversidade, etc.).

O princípio do senador é de uma simplicidade e humanismo que precisam ser compreendidos em uma dimensão que vai muito além de qualquer raciocínio meramente econômico (ou melhor, financista, pois a proposta é extremamente racional do ponto de vista econômico):

> Se o objetivo é erradicar a fome e a miséria, é preciso compreender que a pessoa necessita mais do que matar a fome. Se está fazendo frio, precisa comprar um agasalho ou um cobertor. Se a telha ou a porta estão avariadas, é preciso consertá-las. Se um filho ficou doente, é preciso comprar remédio com urgência. Se é o dia do aniversário de uma filha, é possível que a mãe queira lhe dar de presente um par de sapatos. Se a vizinhança está vendendo um tipo de alimento muito barato, é bom comprar, porque vai sobrar para outras coisas.[39]

Suplicy nos apresenta o eloquente exemplo de uma senhora, moradora de Campinas, cidade que, junto com Brasília, foi a primeira a aplicar essa proposta. Ela gastou o recurso de um mês para adquirir uma dentadura e "ter a coragem de sorrir de novo, sem precisar tapar a boca, sem sentir vergonha, tendo até mesmo melhores condições para conseguir um emprego, ou ser amada".

---

[39] Eduardo Matarazzo Suplicy, *Renda de cidadania: a saída é pela porta* (São Paulo: Cortez, 2002), p. 143.

O que isso tem a ver com lazer?

Tudo, pois o lazer só é livre quando as pessoas se sentem bem, felizes, quando têm "coragem de sorrir". Sabem que podem se divertir e têm segurança do que encontrarão em casa. E assim as pessoas se dedicam ao trabalho com satisfação e não mais por necessidade premente, adquirindo melhores condições para negociar o seu trabalho. Podem optar por serem poetas em lugar de pedreiros. Mas, se preferirem ser pedreiros, podem fazer casas como poetas. E isso só será possível com a combinação de uma jornada menor e uma renda mínima garantida para todos.

Pode parecer utópico – triste a época em que somos obrigados a amesquinhar nossas utopias –, mas a humanidade tem capacidade técnica para prover a todos condições dignas de existência. O que falta são valores para uma civilização mais elevada. Bertrand Russell, em *O elogio ao ócio*, diz que continuamos preferindo o sobretrabalho para alguns e a penúria para os demais e que isso é sinal de tolice e não há razão para continuarmos em tolice para sempre. A boa índole é a qualidade moral de que o mundo mais precisa, pois ela é resultado da segurança e do bem-estar, não de uma vida de luta feroz.

Não foi uma sociedade assim que os portugueses encontraram por aqui? E não foi dançando e folgando que esses povos se aproximaram pela primeira vez?

LAZER: O ÓCIO PERMITIDO –
conceitos para uma política
pública para o lazer

Lazer – do latim *licere*, "ser lícito", "permitido" – é o ócio socialmente aceito. É o momento em que o ócio ganha função no processo de acumulação do capital[1] e na reprodução social. Segundo a maioria dos sociólogos do lazer, as definições de lazer estão intimamente ligadas à ideia de tempo e atividade (busca do prazer): "Lazer é tempo livre de trabalho e de outras obrigações, e também engloba atividades que se caracterizam por um sentimento de (relativa) liberdade".[2]

---

[1] Em *O capital*, Karl Marx define que o processo de domínio da lógica do capital se estende por todo o tempo humano e que, sob essa lógica, a "jornada de trabalho compreende diariamente as 24 horas completas, depois de descontar as poucas horas de descanso, sem as quais a força de trabalho fica totalmente impossibilitada de realizar novamente sua tarefa. Entende-se por si, desde logo, que o trabalhador, durante toda a sua existência, nada mais é que força de trabalho e que, por isso, todo seu tempo disponível é por natureza e por direito tempo de trabalho, portanto, pertencente à autovalorização do capital" (Karl Marx, *O capital*, vol. 1, seção III, "A produção da mais-valia absoluta" (São Paulo: Abril, 1983), p. 211).

[2] Stanley Parker, *A sociologia do lazer* (Rio de Janeiro: Zahar, 1978), p. 10.

Do ponto de vista da recomposição das forças humanas para um trabalho mais produtivo, podemos dizer que o papel do divertimento e da recreação tem a sua importância percebida desde a Antiguidade: "Os legisladores instituíram dias de festa nos quais nos reunimos para nos divertirmos em comum, porque consideraram necessário que o trabalho fosse de tempos em tempos interrompido por descansos [...]".[3]

Ainda no mesmo texto, Sêneca afirmava:

> É preciso saber recrear o espírito: ele se mostrará, depois de um repouso, mais resoluto e mais vivo. Do mesmo modo que não se deve fazer um solo fértil (pois uma fecundidade sempre ativa brevemente se esgotaria), assim um trabalho ininterrupto diminuirá o ardor do espírito: um instante de repouso e de distração lhe devolverá sua energia.[4]

Essa percepção da necessidade de cultivar um tempo que é interrompido para o descanso se mantém até a atualidade, e, frequentemente, lazer é associado a uma positiva forma de recomposição de energias. É comum a criação de grêmios recreativos em grandes corporações ou fábricas, ou mesmo a partir de organizações patronais, como o Serviço Social da Indústria (Sesi) e o Serviço Social do Comércio (Sesc),[5] voltadas especialmente para a promoção do lazer e do convívio social entre trabalhadores. Do mesmo modo, remonta a Aristóteles o conceito de que o prazer é um elemento indispensável à *limpeza do corpo*, e hoje nem teríamos como imaginar uma programação de lazer que não levasse em conta a dimensão agradável do ato de divertir-se. De modo geral esses momentos permitem que

---

[3] Sêneca, "Alternar o trabalho e o divertimento", em *Da tranquilidade da alma*, Coleção Os Pensadores (São Paulo: Nova Cultural, 1973), p. 222.

[4] *Ibidem.*

[5] Estruturados no final do Estado Novo e postos em funcionamento logo após a deposição do presidente Getúlio Vargas.

os sentimentos sejam mais estimulados e as pessoas experimentem fortes emoções em público. Para Aristóteles, a estimulação dos sentimentos decorrentes do divertimento tinha um efeito terapêutico, de purgação, expulsando sensações nocivas ao homem. Norbert Elias, no artigo "A busca da excitação no lazer", identifica em Aristóteles o uso do termo *pharmakon* para designar os efeitos do prazer e do divertimento na "limpeza do corpo".[6]

Mas seria um anacronismo interpretarmos esse entendimento do papel do divertimento como "recriação" (do latim, *recreatio*) de forças, no sentido que atualmente damos ao lazer. Em primeiro lugar, como vimos anteriormente, o ócio na Antiguidade era interpretado como direito natural, aristocrático, e mantinha uma íntima relação com o aprendizado; *scholé* tanto designava ócio (que alguns traduzem por lazer) como escola, e aprender (no sentido da elevação do espírito) era um privilégio de poucos. Ou seja, não havia distinção entre trabalho (para muitos) e lazer (para poucos). O ócio era associado à sabedoria, ao desenvolvimento do humano completo, em corpo e espírito, e, nesse caso, formando um ideal de vida sem trabalho.

Ócio estava associado à própria natureza do homem livre, e só a plena capacidade de usá-lo adequadamente é que poderia garantir a realização/emancipação do ser. Da mesma forma, havia uma distinção entre o divertimento, que era mais ligado a efeitos terapêuticos, de recuperação da dor e da fadiga, e o ócio, que era concebido como um "estado de ser". Para os filósofos gregos, apenas duas atividades eram dignas da ociosidade: a música e a contemplação.

---

[6] Norbert Elias & Eric Dunning, "A busca da excitação no lazer", em Norbert Elias & Eric Dunning (orgs.), *A busca da excitação* (Lisboa: Difel, 1985).

Esse ideal de ócio, evidentemente, limita o próprio campo das experiências do lazer, pois há todo um conjunto de atividades recreativas e culturais que também podem elevar o espírito. O que nos interessa aqui, no entanto, é perceber a ligação que a filosofia grega fazia entre ócio e cultivo do ser, no sentido de humanidade. Se observarmos a própria prática grega, perceberemos que sua ação era mais larga que a preconizada por seus filósofos. Os Jogos Olímpicos – assim como os jogos cotidianos –, fundamentais para o processo de educação individual e coletiva da sociedade grega, incluíam corridas a pé e de carros, lutas corporais, arremessos de dardos e competições de oratória. Eram atividades ligadas diretamente às necessidades práticas, particularmente as militares, que exigiam precisão, coragem e resistência, constituindo uma forma de educação coletiva, de classe (os guerreiros, os políticos), com objetivos claramente definidos e, por isso mesmo, muito mais amplos que a contemplação.

Toda essa experiência foi vital para o desenvolvimento cultural e civilizador da humanidade, mas mesmo assim não pode ser considerada lazer,[7] pois "não se define em relação ao trabalho, ela não é nem um complemento nem uma compensação; é um substituto do trabalho", e lazer "não é a ociosidade, não suprime o trabalho; o pressupõe".[8]

Outro aspecto fundamental para a diferenciação entre lazer e ócio é que não havia uma nítida demarcação entre trabalho e atividades lúdicas. Nesse período, "trabalho e jogo estão integrados [...], possuem significações de mesma natureza [em que] a festa engloba

---

[7]   Mesmo quando procuramos semelhanças entre o circo romano e os grandes espetáculos esportivos da atualidade, existem profundas distinções entre eles.

[8]   Joffre Dumazedier, *Sociologia empírica do lazer* (São Paulo: Perspectiva, 2001), p. 28.

o trabalho e o jogo".[9] Nas sociedades pré-industriais o trabalho está inserido nos ciclos naturais (o tempo da semeadura, o tempo da colheita, as longas esperas em virtude das estações climáticas), não havendo um nítido recorte entre trabalho e descanso. As pessoas se acostumavam a esperar, a "ver o tempo passar", assim como cantavam e se divertiam ao mesmo tempo que realizavam a colheita.

Mesmo nas cidades, o ciclo natural era determinante na organização do trabalho, que se encerrava no fim do dia claro e que contemplava diversos momentos de parada. Até a Revolução Industrial, praticamente havia um feriado para cada três dias de trabalho; a partir de então, sob o pretexto da separação entre Estado e religião, essas pausas relacionadas às festas religiosas foram paulatinamente eliminadas, e o tempo destinado a elas foi preenchido com a produção cada vez maior de mercadorias, praticamente duplicando a jornada de trabalho em relação à Idade Média.[10]

Com as revoluções burguesas e o advento da economia industrial, as pessoas começaram a ser apartadas de sua vida cotidiana. Até essa época o trabalho era exercido próximo da moradia, tanto na atividade rural como na urbana. A produção artesanal, em pequenas oficinas, e o comércio muitas vezes eram realizados em área anexa à própria casa. Mesmo penoso e opressivo do ponto de vista físico, como no caso do trabalho escravo, esse labor se misturava com conversas e brincadeiras, com a vida cotidiana. (Lembremos que, nas grandes plantações da América, os escravos negros do Mississipi criaram o *blues* enquanto colhiam algodão.)

---

[9] *Ibid.*, p. 26.

[10] Stanley Parker apresenta estudos que indicam que apenas no século XX o trabalhador urbano conseguiu recuperar o tempo livre de que dispunha o camponês do século XIII. Dados de Domenico De Masi comparando expectativa de vida, trabalho e estudo apontam em outra direção, mas abordaremos essa questão mais adiante.

Foi a necessidade da produção em série, em grandes máquinas, que trouxe a brusca ruptura com esse modo de vida. O trabalho descolado do tempo natural e do jogo surge com a Revolução Industrial, e é nesse processo que desponta o lazer. O trabalho passa a ser artificialmente controlado, subordinando-se a uma lógica e uma racionalidade próprias. A invenção da energia elétrica e da lâmpada, para usarmos um exemplo conhecido, antes de representar uma conquista para o convívio social, estendendo o lazer noite adentro, possibilitou o trabalho noturno e a jornada diária de catorze, dezesseis horas; os grandes galpões industriais; o trabalho infantil; a produção em série; o homem-máquina; e os trabalhos repetitivos tão bem demonstrados no filme *Tempos modernos*, de Charles Chaplin. Esses são eloquentes exemplos de que tecnologia e qualidade de vida nem sempre andam juntas – pelo contrário.

Mas esse é um tema que exigiria uma discussão à parte. No momento, cabe perceber a relação histórica entre o lazer e a eficiência, a técnica e a funcionalidade, ou, situando historicamente, entre o lazer e o pensamento racionalista. De um lado, as ideias racionais possibilitaram que a tecnologia avançasse como nunca; de outro, as pessoas foram cada vez mais apartadas de sua própria humanidade. Edgar De Decca assinala:

> Nesse sentido, tanto podemos ver nas atividades de lazer a manutenção das tradições e valores das sociedades anteriores ao capitalismo, como podemos apreendê-lo em suas dimensões complementares ao trabalho disciplinado. Assim, o lazer pode ser percebido nos interstícios do sistema de fábrica, como espaços e parcelas de tempo não administrados pelo capitalismo, como pode, também, ser visto sob o ângulo da administração do tempo livre complementar ao trabalho organizado oriundo da racionalização moderna do capital.[11]

---

[11] Edgar De Decca, "E. P. Thompson: tempo e lazer nas sociedades modernas", em Heloisa Turini Bruhns (org.), *Lazer e ciências sociais: diálogos pertinentes* (São Paulo: Chronos, 2002), p. 61.

Foi o pensamento racionalista que deu suporte conceitual para que o capitalismo pudesse se firmar como a única opção de desenvolvimento e progresso para a humanidade, como se até então o mundo fosse dominado por trevas e miséria. Entre os grandes filósofos do século XX, Theodor Adorno se debruçou sobre o problema:

> Se, como ensinou Marx, a sociedade capitalista é ou não conduzida à sua ruína mediante sua dinâmica própria, não constitui somente uma questão racional, enquanto ainda não manipulamos o questionar: constitui uma das mais importantes questões de que a ciência social pode se ocupar. [...] A sociedade dominante não despojou a si e aos homens, coagidos em seus membros, daquela dignidade, mas nunca permitiu que se convertesse num dos seres emancipados a que, conforme Kant, corresponde dignidade.[12]

Mas existem outros caminhos. O antropólogo Pierre Clastres demonstra como é relativo o efeito da tecnologia (e da organização racional do trabalho) na qualidade de vida dos povos,[13] e que acontece normalmente um efeito inverso. Ele faz uma comparação entre o machado de metal e o machado de pedra:

---

[12] Theodor Adorno,"Introdução à controvérsia sobre o positivismo na sociologia alemã", em *Textos escolhidos*, Coleção Os Pensadores (São Paulo: Nova Cultural, 1999), p. 159.

[13] Thompson caminha no mesmo sentido quando pondera que: "O ponto em discussão não é o do 'padrão de vida'. Se os teóricos do crescimento querem de nós esta afirmação, podemos aceitar que a cultura popular mais antiga era sob muitos aspectos ociosa, intelectualmente vazia, desprovida de espírito e, na verdade, terrivelmente pobre. Sem a disciplina do tempo, não teríamos as energias persistentes do homem industrial; e adotando as formas do metodismo, do stalinismo ou do nacionalismo, essa disciplina chegará ao mundo em desenvolvimento. O que precisa ser dito não é que um modo de vida seja melhor do que outro, mas que esse é um ponto de conflito de enorme alcance, que o registro histórico não acusa simplesmente uma mudança tecnológica, mas também a exploração e a resistência à exploração; e que os valores resistem a ser perdidos bem como a ser ganhos". Ver E. P. Thompson, *Costumes em comum: estudos sobre a cultura popular e tradicional* (São Paulo: Companhia das Letras, 1998), p. 300.

> [...] podemos, no mesmo tempo, realizar com o primeiro dez vezes mais trabalho que com o segundo; ou então executar o trabalho num tempo dez vezes mais curto. Mas foi exatamente o contrário que se verificou, pois, com os machados metálicos, irromperam no mundo primitivo dos índios a violência, a força, o poder, impostos aos selvagens pelos civilizados recém-chegados.[14]

E esse impacto ocorrido com os nativos da América foi o mesmo nas sociedades capitalistas quando a jornada de trabalho se expandiu de forma nunca vista, até o limite da força humana. Se, para uma parcela da população, a tecnologia permitiria uma ampliação do ócio, trazendo-lhe mais qualidade de vida e comodidade, para a maior parte, ela foi instrumento de uma exploração ainda maior e até mesmo de uma redução (ou a quase completa eliminação) do tempo livre, que viria a ser chamado de lazer. Não pela tecnologia em si, mas pela relação de força, pela capacidade que cada classe social tem de controlá-la e utilizá-la de acordo com seus interesses e necessidades. Quem tinha força política ganhou lazer; a maioria ganhou mais trabalho.

A DEFINIÇÃO DO LAZER

> No dia 22 de agosto de 1795 começaram as festas reais [...] em regozijo do nascimento do príncipe da Beira [...], constatando as mesmas festas de solenidade religiosa, procissão, formatura de tropa, cavalhadas, touros, danças de máscaras e espetáculo de teatro, havendo, nessa ocasião, o governador e capitão-geral Bernardo José de Lucena expedido o seguinte: "[...] *Concedo, que toda pessoa de qualquer qualidade, e condição, que seja possa mascarar-se em todos os dias da festa*".[15]

---

[14] Pierre Clastres, *A sociedade contra o Estado*, *apud* Jaime Pinsky (org.), *Modos de produção na Antiguidade* (São Paulo: Global, 1982), p. 67.

[15] Antônio Egídio Martins, *São Paulo antigo (1554-1910)*, vol. II (Rio de Janeiro: Francisco Alves, 1911), p. 156 (grifo nosso).

Esse exemplo, já no final do século XVIII, demonstra que a própria espontaneidade da festa (no caso, o direito de se mascarar) estava subordinada a uma decisão superior, de mando. Era dessa forma que os moradores da distante e pequena São Paulo se ligavam às festas do Reino: criando eventos que os lembravam de que ainda eram súditos de Portugal, a que estavam unidos tanto nas comemorações como na sujeição às determinações.

A festa real em regozijo ao nascimento do príncipe da Beira estava muito mais associada a obrigações de subordinação (tanto ao Estado como aos rituais e cerimônias religiosas) do que propriamente a uma liberação do trabalho. Era uma festa obrigatória, um compromisso (como até hoje acontece em festas religiosas de pequenas paróquias) que, até em sua dimensão lúdica ou pseudoespontânea, dependia do consentimento da autoridade. Mesmo participando da festa, os paulistas daquela época ainda não tinham tomado contato com o lazer.

Somente após a liberação das obrigações profissionais, familiais, socioespirituais e sociopolíticas (e também fisiológicas) é que se pode falar em lazer. Segundo definição de Joffre Dumazedier (e geralmente a mais aceita na formulação de políticas públicas), lazer seria o "único conteúdo orientado para a realização da pessoa com fim último", um tempo em que o indivíduo "se libera ao seu gosto da fadiga, descansando; do tédio, divertindo-se; da especialização funcional, desenvolvendo de maneira interessada as capacidades de seu corpo e de seu espírito".[16] Mas esse tempo liberado não é resultado de uma decisão individual e sim resultado da luta política, do contexto econômico, social e de valores estabelecidos, surgindo como um "novo valor da pessoa", um "novo direito social", que se

---

[16] Joffre Dumazedier, *Sociologia empírica do lazer*, cit., p. 92.

traduz no direito de dispor de um tempo que leve em conta, apenas e tão-somente, a autossatisfação.

Dumazedier também distingue quatro períodos de lazer: o lazer do fim do dia, o do fim de semana, o do fim do ano (férias), o do fim da vida (aposentadoria), e os define a partir de interesses específicos: físicos, práticos, artísticos, intelectuais e sociais.[17] Tais interesses específicos dependem de condicionantes econômicas, sociais, políticas e culturais de cada sociedade. No caso da sociedade capitalista, pressupõe-se uma concepção abstrata do tempo (o que Robert Kurz irá chamar de ditadura do tempo abstrato), com a introdução do dinheiro na regulação das relações de tempo. São estabelecidos limites que envolvem tanto imposições da sociedade de consumo como relações sociais heterogêneas, englobando obrigações familiares e relações de gênero, por exemplo. É dessa forma que a relação do lazer com o trabalho passa a ser fundamental, dizendo respeito à própria conquista dos meios para a subsistência e à posterior liberação das obrigações daí originadas.[18] Mas seria uma redução definir o lazer apenas na sua relação com o traba-

---

[17] Existem outras classificações, principalmente elaboradas pela sociologia americana, mais voltada para as preferências e o consumo no tempo destinado ao lazer. Nelson Foote e Leonard Cottrell fazem uma interessante classificação estabelecendo uma relação entre formas de jogos e lazer (1. jogos físicos; 2. jogos manuais; 3. devaneio; 4. jogos intelectuais; 5. jogos artísticos). Ver Nelson Foote & Leonard Cottrell, *Identity and Interpersonal Competence: a New Direction in Family Research* (Chicago: University of Chicago Press, 1955). Ainda na escola da sociologia de lazer norte-americana, Max Kaplan estabelece uma relação entre atividades de lazer e centros de interesse (1. sociabilidade = pessoas; 2. associação = interesses; 3. jogos = regras; 4. artes = tradições; 5. exploração = ir para o mundo; 6. imobilidade = receber o mundo). Ver Max Kaplan, *Leisure in America: a Social Inquiry* (Nova York: John Wiley & Sons, 1960).

[18] Evidentemente, pessoas ricas que não necessitam do próprio trabalho para financiar seu lazer também curtem o lazer, nesse caso, de modo quase permanente. Seu lazer, entretanto, continua sendo sustentado pelo trabalho. A diferença é que esse trabalho é dos outros.

lho. Podemos conhecer muito a respeito do comportamento das sociedades e de seu jeito de ser observando a trama de relações, interesses e desejos estabelecidos no campo do lazer. Esse campo amplo – em que se misturam lazer e prazer, lazer e jogo – envolve questões de natureza biológica e psicológica, associadas a atitudes, comportamentos e predileções das pessoas.

> O lazer não é uma categoria definida do comportamento social [...] podendo ser encontrado em não importa qual atividade: pode-se trabalhar com música, estudar brincando, lavar a louça ouvindo rádio [...] misturar o erotismo com o sagrado, etc. Toda atividade pode, pois, vir a ser um lazer.[19]

Joffre Dumazedier cria um sistema de classificação voltado às características específicas do lazer na sociedade contemporânea. São identificados quatro atributos relacionados ao lazer:

1. *liberatório* – diz respeito à liberação de obrigações institucionais, mas ao mesmo tempo está sujeito às obrigações e condicionantes sociais ou interpessoais (ir a um casamento de quem não se gosta, por exemplo);

2. *desinteressado* – não visa a nenhum fim predeterminado ou utilitarista além do puro prazer de fazer o que se gosta, e apenas isso; do contrário, seria um semilazer;

3. *hedonístico* – busca-se um estado de satisfação que, quando não alcançado, gera um sentimento de frustração;

4. *pessoal* – envolve três necessidades do indivíduo: liberação da fadiga física ou nervosa; liberação do tédio, das tarefas repetitivas; oportunidade para uma livre superação de si mesmo.[20]

---

[19] Joffre Dumazedier, *Sociologia empírica do lazer*, cit., p. 88.
[20] *Ibidem.*

Dessa forma, o lazer é a combinação de dois critérios: tempo e atitude. Por isso tem significados diferentes para cada pessoa, dependendo do interesse e da experiência de cada um, bem como da forma pela qual o indivíduo ganha (ou perde) o mundo, se é conformista ou questionador. Do mesmo modo que há diferenças entre os indivíduos, a idade, o sexo, a origem étnica e a classe social também atribuem diferentes valores para uma mesma atividade.[21] E essas diferenças de valores ocorrem do ponto de vista pessoal e social, precisando ser situadas historicamente.

Norbert Elias, um original pensador só recentemente estudado no Brasil,[22] apresenta um outro método de classificação que não contradiz o de Dumazedier, mas apresenta questões novas, mais relacionadas à tensão e ao autocontrole, e que serão muito úteis para o desenvolvimento do nosso estudo, auxiliando-nos a entender a influência do lazer e do chamado "tempo livre" na formação das identidades e comportamentos sociais. Para ele, "as formas de excitação desempenham um papel central nas atividades de lazer":

---

[21] Robert Havigurst desenvolveu um estudo em que primeiramente faz uma diferenciação entre as satisfações sentidas e as razões para o envolvimento com interesses específicos do lazer. As principais razões foram, pela ordem: mero prazer da atividade em si; fazer algo completamente distinto do trabalho; o contato com amigos; a busca de uma nova experiência; passar o tempo; buscar uma sensação de criatividade. Entre essas diferenças, verificou-se que um grupo muito maior de mulheres identificava-se com o aspecto "criativo"; entre as classes operárias, a maior menção era em relação a "passar o tempo" (Robert Havigurst, *apud* Stanley Parker, *A sociologia do lazer*, cit.).

[22] Mesmo na Europa, Norbert Elias só foi academicamente reconhecido no final da vida, na década de 1980. Sobre sua obra mais conhecida, *O processo civilizador*, publicada originalmente em 1939, Richard Sennett assinala, na contracapa do livro: "Trata-se da mais importante peça de sociologia histórica escrita desde a época de Max Weber. Sua importância não apenas está no tema, mas também no método, pois aqui encontramos integradas a história, a teoria social e a psicanálise" – Norbert Elias, *O processo civilizador* (Rio de Janeiro: Zahar, 1990).

Nas ocupações do lazer, sentimentos aparentemente antagônicos como medo e prazer não são apenas opostos um ao outro mas partes inseparáveis de um processo de satisfação de lazer [...], pequenas frações de medo a alternarem com agradáveis esperanças, breves alvoroços de antecipadas agitações de deleite [...], resultando num clímax catártico, no qual todos os medos e ansiedades podem resolver-se temporariamente, deixando só por breves momentos o gosto da fruição da agradável satisfação.[23]

E essas formas de excitação são definidas a partir de oportunidades construídas antecipadamente, moldadas pelo estímulo social (que define gostos), fazendo com que as pessoas assumam um comportamento mimético, de adaptação aos padrões e posturas do meio social. Seria um gradual processo de domesticação social[24] em que as pessoas vão exprimindo (ou reprimindo) emoções, controlando sentimentos, até chegarem a um "estado de sensibilidade", uma maneira de ser.

Assim como Dumazedier, Elias distingue tempo livre de lazer, estabelecendo a seguinte classificação para o uso que fazemos do tempo de não trabalho:

1. *trabalho privado e administração familiar* – da provisão da casa à orientação dos filhos; caem frequentemente na rotina, fazendo com que essas atividades se distanciem do lazer;

2. *repouso* – dormir, os devaneios, o não fazer nada (que pode ser considerado lazer, mas que ao mesmo tempo se distancia deste, sobretudo em seu aspecto mimético);

---

[23]   Norbert Elias & Eric Dunning (orgs.), *A busca da excitação*, cit., p. 160.
[24]   Norbert Elias, *O processo civilizador*, cit.

3. *satisfação das necessidades biológicas* – inclui comer, beber, fazer sexo; pode cair na rotina ou introduzir o sentido de mudança, aproximando-se da sociabilidade;

4. *sociabilidade* – envolve desde relações formais (encontros sociais com objetivos de trabalho) até relações muito informais (estar com amigos, ir a festas para conhecer novas pessoas), passando por níveis intermediários;

5. *atividades miméticas ou jogo* – nesse campo estão as atividades de lazer propriamente ditas (e mesmo assim há restrições, pois muitas pessoas participam do jogo como profissão).

Feita esta classificação, Norbert Elias parte para a necessidade de definir as formas de uso do tempo liberado do trabalho, dividindo-as em três categorias:

1. *rotinas do tempo livre* – provisão rotineira das próprias necessidades biológicas, cuidados com o próprio corpo, governo da casa e rotinas familiares;

2. *atividades intermediárias* – envolvem a formação, a autos--satisfação e o autoconhecimento (participação política, religiosa, cívica, filantrópica, estudo privado, atividades amadoras que exijam dedicação, etc.), enfim, o desenvolvimento pessoal;

3. *atividades de lazer* – envolvem as atividades sociáveis, o lazer comunitário e o jogo (as atividades miméticas, a representação).

A contribuição teórica de Norbert Elias é significativa e original na sua abordagem ao campo do jogo ou das atividades miméticas como ocasião de romper com a rotina e as formas de controle, que são substituídas por outras, aceitas e partilhadas voluntariamente.

Ou seja, *licere*, a licença para sair da rotina, o lazer. A diferença dessa "licença" em relação àquela concedida aos paulistas do século XVIII está na subordinação à autoridade, que, por isso mesmo, ainda não poderia ser considerada lazer, no máximo uma transição. O lazer é a "esfera da vida que oferece mais oportunidades às pessoas de experimentarem uma agradável estimulação das emoções, uma divertida excitação que pode ser experimentada em público, partilhada com outros e desfrutada com aprovação social", criando uma tênue "destruição dos controles individuais" por meio de uma excitação moderada, um "descontrole controlado das emoções".[25]

REGULANDO OS RELACIONAMENTOS SOCIAIS

> O elemento de civilização entra em cena com a primeira tentativa de regular esses relacionamentos sociais. Se essa tentativa não fosse feita, os relacionamentos ficariam sujeitos à vontade arbitrária do indivíduo, o que equivale a dizer que o homem fisicamente mais forte decidiria a respeito deles no sentido de seus próprios interesses e impulsos instintivos. Nada se alteraria se, por sua vez, esse homem forte encontrasse alguém mais forte do que ele.[26]

Dizer que lazer implica controle e autocontrole social é uma redundância, portanto. Mas cabe ainda uma explicação. O controle acontece da sociedade em relação às pessoas e das pessoas em relação a elas mesmas, e o lazer surge num determinado momento histórico e a partir de uma liberação consentida, em que a satisfação e a felicidade individuais são elementos secundários, mas necessários para esse sistema de regulação imposto pelo capitalismo.

---

[25]   Norbert Elias & Eric Dunning (orgs.), *A busca da excitação*, cit., p. 151.

[26]   Sigmund Freud, "O mal-estar da civilização", em *Freud*, Coleção Os Pensadores (São Paulo: Nova Cultural, 1978), p. 155.

O lazer contemporâneo aparece a partir da ideia de renúncia, dirigindo os sentidos e reprimindo-os a partir de uma ordem de valores em que

> [...] o ser humano se divide em faculdades superiores, espirituais, e inferiores, sensíveis, que se relacionam entre si de tal maneira que as faculdades superiores e a razão são determinadas e definidas por oposição às pretensões dos sentidos, das pulsões.[27]

Segundo essa ideia, "a liberdade é definida em relação à coação das pulsões e dos sentidos".[28] Desse modo, o homem forte citado por Freud precisa controlar os seus instintos na busca de sua satisfação, subordinando-os aos interesses gerais da sociedade. E na sociedade capitalista os interesses gerais estão voltados para a acumulação de uma riqueza crescente, dominando o meio humano e natural, produzindo bens que geram novos bens. Mas essa não é uma riqueza distribuída socialmente, mas sim acumulada de forma privada, concentrada seja em indivíduos muito ricos, seja em corporações abstratas. O homem forte encontrou alguém mais forte do que ele.

Para compensar frustrações individuais, as pessoas sentem necessidade de fortalecer sua autoestima e, por vezes, tentam fazer isso vencendo adversários hipotéticos. Numa sociedade altamente reprimida e repressora (não só no sentido político, mas no tocante também à impossibilidade de plena realização dos desejos), em que os confortos do progresso tecnológico são diariamente exibidos como símbolos de sucesso, ao mesmo tempo que o acesso a eles é constantemente negado à maioria, um indivíduo ou grupo

---

[27] Extraído da conferência de Herbert Marcuse, "A noção do progresso à luz da psicanálise", em Herbert Marcuse, *Cultura e psicanálise* (São Paulo: Paz e Terra, 2001), p. 117.

[28] *Ibidem.*

pode facilmente ser tentado a obtê-los pela violência física. É o que temos visto acontecer – normalmente como violência individual, por meio da criminalidade, que passa a ser a forma de descontrole mais comum nas sociedades.

Os Estados Unidos, a mais rica (e doente) nação que o mundo já conheceu, nos fornece vários elementos desse processo de repressão e liberação dos impulsos. Como indicador de repressão a essas situações de descontrole, temos a maior população do planeta vivendo em cárcere, 2,1 milhões de pessoas,[29] 1 para cada 143 habitantes (equivalendo a 5% da população masculina, 1% da feminina, 17% de homens negros, 7,7% de hispânicos e apenas 2,6% de brancos). De 37 adultos, um estava preso ou havia passado algum tempo na prisão. Essa sociedade também desenvolveu outras formas de liberação desses impulsos: o consumismo (que também estimula o aumento da violência ao produzir frustrações por falta de acesso aos bens de consumo ou então pelo vazio que a própria aquisição desses bens proporciona); o constante estado de beligerância e guerra contra outros povos; e o lazer.

A sensação de relativa liberação dos instintos no tempo de lazer é bem exemplificada pelo esporte. O esporte tem essa dimensão mimética, de jogo, em que é realizado um espetáculo de simulação do combate. As pessoas vibram numa luta de boxe como se fossem elas próprias que estivessem surrando o adversário. E um bom combate é aquele difícil, em que o lado pelo qual se torce também sofre reveses, mas no final, em um momento catártico, de clímax, assume-se a liderança, o que faz liberar tensões em todo o público, numa forma de contrabalançar o controle dos impulsos que ocorre

---

[29] Dados do Escritório de Estatísticas Judiciárias, Departamento de Justiça dos Estados Unidos, 2002.

cotidianamente na vida em sociedade. O jogo, para ser bom, exige tensão e equilíbrio de forças. Um jogo ruim é aquele em que o time para o qual as pessoas torcem é muito superior ao adversário, tornando-se monótono, sem excitação. Um empate também não é o melhor resultado, mas, quando esse empate intercala momentos de profunda excitação, as pessoas saem satisfeitas, pois liberaram seus impulsos nos gritos de torcida. Nesses momentos, pessoas que vivem em estado de extrema frustração e controle liberam suas energias mais profundas e explodem, às vezes arrebentando tudo o que veem pela frente. Esse tipo de lazer deixa de regular as relações sociais, cedendo espaço para as pulsões instintivas. Em sequência aos enfrentamentos de torcidas, à repressão policial e à quebradeira nas ruas, veem-se momentos de indignação e perplexidade; os comentaristas debatem, falam os dirigentes esportivos, os patrocinadores, o governo, a imprensa, os torcedores... Todos protestam, clamam por mais segurança. Com o tempo, a vida volta à normalidade (normalidade da sociedade contemporânea), para dali a algum tempo tudo acontecer novamente. Intercalando momentos de profunda explosão, o lazer vai regulando os instintos em situações mais moderadas.

A teoria de Norbert Elias nos oferece chaves bastante interessantes para o entendimento desse processo, ao mostrar que o estudo do lazer contemporâneo deve ir além da interpretação de que ele é exclusivamente um produto da urbanização e da industrialização. Sem dúvida esse conceito mais abrangente dá um caráter mais cultural, orgânico (no sentido do ser humano) à interpretação do lazer. No entanto, como aponta Edgar De Decca, há um déficit de historicidade:

> Trata-se de um modelo sociológico a-histórico que procura tematizar o controle e a satisfação das emoções, sem levar em consideração que este é um problema típico da sociedade pós-industrial e protestante em que

> se questiona, atualmente, o valor do trabalho. Porque essas sociedades organizadas hierárquica e disciplinadamente segundo os valores do protestantismo percebem a inoperância dos valores dignificantes do trabalho, elas procuram valorizar as práticas do tempo livre sem que este esteja associado à ociosidade. Por tal motivo, há nessas sociedades um movimento crescente à esportivização do cotidiano, como um novo modo de controle das emoções, na vã esperança de que essa mudança de valores, na adequação do trabalho produtivo, possa assegurar um melhor equilíbrio social e uma distribuição melhor das emoções.[30]

Evidentemente, a justa preocupação de De Decca funciona muito mais como um alerta para evitar excessos do que propriamente como uma crítica, pois Elias é um pesquisador rigoroso e com forte preocupação histórica. Mas não estamos aqui analisando especificamente a metodologia de Elias, e sim a sua contribuição nessa perspectiva cultural da abordagem do lazer, em que as escolhas do "tempo livre" formam "polos de tensões" no seio da sociedade. É nesse aspecto, de autocontrole dos impulsos, que se desenvolve uma "segunda natureza" dos indivíduos, compondo-se o processo civilizador dos costumes, que está associado a mudanças na estrutura da personalidade dos indivíduos, no estilo de vida e nas diversas configurações existentes. Nesse aspecto é que nos interessa a teoria de Norbert Elias – definida, aliás, como configuracional –, pois essas mudanças, em que o lazer assume um papel fundamental, estiveram relacionadas com formas de controle social mais eficazes, como a parlamentarização do esporte e a esportivização do Parlamento. Assim, o lazer, que deveria ser a antítese das rotinas, torna-se também o seu complemento, por isso as explosões dos torcedores.

---

[30]   Edgar De Decca, "E. P. Thompson: tempo e lazer nas sociedades modernas", cit., p. 67.

No processo de autocontrole, o lazer também assume um caráter rotineiro, tedioso e repetitivo. Geoffrey Godbey define esse processo como o antilazer:

> Por antilazer refiro-me à atividade que é empreendida compulsivamente, meio e não fim em si mesma, a partir de uma percepção de necessidade, com alto grau de pressões impostas de fora para dentro, considerável ansiedade, alto grau de preocupação com o tempo, com um mínimo de autonomia pessoal e que impede a autorrealização e a autenticidade.[31]

LAZER, ESPORTE E COMBATE À VIOLÊNCIA

Os casos de lazer associado à violência são constantes. Poderíamos relacionar uma série de exemplos: brigas irracionais entre torcidas, chegando a provocar mortes em estádios; tráfico de drogas em escolas de samba, festas ou *raves* (ideias simplistas dizem que o lazer combate as drogas); alta taxa de homicídios em bares, nos fins de semana, etc. Mas então de onde vem a ideia de que o lazer e o esporte combatem a violência?

Norbert Elias desenvolveu um estudo sobre a gênese do desporto como um problema sociológico. É consenso entre os estudiosos do esporte moderno que ele nasceu na Inglaterra. A própria palavra que designa esse tipo de atividade, traduzida para todos os idiomas, é de origem especificamente inglesa, *sport*, de *disport* (desporto), ou seja, divertimento com um rígido sistema de regras, que deve ser seguido por todos. Assim, o esporte é associado a jogos e passatempos, e sua origem, ligada à Revolução Industrial e à

---

[31] Geoffrey Godbey, "Anti-Leisure and Public Recreation Policy", em Stanley Parker *et al.* (orgs.), *Sport and Leisure in Contemporary Society* (Londres: Polytechnic of Central London, 1975), p. 142.

especialização. Praticamente todos os esportes difundidos no século XIX (futebol, tênis, boxe, etc.) tiveram suas regras definidas a partir da Inglaterra. Mas há uma outra associação feita por Norbert Elias:

> A emergência do desporto como forma de confronto físico de tipo relativamente não violento encontrava-se, no essencial, relacionada com um raro desenvolvimento da sociedade considerada sob a perspectiva global: os ciclos de violência abrandaram e os conflitos de interesse e de confiança eram resolvidos de um modo que permitia aos dois principais contendores pelo poder governamental solucionarem as suas diferenças por intermédio de processos inteira- mente não violentos, e segundo regras concertadas que ambas as partes respeitavam.[32]

O surgimento do desporto está associado ao processo de pacificação na Inglaterra. No século XVII, o país passou por uma violenta guerra civil; em 1641 o rei Carlos I invadiu a Câmara dos Comuns para prender alguns membros do Parlamento ligados à pequena nobreza e associados aos puritanos. Eles fugiram, e a partir de então se estabeleceu um processo de violência de lado a lado, até que o rei foi executado. O líder dos puritanos, Oliver Cromwell, assumiu o poder, e a violência continuou até que as classes altas se restabelecessem no poder. Foi um processo revolucionário intenso, que causou profundas fissuras na sociedade inglesa, particularmente entre os grandes e pequenos proprietários e o equivalente a uma classe média, que desconfiavam uns dos outros. O convívio entre os dois lados tornou-se de tal forma insuportável que desencadeou a maciça emigração dos puritanos para a América do Norte. O regime parlamentar ficou sob risco permanente: ou um dos lados se sobrepunha pela violência física ou era necessário restabelecer um grau mínimo de confiança entre as partes. Diferentemente de revoluções

---

[32] Norbert Elias & Eric Dunning (orgs.), *A busca da excitação*, cit., p. 49.

em outros países, a liderança da Revolução Inglesa envolveu uma disputa entre as classes proprietárias, *whigs* e *tories*, nobres e cavalheiros. Essa circunstância específica levou à necessidade de uma nova costura social; as partes necessitavam de garantias de que o acontecido no século XVII não se repetiria. Era preciso moderar a desconfiança, o medo e o ódio. Do contrário, aí sim, poderia haver uma revolução de dimensões diferentes, como aconteceu na França.

O restabelecimento da confiança entre essas frações da elite era vital para a sobrevivência da própria monarquia. Mas isso levou tempo e envolveu mudanças de conduta e de sensibilidade, a aprendizagem de competências e a aquisição de novos hábitos sociais:

> Foi esta alteração, a maior sensibilidade quanto à utilização da violência, que, refletida nos hábitos sociais dos indivíduos, encontrou também expressão no desenvolvimento de seus divertimentos. A "parlamentarização" das classes inglesas que possuíam terras teve a sua contrapartida na "desportivização" dos seus passatempos.[33]

Era preciso confiar que, mesmo na derrota, haveria um código de honra, de cavalheirismo (*fair play*). Foi o esporte que atenuou o ciclo de violência, moderando as querelas de modo que houvesse uma luta de forma respeitosa. Antes, havia jogos de bola, mas com regras diferentes para cada lugar; era preciso unificar as regras para que todos pudessem jogar da mesma forma, e, assim, encontrar-se para disputas amigáveis. O boxe envolvia o uso das pernas e dos braços como armas, não havendo limite na luta. O esporte regulou os movimentos, que se concentraram na utilização dos punhos e mãos; adotou luvas para diminuir o impacto dos murros; estabeleceu categorias para pesos e alturas diferentes; definiu regras para que se concedesse a vitória sem que o adversário fosse levado à derrota

---

[33] *Ibid.*, p. 59.

total. Foi esse sistema de regras e limites que diferenciou o desporto dos jogos da Antiguidade, ou medievais, ou comunais.

É claro que sempre houve disputas, jogos e competições, e os Jogos Olímpicos são a melhor expressão disso, mas o padrão de tolerância era diferente, não havendo um conceito de justiça no sentido contemporâneo do termo. Era um outro padrão de civilidade e convivência. No pancrário, por exemplo, uma luta típica da antiga Grécia (cujo similar contemporâneo é a luta greco--romana), o combate ia ao limite da vida e da morte, e a principal regra era vencer. E assim o público se excitava e torcia. Com o parâmetro de sensibilidade estabelecido com a instituição do desporto, as pessoas foram aprendendo a confiar umas nas outras e, por analogia, perceberam que a alternância no Parlamento não significaria a eliminação do outro lado. Por esse motivo, também, o esporte era uma prática destinada apenas aos cavalheiros, daí o amadorismo, ou seja, apenas as pessoas que tinham uma vida em ócio (o ócio dos proprietários) é que poderiam praticá-lo. Dessa forma, o esporte se tornou um precioso instrumento de educação de classe, mudando padrões de comportamento, pacificando famílias e indicando-lhes que os únicos caminhos da sobrevivência seriam a união e a confiança mútua. Assim surgiu a ideia, repetida até os dias de hoje e em todo o mundo, de que o esporte combate a violência.

Lazer e violência: um pequeno retrato da periferia de São Paulo

Como vimos, é um mito a ideia de que a simples associação de lazer e esportes será suficiente no combate à violência. Mas a experiência da Inglaterra, mesmo que restrita ao campo das classes dominantes, demonstra que o lazer e o esporte podem ser fundamentais na construção de um novo padrão de comportamento, na distensão da violência e na formação de um novo *habitus* de cooperação e solidariedade. No entanto, uma ação isolada de lazer e de esporte pouco contribuirá nesse sentido, pois é preciso que ela esteja inserida em um processo de mudança de atitudes e mentalidades. Dar como solução apenas maior oferta de equipamentos de lazer não resolve o problema. São notórios os casos em que quadras esportivas, pistas de *skate* ou salões sociais, construídos sem o necessário acompanhamento, sem programação dirigida ou manutenção permanente, antes de se transformarem em espaços integradores, são áreas que se degradam, tornando-se espaço de segregação, discórdia e violência.

Ainda não foi feito um minucioso levantamento sobre ocorrências policiais em áreas esportivas e de lazer, mas a realidade nos faz perceber que essas ocorrências, formalizadas ou não, são significativas. No acompanhamento de campos de futebol de várzea (aproximadamente trezentos em São Paulo),[34] áreas públicas por excelência, encontramos vários casos em que existe uma acirrada disputa pelo controle da agenda dessas áreas, objeto de prestígio e poder locais. Isso para não falarmos de quão excludentes são esses espaços livres, masculinos e adultos por excelência.

Estudos sobre a questão da violência social urbana dão conta de que os altos índices de violência e depredação, consumo de drogas, agressões físicas, maus-tratos domiciliares e até homicídios mantêm estreita relação com a precariedade ou ausência de opções de convivência que dignifiquem o convívio social, elevem o espírito e ofereçam um novo sentido à existência das pessoas, principalmente entre os jovens. Em 1997 o Brasil alcançou a

---

[34] Dados do Departamento de Unidades Esportivas Autônomas (Dueat) da Secretaria de Esportes, Lazer e Recreação, Prefeitura de São Paulo, 2001.

marca de 40 mil homicídios (a desproporção em relação a regiões e países em conflito aberto é gritante – um ano e meio de Intifada, no conflito entre israelenses e palestinos, provocou 1.500 mortes em ambos os lados), dos quais 38,8% concentrados nas regiões metropolitanas de São Paulo e Rio de Janeiro. Desse total de homicídios, a maior parte das vítimas concentra--se entre jovens do sexo masculino e moradores dos bairros mais pobres.[35]

Em São Paulo, o cemitério do Jardim São Luís, na Zona Sul da cidade, poderia ser tombado como um monumento, um registro desse genocídio brasileiro: uma colina, totalmente desprovida de árvores ou grama, apenas cruzes de madeira, compondo uma imensa floresta de estacas no peito de nossa juventude. Fizemos algumas visitas discretas ao local e chamaram-nos a atenção os velórios silenciosos, o choro contido, o sentimento de medo e impotência. Perto de 50% dos corpos enterrados são de jovens vítimas de mortes violentas, com idade entre 12 e 21 anos. Ao redor do cemitério, infinitas moradias, a perder de vista, e no fim da vista, mais uma colina, e outra colina, e mais outra. Antes tomados pela Mata Atlântica, esses morros estão completamente adensados. Segundo a Organização Mundial de Saúde (OMS), cada pessoa necessita de, no mínimo, 12 m² de habitação. A área construída das habitações dos bairros mais pobres de São Paulo é de 40 m² para núcleos familiares de cinco pessoas em média. Residências sem quintal, sem espaço interno, umas coladas às outras, apinhadas de gente, construções inacabadas, apartamentos de arquitetura única, ruas estreitas sem recantos, sem árvores, sem quadras esportivas ou pistas de caminhada ou parques ou qualquer canto que convide a um respiro, uma

---

[35] Dados do Datasus.

parada de descanso. Poucos são os equipamentos públicos a indicar a presença do bem comum, da coisa de todos. Esse é um cotidiano que banaliza a própria existência. A letra do *rap* "Fim de semana no parque", de Mano Brown, um dos mais conhecidos *rappers* brasileiros e morador do Capão Redondo – distrito da Zona Sul de São Paulo que apresenta um dos maiores índices de violência e desemprego –, expressa bem a realidade do lazer nos bairros pobres e o risco da ausência de um lazer com mais sentido:

> [...]
> Aqui não tem nenhum clube poliesportivo
> pra molecada frequentar, nenhum incentivo
> O investimento no lazer é muito escasso
> e o centro comunitário é um fracasso
> Mas aí, se quiser se destruir
> está no lugar certo
> Tem bebida e cocaína, sempre por perto
> a cada esquina,
> cem, duzentos metros,
> Nem sempre é bom ser esperto
> "Shmitch", Taurus, Rossi,
> Dreher ou Campari
> Pronúncia agradável
> Estrago inevitável
> Nomes estrangeiros que estão no nosso meio
> pra matar.
> [...][36]

O esporte, o lazer e a recreação poderiam contribuir para mudar esse quadro, pois estão diretamente relacionados à qualidade de vida. Mas a simples abertura de parques não é suficiente

---

[36] Mano Brown & Edy Rock, "Fim de semana no parque", em Racionais MC's, *Raio X do Brasil* (São Paulo: RDS Fonográfica, 1993).

para dar conta da complexa situação atual. Retornando ao *rap* de Mano Brown:

[...]
Tô cansado dessa porra, de toda essa bobagem
Alcoolismo, vingança, treta, malandragem
Mães angustiadas, filho problemático
Famílias destruídas, fins de semana trágicos
O sistema quer isso
A molecada tem que aprender
Fim de semana no Parque Ipê
[...][37]

Ao pesquisar boletins de ocorrência no distrito policial de Capão Redondo, encontramos um registro de que a própria oferta de equipamentos de lazer, quando dissociada de um contexto emancipador, não resolve o problema, podendo até agravá-lo:

No dia 28 de março de 2001, às 9 horas, os senhores O. J. R. O., 26 anos, e R. S. C., 22 anos, faleceram vitimados por confronto fatal entre si. *Local da ocorrência*: quadra esportiva do Parque Santo Dias da Silva [nome indicado pela população em homenagem a operário da Caloi assassinado ao participar de uma das primeiras greves metalúrgicas, em 1979, e adotado em 1990]. *Motivação do confronto*: o senhor R. assistia, com seu cão, a um jogo de basquetebol; em determinado momento, seu cachorro correu atrás da bola e a furou; o jogador O. iniciou uma briga com o dono do cão; no dia seguinte, em um novo jogo de basquete, R. deu um tiro em O., que também estava armado e revidou.[38]

Ambos usufruíam o lazer.

---

[37]   *Ibidem.*
[38]   *Apud* Célio Turino (org.), *O lazer nos programas sociais: propostas de combate à violência e à exclusão* (São Paulo: Anita Garibaldi, 2003), p. 30.

Esses jovens estavam em um parque público, repleto de vegetação nativa remanescente da Mata Atlântica; no parque existem quadras esportivas (mal conservadas, mas em condições de uso) que possibilitam o encontro com os amigos. Numa análise simplista, essa seria uma situação ideal para evitar um fato como esse. Mas existem muitos outros fatores que precisam ser levados em conta, como o desemprego prolongado e a falta de perspectiva decorrente disso; o lazer rotineiro que perde sentido; a expressão simbólica do domínio do espaço (no caso, a quadra), representando mais uma afirmação de poder do que propriamente o exercício de uma atividade lúdica. Em um quadro assim, as relações se banalizam e as pessoas se voltam umas contra as outras; na situação descrita, elas literalmente se anularam. Tão importante quanto a oferta de espaços apropriados para o lazer é a qualidade, o sentido que se dá ao uso do tempo livre. Do contrário, a violência continua, e o lazer pode até agravá-la.

LAZER E CLASSE SOCIAL, GÊNERO, FAIXA ETÁRIA E ETNIA

Como vimos, lazer envolve atitude, escolhas. E as escolhas nunca são neutras. Como analisou Pierre Bourdieu, grupos e classes sociais definem suas escolhas a partir da reprodução de normas e condutas que se expressam em atitudes cotidianas. Toda prática cultural é portadora de valores socialmente definidos e mediados pelo *habitus*, que tende a reproduzir regularidades e a permitir ajustamentos e inovações que vão se estabelecendo conforme a práxis social. É o *habitus* que faz a mediação entre as estruturas objetivas e as práticas, e ele deve ser entendido como:

> [...] um sistema de disposições duráveis e transferíveis que, integrando todas as experiências passadas, funciona a cada momento como uma matriz de percepções apreciadas e ações, e torna possível a realização de tarefas infinitamente diferenciadas, graças às transferências analógicas de esquemas que permitem resolver os problemas da mesma forma e graças às correções incessantes dos resultados obtidos, dialeticamente produzidos por esses resultados.[39]

Assim, as condições sociais determinam as possibilidades de apropriação dos diversos tipos de lazer, influenciando posturas e gosto. Entre as condições sociais, a classe é um elemento fundamental, mas não único, e deve ser entendida como um "elemento" que não existe por si mesmo, como "parte" afetada ou qualificada pelos agentes com os quais coexiste, determinando sua integração na estrutura. Bourdieu conclui que a "ignorância das determinações específicas que uma classe social recebe do sistema, de suas relações com as outras classes, pode levar-nos a estabelecer identificações falsas e a omitir analogias reais".[40]

Esclarecendo: pessoas das classes altas de uma cidade do interior do país podem identificar-se culturalmente muito mais com as rodas de violeiros e as festas de rodeio (manifestações culturais das camadas mais pobres dessas regiões) do que com o gosto e as aspirações de seus correlatos que vivam numa grande cidade. Assim, percebemos que a classe social não é o único fator determinante das preferências e interesses no lazer. As combinações são muito complexas e dependem de condicionantes e de imposições historicamente construídas, o que faz com que as escolhas não sejam exatamente

---

[39] Pierre Bourdieu, *A economia das trocas simbólicas* (São Paulo: Perspectiva, 2001), p. LXI.

[40] Pierre Bourdieu, "Condição de classe, posição de classe", em *A economia das trocas simbólicas*, cit., p. 4.

livres. Envolvem até mesmo a *construção social dos corpos*, conforme apontou Émile Durkheim. Quem tiver dúvida que observe o jeito de caminhar de pessoas com origens diferentes, um skatista da periferia, uma menina funkeira, um roqueiro, os jovens com chapelão de rodeio, que podem ser pobres ou ricos. São formas de andar, jeitos de falar que vão muito além de uma única determinação.

Entre as condicionantes sociais impostas ao lazer, uma das mais acentuadas diz respeito às obrigações doméstico-familiares (organização e limpeza da casa, cuidado com os filhos, preparo das refeições). Tal condicionamento representa uma das primeiras expressões da divisão social do trabalho, e está historicamente reservado às mulheres. Na relação de poder entre os sexos, esse é um tipo de trabalho considerado improdutivo, além de ser rotineiro e continuado, impossibilitando um nítido recorte entre trabalho e lazer. Exceto para as classes mais abastadas, que podem contratar serviços domésticos, essas são obrigações que não tiram férias nem conhecem os feriados. Um dos pressupostos para vivenciar o lazer, entretanto, é a liberação das obrigações sociais no tempo de não trabalho. Um almoço de domingo na casa da *mamma*, por exemplo. Até meados da década de 1980 esse era um "típico" evento de lazer para os paulistanos, principalmente de origem italiana. Toda a família reunida, pais, filhos casados, filhos solteiros, netos, genros, noras, talvez sobrinhos. Mas quem prepara a macarronada? Quem lava os pratos e limpa a casa (para receber as visitas e depois que as visitas vão embora)? Com certeza a *mamma*, provavelmente com a ajuda das filhas e noras. A predominância do pensamento masculino construiu a ideia de que esse é um momento de profunda satisfação para todos, em que a *mamma* se realiza ao ver a família reunida, comendo sua macarronada tão especial e evocativa. E, se perguntarmos para a mãe, muito provavelmente ela se dirá feliz com esse dia. Mas será que o seu dia pode ser considerado de lazer?

A questão da apropriação do lazer tem de ser analisada não somente sob o ponto de vista de classes, como também de níveis de educação (em uma mesma classe social também existem diferentes níveis de educação que implicam as escolhas feitas), diferenças de gênero e faixas etárias. Historicamente, a presença feminina no lazer sempre foi diferenciada, e sofria um controle muito maior do que o exercido sobre os homens. Até a década de 1870, a própria aparição da mulher nas janelas das casas de São Paulo ainda era restrita. Mesmo em relação a outras cidades brasileiras, como Rio de Janeiro ou Recife. Enquanto nessas cidades as rótulas das janelas e os balcões nas residências urbanas, que permitiam ver o movimento da rua sem ser visto, já estavam abolidos desde o início do século XIX, em São Paulo as mulheres continuavam afastadas dos olhares públicos.

Mas as diferenças entre homens e mulheres na fruição do lazer estão diminuindo. As mulheres já saem sozinhas com as amigas para tomar cerveja (um hábito tipicamente masculino até a década de 1960) e praticam mais esporte. Eric Dunning desenvolve um estudo sobre esporte e gênero, em que aponta que o esporte seria a última atividade em que o homem sedentário poderia sentir-se herói – a vitória, a conquista de medalhas, os feitos em campo –, mas que rapidamente essa reserva simbólica masculina estará extinta (em São Paulo, por exemplo, já são mais de seiscentos times cadastrados de futebol feminino).[41] E não é só no lazer esportivo que as mulheres se destacam cada vez mais; são elas também que compram mais livros, têm uma atividade social mais intensa e gostos artísticos mais desenvolvidos.

Também é preciso fazer uma intersecção entre as faixas etárias: as preferências juvenis, a dos mais idosos. Vários sociólogos do lazer

---

[41] Dados do Departamento de Unidades Esportivas Autônomas (Dueat), Secretaria Municipal de Esportes, São Paulo, 2000.

apontam o seguinte movimento: na infância, uma forte demanda por jogos recreativos sob o acompanhamento de adultos; na adolescência, uma necessidade de desenvolver atividades próprias, afirmativas da idade, distanciadas de outros públicos; na fase adulta, principalmente após o casamento, há uma retração (que precisa ser relativizada pelo crescimento do número de casais sem filhos ou de adultos solteiros), que dirige o lazer mais para atividades familiares, ou de pequenos grupos, praticadas em espaços fechados; à medida que os filhos crescem, há uma nova procura por atividades de lazer menos privadas e mais coletivas. Nesse caso nota-se uma grande distinção entre homens e mulheres: estas mostram-se mais preparadas para enfrentar (e usufruir) o seu tempo liberado de obrigações do que os homens, que normalmente entram em depressão depois da aposentadoria.

Também devemos levar em conta as preferências étnicas. Mesmo no Brasil, onde há uma grande miscigenação, essas diferenças são visíveis. Os grupos de negros procuram bailes próprios, preferem o *rap*, o *funk*, o basquete de rua. Os jovens brancos e de classe média buscam a música eletrônica ou o *rock*, ou as *lan houses* (casas de jogos por computador); vários são *clubbers*. Mas também há a mistura.

Enfim, as variáveis são múltiplas e nunca podem ser vistas de um único ângulo. Qual o desafio para os administradores públicos do lazer? Programar as atividades para gostos diferenciados? Manter grupos específicos, que não se comunicam entre si?

Em relação a jovens, idosos e crianças, essa diferença é bem nítida: há os grupos da terceira idade, as casas da juventude e os programas exclusivos para a infância. Antes de representar uma ação integradora e um convite a uma participação maior das pessoas, as ações dirigidas a públicos específicos apenas reforçam a exclusão e a falta de comunicação entre os membros da sociedade. Não estamos propondo unicamente atividades indiferenciadas. É claro que as crianças preferem brincar de pega-pega e os jovens preferem um tipo de música bem diferente do gosto musical dos mais velhos. Mas é possível realizar ações que aproximem esses lados. Por exemplo: um festival de dança pode reunir o trabalho de crianças, jovens, adultos e idosos, apresentar dança de rua, balé, ginástica artística e assim reunir jovens da Zona Leste a senhoras dos bairros de classe média. Todos se misturando. Uma coreografia tradicional de dança de salão, depois um maculelê, uma dança urbana ao ritmo do *rap*, meninos e meninas em um balé clássico. Cada grupo mostrando algo diferente. Ou então uma brinquedoteca que também reúna adultos, contadores de histórias, restauradores de brinquedos. Essas ações não significam uma mudança imediata de comportamento. Mas quem sabe dessa forma, incentivando o contato entre as diferenças, não auxiliamos as pessoas a se entender na diversidade, formando um novo *habitus*, mais tolerante e criativo.

Esse é o grande desafio para os planejadores do lazer: unir diferentes gerações, etnias, origens sociais e gêneros. Diminuir os guetos e, ao misturar tudo isso, questionar a própria distinção entre eles e as barreiras construídas. Para, quem sabe um dia, também derrubar essas barreiras.

LAZER E SOCIEDADE DE CONSUMO

Antigamente [1855], as famílias saíam às ruas apenas para uma ou outra visita, sempre acompanhadas pelo páter-famílias; desconheciam-se os passeios para fins higiênicos ou recreativos. Cafés não existiam, e se um jovem entrava num restaurante para tomar uma cerveja ou mesmo "água com açúcar", era tido como extravagante e talvez imoral. Eram tão poucas as carruagens que os cidadãos acorriam às janelas para identificar o possuidor de alguma que passasse. Mas agora [1882] havia pedestres sem número – inclusive damas desacompanhadas – atraídos pelas lojas de modas, confeitarias, cafés, restaurantes e concertos de jardim.[42]

Em apenas trinta anos, os moradores da São Paulo do século XIX haviam mudado por completo seu comportamento social nas horas livres. O consumo começava a dominar os desejos e as horas das pessoas. No século XX a situação se aprofundou, e o lazer tornou-se cada vez mais utilitário. A própria atitude das pessoas em relação a seu momento de parada assumiu esse sentido utilitário, da renovação de forças para que se pudesse produzir cada vez mais e melhor. O lazer deixou de ser parte da vida comunitária ou familiar para tornar-se um produto de compra e venda.

Parte do tempo liberado do trabalho e da recomposição natural do organismo (o sono e as necessidades fisiológicas) é utilizada para os afazeres obrigatórios (manutenção da casa, alimentação, cuidado com os filhos), e a outra parte, que deveria ser mais lúdica e livre, depende cada vez mais do poder de compra e da aquisição de satisfações – tangíveis ou não. Em uma cidade grande, o simples deslocamento para visitar parentes ou a ida a uma cerimônia religiosa gera, no mínimo, despesas com transporte (em São Paulo, em janeiro de 2003, uma família com cinco pessoas que dependesse de uma única passagem de ônibus para ir e outra para voltar gastaria R$ 17,00 com deslocamento, ou 8,5% do salário mínimo de então); se esse passeio em família envolver uma caminhada por um parque público com direito a pipoca e algodão-doce, podemos concluir que mesmo o mais singelo dos lazeres tem um custo, e esse custo é

---

[42] Depoimento de Antônio de Paula Ramos Júnior, *apud* Richard Morse, *Da comunidade à metrópole* (São Paulo: Comissão do IV Centenário, 1954), p. 212.

inacessível a boa parte do nosso povo. Mas a relação entre lazer e consumo vai muito além da aquisição de bens em si.

O dinheiro, antes um meio de troca, é cada vez mais abstrato – abstração que aumenta ainda mais com a racionalização dos pagamentos *on-line* e o uso de "dinheiro de plástico", os cartões de crédito e débito – e tornou-se, ele próprio, um produto. Por meio de investimentos e operações financeiras, é possível produzir mais dinheiro, sem a necessidade de produzir coisas. O capitalismo gera uma constante necessidade de acumulação de recursos, e eles precisam estar cada vez mais concentrados. Cidades crescem, aglomeram-se com outras; empresas se fundem, outras desaparecem; profissões são extintas simultaneamente à abertura de novas funções nunca antes pensadas; cada segundo é controlado, buscando o nível máximo de eficiência. Mesmo no final do século XX, com a consolidação de direitos trabalhistas (que em lugares como o Brasil pretende-se desconsolidar), o que percebemos é uma busca incessante por extrair lucro otimizando ao máximo as ações humanas por meio do controle do tempo. *Notebooks* para levar o trabalho a qualquer lugar, *pagers* e telefones celulares para acionar as pessoas em qualquer tempo; isso para ficarmos apenas nos exemplos que se confundem com símbolos de *status* e poder profissional (para muitos trabalhadores graduados, ganhar um *notebook* ou um celular da empresa é uma distinção).

Da ideia original de que o lazer é a antítese do trabalho, expressão máxima dos desejos e vontades individuais, podemos dizer que houve uma frustração, ou derrota, em que o capital também se apoderou desse espaço da vida humana. A indústria do lazer, e também da cultura, dos esportes, da comunicação, do turismo, da jardinagem, das brincadeiras, enfim, a indústria do tempo livre (sim, o capitalismo cria uma indústria para o tempo livre e transforma em lucro até mesmo as nossas sensações intangíveis) ocupa cada segundo de um tempo tão penosamente conquistado. O lazer torna-se alienado tal qual acontece com o tempo do trabalho, em que os homens e mulheres ficam impedidos de estabelecer finalidades independentes dos interesses do capital, ou seja, da geração de lucro.

Analisando essa tentativa constante de controlar/dominar por completo os seres humanos, Theodor Adorno e Max Horkheimer, da Escola de Frankfurt, alertaram sobre a desumanização do ser humano em um mundo onde predomina uma sociedade totalmente administrada não apenas pelas elites dominantes, mas pela nova consciência tecnológica que se apossou da sociedade de massa. A indústria cultural se apodera do ócio com o objetivo de mecanizá-lo, tornando-o um prolongamento do trabalho. Essa mecanização assumiu tamanha proporção que dirige a própria felicidade das pessoas ao fabricar produtos para a distração. O conteúdo deixa de ser importante, havendo um deslocamento para a forma, as operações reguladas.

Para Adorno, tal processo tolhe a consciência das massas e "instaura o poder da mecanização sobre o homem", criando as condições favoráveis para um "comércio fraudulento, no qual os consumidores são continuamente enganados em relação ao que lhes é prometido mas não cumprido".[43] O filósofo Paulo Arantes apresenta o exemplo das situações eróticas no cinema:

> Nelas o desejo suscitado ou sugerido pelas imagens, em vez de encontrar uma satisfação correspondente à promessa nelas envolvida, acaba sendo satisfeito com o simples elogio da rotina. Não conseguindo, como pretendia, escapar a essa última, o desejo divorcia-se de sua realização que, sufocada e transformada em negação, converte o próprio desejo

---

[43]   Theodor Adorno, "Introdução", em Theodor Adorno, *Textos escolhidos*, cit., p. 9.

LAZER: O ÓCIO PERMITIDO – CONCEITOS PARA UMA POLÍTICA PÚBLICA PARA O LAZER 145

em privação. A indústria cultural não sublima o instinto sexual, como nas verdadeiras obras de arte, mas o reprime e sufoca.[44]

Há uma excitação de prazer que ao mesmo tempo precisa ser sublimada. Uma promessa que não é cumprida; oferecimento e privação em um único ato. Nesse processo de criar necessidades, em que a todo tempo é implícito ao consumidor que ele deve contentar-se apenas com o que lhe é oferecido, é que se instaura a dominação ideológica, que é naturalizada. É a coisificação das pessoas.

Como instituição social, o lazer, ou melhor, a indústria do lazer, contribuiu para modelar o gosto e a forma com que as pessoas gozam de seu tempo livre. Para Robert Kurz,

[...] o tempo do lazer não consiste em tempo liberado, mas transforma-se em espaço funcional secundário do capital. Na realidade esse tempo não está à livre disposição, pois, caso isso fosse verdade, também deveria ocorrer com respeito à atividade produtiva. Não se trata de ócio no sentido antigo, mas de tempo funcional para o consumo permanente de mercadorias.[45]

De um fator de realização individual, ou simplesmente de combate ao estresse, o lazer na sociedade capitalista padece da mesma lógica do mundo do trabalho, ou seja: competição, busca incessante da produtividade (as imagens de turistas japoneses tirando fotos sem nem ao menos usufruírem daquelas paisagens são um bom exemplo dessa busca de produtividade no mundo do lazer) e exibição de símbolos de conquista. Bons exemplos de como as atividades do lazer

---

[44] Paulo Arantes, "Adorno, vida e obra", em Theodor Adorno, *Textos escolhidos*, cit., p. 10.

[45] Robert Kurz, "A ditadura do tempo abstrato", em *Anais Lazer/Leisure*, V Congresso Mundial de Lazer: lazer numa sociedade globalizada (São Paulo: Sesc, 2000), p. 40.

servem para demonstrar *status* social, configurando um reino onde a lógica burguesa comanda cada espaço da vida (ou da alma), são a disseminação de esportes de prestígio, como o tênis, e da prática de exercícios em academias da moda ou com *personal trainers*. Robert Kurz fala em quase-economização da alma, da personalidade e até mesmo da sexualidade. Enfim, no lazer dos tempos atuais, não há espaço para o relaxamento e o descanso.

As "escolhas" no lazer sofrem um conjunto de influências que vão da condição de classe ao contexto cultural, político e econômico. Como dissemos anteriormente, é nesse contexto que a indústria do lazer modela o gosto e a forma pela qual as pessoas vão usufruir de seu "tempo livre". Essa indústria é ágil e eficaz, suprindo até mesmo a "falta de tempo" a que as pessoas são submetidas na vida de uma grande cidade (o cinema em casa – *home theater* –, a academia de ginástica ao lado do escritório).

Com o avanço da lógica burguesa, as pessoas efetivamente se afastaram de obrigações rituais tradicionais (ir à missa aos domingos, não consumir carne vermelha na Quaresma, por exemplo), desviando--se para um lazer individual, desprovido de compromissos religiosos. No entanto, a ruptura com o conformismo tradicional, característico das sociedades rurais, não trouxe mais liberdade individual; mesmo que exista uma aparente sensação de mais liberdade,[46] as pressões do mercado de consumo tornaram-se muito mais fortes. Nesse processo o lazer se amalgamou com os valores do mundo do trabalho: a produção em série e padronizada, a repetição e a rotina e a concentração do processo de decisão em um número cada vez menor de pessoas.

---

[46] Nos anos 1970, um anúncio comercial muito famoso de calça *jeans* dizia: "Liberdade é uma calça velha, azul e desbotada, que você pode usar do jeito que quiser", e assim milhões de jovens usaram a mesma calça velha, azul e desbotada.

Esse processo de transferência de papéis é tão forte que está além da própria decisão de forças políticas comprometidas com um outro modelo social e econômico. Entre 1989 e 1992, a cidade de São Paulo foi governada por um partido de esquerda, o Partido dos Trabalhadores (PT); nessa época, o desfile das escolas de samba foi transferido da avenida Tiradentes para um local especialmente construído para esse fim, o Sambódromo do Anhembi. Essa ação de racionalização do espaço urbano, ou de funcionalidade, trouxe uma série de consequências para o *habitus* no lazer. Antes, as escolas de samba ganhavam as ruas, atrapalhavam o trânsito e forçosamente se faziam ver; agora estavam enquadradas (confinadas?) em uma passarela que fazia uma nítida distinção entre palco e plateia. Também se faziam ver, em transmissão ao vivo para todo o Brasil e com uma remuneração por uso de imagem muito bem definida. Tudo muito funcional, cada coisa em seu lugar. O ato de ganhar as ruas nos dias de carnaval, ao menos com o samba, foi perdendo significado para transformar-se em espetáculo. Outra consequência da construção do Sambódromo do Anhembi foi a eliminação de catorze campos de futebol de várzea,[47] antes tão frequentes nas margens do rio Tietê. E, junto com a diminuição desses campos de futebol varziano, também foram desaparecendo os jogos de futebol entre times de bairro, as "peladas" de domingo. Gradativamente essas experiências foram substituídas pelo hábito de assistir aos grandes espetáculos de futebol. Mais recentemente, a própria prática de ir ao estádio, que de certa forma tem um componente ativo, está sendo substituída por uma assistência via televisão. Primeiro jogadores, depois torcida, agora audiência. Enfim, essa é a lógica da indústria do lazer.

---

[47] Dados do Dueat – Secretaria Municipal de Esportes, São Paulo, 1990.

Herbert Marcuse afirma que o lazer é uma alienação, uma ilusão, pois não diz respeito às necessidades próprias do indivíduo e sim a determinações manipuladas pelas forças econômicas e pela cultura de massa. Ao contrário do que a ideologia ocidental (e capitalista) nos faz crer, o grande valor da sociedade contemporânea é a opressão, e não o progresso. Essa opressão se dá na supervalorização da liberdade econômica – como tão bem podemos constatar nesses tempos de neoliberalismo –, produzindo o consumismo e subordinando a política aos preceitos desse mesmo individualismo exacerbado. E, quanto mais o capital avança, mais as necessidades humanas são artificialmente fabricadas. A economia da informação (ou desinformação) talvez seja o melhor exemplo desse processo.

O tempo livre doméstico é cada vez mais absorvido por essa lógica. Um lar brasileiro sem televisão, por exemplo, é raridade, e em muitos o aparelho de tevê está presente na sala, no quarto, na cozinha. Todos recebem as mesmas informações, veem as mesmas notícias das mesmas agências, conhecem detalhes da vida dos outros em programas cuja única função é bisbilhotar a vida alheia. Anônimos se tornam celebridades do nada e desaparecem na mesma velocidade com que chegaram. E da necessidade de bisbilhotar o vazio, em uma apologia à futilidade, novas necessidades vão surgindo. A tevê por assinatura oferece a liberdade de escolha entre dezenas de canais que não servem para nada; e também a internet, que precisa ser rápida, e mais rápida – e, quanto mais rápida, mais cara –, para oferecer mais e mais informações desconexas, como se o mundo estivesse à nossa frente, tudo num frenesi por mais informações, cada vez mais voláteis e inúteis. É na falsificação das necessidades reais das pessoas que o sistema se reproduz – e ganha muito dinheiro com isso.

Em lugar da crítica, o consumo, sempre crescente. Aparentemente a escolha de ir ao cinema num domingo à noite é uma livre opção de lazer para boa parte das pessoas que podem pagar um ingresso. Mas o lançamento de um filme "arrasa-quarteirão", ou *blockbuster*, como dizem os controladores (*majors*) de Hollywood, nos faz indagar sobre a liberdade de escolha dos milhares de pessoas que "decidem" *ao mesmo tempo* assistir ao *mesmo filme*. Esses filmes chegam a ser lançados simultaneamente em centenas de salas de cinema e fazem parte de uma estratégia que envolve a abertura de inúmeros conjuntos multiplex, reunindo num só lugar mais de uma dezena de salas. Ao mesmo tempo que existe uma superoferta de salas de cinema, há uma suboferta na variedade de filmes. Esse fenômeno da imposição de gosto também pode ser percebido em diversos outros campos do lazer, dos roteiros de turismo à escolha de uma música "livremente" apreciada em um momento de descontração. Essa sociedade de liberdade ilusória e repressão dos sentidos é definida por Marcuse como uma sociedade unidimensional. Para ele,

> [...] essa sociedade é irracional como um todo. Sua produtividade impede o livre desenvolvimento das necessidades e faculdades humanas, sua paz é mantida pela ameaça constante da guerra, e seu crescimento depende da repressão das possibilidades reais de se pacificar a luta pela existência – individual, nacional e internacional.[48]

São as falsas necessidades, como ele define,

> [...] aquelas que são superimpostas ao indivíduo por interesses sociais específicos, voltados para a sua repressão: aquelas necessidades que perpetuam a labuta, a agressividade, a miséria e a injustiça. [...] Grande parte das necessidades predominantes de relaxar-se, divertir-se, comportar-se e consumir é determinada segundo a publicidade; amar e

---

[48]   Herbert Marcuse, *One-Dimensional Man* (Boston: Beacon Press, 1964), pp. 4-6.

odiar o que os outros amam e odeiam pertence a essa categoria de falsas necessidades.[49]

Vivendo em um mundo tão consumista, atemorizado por guerras e terrorismos (de grupos e de Estado), tudo parece completamente irracional (mas para a lógica do capital essa irracionalidade é bem lucrativa).

Mesmo assim, seria abusivo confundir esse conjunto de condicionamentos e repressões com a absoluta supressão da subjetividade dos indivíduos. São tempos de guerra, mas as pessoas vão às ruas e protestam. O consumismo toma conta de nossa vida, penetra em cada casa buscando ocupar cada minuto do nosso tempo livre.

Para completar, Marcuse nos apresenta mais uma reflexão:

> Em última análise, a questão do que sejam verdadeiras e falsas necessidades deve ser respondida pelos próprios indivíduos, mas só em última análise; ou seja, se e quando forem livres para dar suas próprias respostas. Na medida em que são doutrinados e manipulados, suas respostas a essa questão não podem ser tomadas como suas. Do mesmo modo, contudo, nenhum tribunal pode, com justiça, arrogar-se o direito de decidir quais necessidades devem ser desenvolvidas e satisfeitas.[50]

A tarefa dos planejadores de lazer que pretendam uma ação emancipadora é difícil. De um lado, precisamos entender que gostos e vontades são impostos e nem tudo que brota do povo é autêntico e verdadeiramente livre. De outro, não somos os donos da verdade. Talvez o caminho seja o da ampliação do repertório cultural, da disponibilização de práticas não usuais e não padronizadas. Uma ação de contracultura, de questionamento, de tensão e ruptura. Pelo menos em um primeiro momento isso é o que poderia ser feito

---

[49]   *Ibidem.*
[50]   *Ibidem.*

para que, na sequência, as pessoas viessem a tomar suas decisões com mais capacidade de escolha. Mas nesse momento elas já terão tido contato com outras formas de expressão e análise. É claro que, mesmo quando essa ação de contracultura, ou contra-hegemonia (talvez esse conceito gramsciano seja o mais apropriado), conta com o respaldo governamental, a correlação de forças é ingrata. Uma luta entre a indústria e o artesanato. Em todo caso, não resta alternativa senão continuar na guerrilha; em alguns (poucos) momentos, é possível vencer.

Alain Touraine faz uma distinção entre atividades de lazer ativas e passivas. Essa distinção refere-se à forma pela qual as pessoas participam do lazer de massa, como público ou como interpretadores culturais mais profundos, praticantes de atividades ou reelaboradores de significados. Sua interpretação é mais otimista, e ele acredita que um grande número de pessoas consegue fugir às influências que sofre e agir com autonomia. O grande movimento mundial contra a invasão do Iraque pelos Estados Unidos demonstra que 10 milhões de pessoas de diversas cidades do mundo escapam dessas influências. O psicanalista Erich Fromm, porém, reforça um sentido mais pessimista, afirmando que essa busca constante da novidade nada mais é do que a atitude de "viver de boca aberta", sendo igualmente alienada e subordinada ao consumo.

> A atitude alienada com relação ao consumo não existe apenas em nosso modo de adquirir e consumir mercadorias, mas determina, além disso, o emprego do tempo livre. Que podemos esperar? Se um homem trabalha sem verdadeira relação com o que está fazendo, se compra e consome utilidades de modo abstrato e alienado, como pode ele fazer uso de seu tempo de lazer de modo ativo e significativo? Continua sendo sempre o consumidor passivo e alienado. "Consome" partidas de beisebol, filmes, jornais e revistas, livros, conferências, paisagens, reuniões sociais do mesmo modo alienado e abstrato em que consome as mercadorias que

> compra. Não participa ativamente, quer "absorver" tudo o que possa
> ser retirado, e gozar todo o prazer possível, toda a cultura possível e
> também tudo o que não seja cultura. Na realidade não está livre para
> gozar "seu" tempo disponível; seu consumo das horas de lazer é deter-
> minado pela indústria, como acontece às mercadorias que compra; seu
> gosto é manipulado, quer ver e ouvir o que se lhe obriga a ver e ouvir; a
> diversão é uma indústria como qualquer outra, fazendo-se o consumidor
> comprar diversão assim como se lhe faz comprar roupa ou sapatos. O
> valor da diversão é determinado pelo seu êxito no mercado, e não por
> algo que possa ser medido em termos humanos.[51]

Isso foi escrito há mais de cinquenta anos e é tão absurda-
mente atual. Em 1992 houve o movimento dos "caras-pintadas",
jovens estudantes que pintaram o rosto e saíram pelas ruas a exigir
a renúncia do então presidente Collor de Mello. Foi um movimento
exitoso, mas que não resultou em grandes avanços sociais além da
deposição de um presidente corrupto. Concomitantemente às passeatas estudantis estava sendo exibido um seriado na Rede Globo
de Televisão, *Anos rebeldes*, sobre o movimento estudantil dos anos
1960. Até hoje muitos se perguntam sobre o papel do seriado na
mobilização dos caras-pintadas.

E, então, como explicar os grandes momentos de ruptura
criativa da sociedade? Vejamos, em relação ao esporte e ao lazer
propriamente ditos, a força do *skate* e do basquete de rua no país do
futebol. O Brasil é o segundo país com maior número de praticantes
de skatismo (10% das moradias do estado de São Paulo contam
com pelo menos um *skate* em casa). São jovens de classe média e
da periferia. Nos bairros mais pobres de São Paulo, principalmente
da Zona Sul, centenas de ruas contam com tabelas de basquete em

---

[51]   Erich Fromm, *Psicanálise da sociedade contemporânea* (Rio de Janeiro: Zahar, 1959), p. 144.

paredes e postes.[52] O próprio significado do esporte – será que ele é tão alienante assim? Eric Hobsbawm lembra que entre todas as expressões culturais com alcance mundial, apenas o futebol não tem a influência direta da indústria cultural norte-americana (o que não significa que o futebol também não faça parte da indústria cultural). Esse é um dado importante sobre a expressão da identidade dos povos. Um jogo simples e de colaboração e que se impôs ao império americano. Não é pouco.

Hobsbawm afirma, em *A era dos impérios*, que, no século XX, as influências culturais – e aí podemos incluir as escolhas do lazer – pela primeira vez começaram a se mover regularmente de baixo para cima.[53] A força das ruas também abre caminho, dita regras, condutas, moda. E com a moda o capitalismo também se apropria dessa conduta, reelaborando-a e despojando-a de sentidos. Novamente vem a força das ruas; novamente os sentidos se perdem. As boinas, as camisetas e os biquínis estampando a figura de Che Guevara talvez sejam o exemplo mais eloquente desse processo, mas também a moda *street*, skatista. Essa é uma tensão permanente, contraditória, dialética. Recorremos de novo a Marcuse para tentar encontrar alguma luz quando ele nos lembra que a racionalidade da oposição de forças, tendências e elementos é que constitui o movimento do real.[54]

---

[52] A Secretaria de Esportes, Lazer e Recreação já distribuiu quatrocentas tabelas de basquete para ruas catalogadas.

[53] Eric Hobsbawm, *A era dos impérios* (São Paulo: Paz e Terra, 1992).

[54] Herbert Marcuse, *Cultura e psicanálise*, cit.

Lazer e jogo

Como já analisamos, o lazer está relacionado à liberação de obrigações, tanto econômicas como sociais; ou seja, ao tempo institucionalizado, com demarcações definidas entre diversão e compromisso, dando a ideia de movimento. Nesse aspecto, o lazer se assemelha ao jogo como lugar de socialização. Mas, assim como o lazer não pode ser confundido com ócio, ele também não pode ser interpretado como jogo. No caso do jogo, o imaginário social e a filosofia o classificam como uma atividade não séria, paradigma de fantasia ou representação, tendo a função de relaxamento que vem desde os tempos de Aristóteles:

> Não é portanto no jogo que consiste a felicidade. De fato, seria estranho que o fim do homem fosse o jogo, e que se devesse ter incômodos e dificuldades durante toda a vida a fim de poder se divertir! [...] Divertir--se para ter uma atividade séria, eis, parece, a regra a seguir. O jogo é efetivamente uma espécie de relaxamento, pelo fato de que temos necessidade de descanso. O relaxamento não é, pois, um fim, visto que só ocorre graças à atividade. E a vida feliz parece ser aquela que está de acordo com a virtude; ora, uma vida virtuosa não existe sem um sério esforço e não consiste em um mero jogo.[55]

Mas esse caráter de fantasia e representação do jogo, e também da brincadeira, é fundamental na definição da relação com o outro, na delimitação de espaços, na apropriação da cultura e, sobretudo, como exercício para o processo decisório e a invenção. Poderíamos dizer que, mesmo com todas as imposições e condicionantes sociais e econômicas, é no momento do jogo (nesse caso como parte do

---

[55] Aristóteles, *Ética a Nicômaco*, X, 6, *apud* Gilles Brougère, *Jogo e educação* (Porto Alegre: Artes Médicas, 1998), p. 20.

lazer) que surgem as melhores oportunidades para que o indivíduo se perceba como agente histórico.

Se bem jogado – refiro-me à possibilidade de um lazer crítico, com sentido emancipador e antialienante –, o lazer possui um componente de incerteza, com um forte aspecto aleatório e imponderável tal qual o jogo ou a brincadeira. É nesse momento que as pessoas podem evitar aquilo de que não gostam e assim apoderar-se de seu tempo, tornando-se senhoras de seu destino (ou pelo menos experimentando a sensação desse assenhoramento). O jogo assume, assim, um papel essencial na definição de padrões de comportamento e na própria vida social. Segundo Johan Huizinga,

> O jogo é uma atividade ou ocupação voluntária, exercida dentro de certos e determinados limites de tempo e de espaço, segundo regras livremente consentidas, mas absolutamente obrigatórias, dotado de um fim em si mesmo, acompanhado de um sentimento de tensão e alegria e de uma consciência de ser diferente da vida cotidiana.[56]

Uma noção de jogo muito semelhante à que estabelecemos em relação ao esporte, fazendo com que exista uma estrutura, um sistema de regras que subsiste abstratamente, independendo dos jogadores que aderem a esse rígido sistema de forma espontânea e lúdica. Em determinados estágios, o treinamento esportivo se assemelha ao treinamento militar, mas mesmo assim a adesão é espontânea, e os atletas comparecem ao treino com satisfação e vontade. Mas existem outras identificações, de modo que diferentes atividades são designadas pelo mesmo termo: o jogo amoroso, o jogo cênico, o jogo político, entre outros jogos e as mais variadas combinações.

---

[56] Johan Huizinga, *Homo ludens* (São Paulo: Perspectiva, 2001), p. 33.

Consideramos, por exemplo, os processos que chamamos de "jogos". Falo dos jogos de damas e de xadrez, de cartas, de bola, das competições esportivas. O que há de comum em todos? – Não diga: é necessário que tenham algo em comum, senão não seriam chamados de "jogos" – mas veja primeiramente se têm algo em comum. [...] Pois se você considerar, sem dúvida não descobrirá o que é comum a todos, mas verá analogias, afinidades, e verá uma série delas. Como já disse, não pense, veja! Veja, por exemplo, os jogos de tabuleiros com suas múltiplas afinidades. Depois passe aos jogos de cartas: neles você encontrará muitas correspondências com a classe anterior, vários traços comuns desaparecem, outros aparecem. Se agora passarmos aos jogos de bola, ainda restará alguma coisa, mas muito se perderá. [...] Todos esses jogos são recreativos? Compare o xadrez à amarelinha. Ou há em todos eles um modo de ganhar e de perder, ou uma competição de jogadores? Pense no jogo de paciência. Nos jogos de bola, ganha-se ou perde-se, mas quando uma criança joga uma bola contra a parede e a segura novamente esse caráter se perde [...]. Podemos percorrer assim muitos outros grupos de jogos: ver surgirem e desaparecerem analogias. E o resultado dessa consideração será: constatamos uma rede complexa de analogias que se entrecruzam e se envolvem umas nas outras. Tanto analogias de conjunto quanto de detalhes.[57]

Com esse método, o filósofo Ludwig Wittgenstein vai estabelecendo "grupos de família" na medida em que encontra analogias que permitem passar de um jogo a outro, buscando semelhanças que se entrecruzam e se mesclam: "Como o conceito de jogo é delimitado? O que ainda é jogo, o que não é mais? Você pode indicar seus limites? Não".[58]

É essa fronteira indeterminada do jogo, tanto em relação às suas atividades específicas como em relação à sociedade, que faz dele um fato social dos mais significativos. No conceito de Wittgenstein, que ele chama de "jogo de linguagem", cada sistema é ligado ao contexto

---

[57] Ludwig Wittgenstein, *apud* Gilles Brougère, *Jogo e educação*, cit., pp. 20-22.
[58] *Ibid.*, p. 22.

histórico e ao modo de vida. É a partir da diversidade da utilização da linguagem[59] que se evidenciam o "falar" e os significados dados à palavra, permitindo o entendimento sobre o "porquê" de utilizarmos o mesmo termo para situações tão diferentes, que, no caso do jogo, englobam atividade lúdica, sistema de regras e competições (podendo ser com os outros ou consigo mesmo). O jogo envolve movimento e também competição (mas nem sempre) e nos remete aos jogos de sociedade, assumindo a forma de regras, bem como aos jogos de habilidade ou construção, quando "constituem uma estrutura preexistente ao material".[60]

É na relação com o termo "brinquedo" que o jogo ganha toda a sua imponderabilidade, deixando de haver uma identificação direta entre um sistema de regras e o próprio uso do material. Comumente encontramos pais frustrados por comprarem um lindo (e caro!) brinquedo que, logo ao ser aberto, é imediatamente substituído pela colorida caixa que o embalava. Do mesmo modo, um brinquedo que deveria ter um uso predeterminado assume outro, totalmente diferente daquele previsto. É essa indeterminação que assegura a riqueza do jogo, em que "o brinquedo não é a materialização de um jogo, mas uma imagem que evoca um aspecto da realidade e que o jogador pode manipular conforme sua vontade".[61]

---

[59] Gilles Brougère esclarece: "A noção do jogo como o conjunto de linguagem funciona em um contexto social; a utilização do termo jogo deve, pois, ser considerada como um fato social: tal designação remete à imagem do jogo encontrada no seio da sociedade em que ele é utilizado" (*Jogo e educação*, cit., p. 16). Em outro momento ele aprofunda seu conceito sobre o processo da linguagem: "A língua é um mecanismo de socialização. A criança aprende o que pode ou não dizer em sua língua. O mundo que ela descobre é então dividido em categorias e os signos são por ela solidariamente organizados. Nessa medida a língua modela a representação" (*ibid.*, p. 17).

[60] *Ibid.*, p. 15.

[61] *Ibidem.*

Segundo Vigótski, essa atividade simbólica assume uma função organizadora específica "que invade o processo do uso do instrumento e produz formas fundamentalmente novas de comportamento",[62] levando a um processo de interação social e transformação da atividade prática e moldando a própria identidade da pessoa:

> [...] o momento de maior significado no curso do desenvolvimento intelectual, que dá origem às formas puramente humanas de inteligência prática e abstrata, acontece quando a fala e a atividade prática, então duas linhas completamente independentes de desenvolvimento, convergem.[63]

Durante a formação da personalidade humana, mais especificamente das crianças, as pessoas vão deparando com problemas cada vez mais complicados, que, ao mesmo tempo, fazem surgir uma complexa variedade de respostas a serem escolhidas, envolvendo "tentativas diretas de atingir o objetivo, uso de instrumentos, fala dirigida à pessoa que conduz o experimento ou fala que simplesmente acompanha a ação e apelos verbais diretos ao objeto de sua atenção".[64]

A dimensão da contingência e da incerteza deveria fazer com que a teoria dos jogos assumisse um papel mais importante na própria teoria da história e na definição de políticas pró-ativas, de modificação da realidade social. Nos jogos, os jogadores devem tomar decisões, e o resultado disso lhes diz respeito direto, mesmo quando "passam" (deixam de jogar) ou se tornam "invisíveis". Essa aparente autoexclusão do jogo também é um imponderável a ser levado em conta, determinando estratégias e caminhos a serem escolhidos na busca do objetivo final do jogo. Em *Ludwig Feuerbach e o fim*

---

[62] Liev S. Vigótski, *A formação social da mente* (São Paulo: Martins Fontes, 1989), p. 27.

[63] *Ibidem.*

[64] *Ibid.*, p. 33.

da filosofia clássica alemã, Friedrich Engels formulou um conceito sobre a capacidade transformadora dos homens e das mulheres (no texto ele fala em "homens" no coletivo; passados 150 anos, não faz sentido continuar referindo-se à humanidade no coletivo masculino, e certamente Engels concordaria com esse acréscimo) em relação à história. Esse conceito é muito semelhante à teoria dos jogos:

> Os homens fazem a sua história, quaisquer que sejam os rumos desta, na medida em que cada um busca os seus fins próprios, com a consciência e a vontade do que fazem; e a história é, precisamente, o resultado dessas numerosas vontades projetadas em direções diferentes e de sua múltipla influência sobre o mundo exterior.[65]

Vigótski encarregou-se de aprofundar esse conceito, desenvolvendo uma psicologia da aprendizagem com base no materialismo histórico e dialético. Como ponto central ele entendia que todos os fenômenos da mente deveriam ser estudados como processos em movimento e em mudança:

> Não quero descobrir a natureza da mente fazendo uma colcha de retalhos de inúmeras citações. O que eu quero é, uma vez tendo aprendido a totalidade do método de Marx, saber de que modo a ciência tem de ser elaborada para abordar o estudo da mente.[66]

---

[65] Friedrich Engels, "Ludwig Feuerbach e o fim da filosofia clássica alemã", em Karl Marx & Friedrich Engels, *Textos* (São Paulo: Alfa-Omega, 1977), p. 108.

[66] Liev S. Vigótski, *A formação social da mente*, cit., p. 9. Vigótski encerra seu livro com uma citação de Engels que vai exatamente nesse sentido da capacidade humana de transformar a realidade: "A grande ideia básica de que o mundo não deve ser visto como um complexo de objetos completamente acabados, mas sim como um complexo de processos, no qual objetos aparentemente estáveis, nada menos do que suas imagens em nossas cabeças (nossos conceitos), estão em incessante processo de transformação".

O jogo, em sua dimensão de brincadeira, é a primeira forma de agir do ser humano, estando desde cedo associado à vida da criança, como se constituísse uma necessidade instintiva, inata, pré-cultural. Huizinga radicaliza ainda mais essa ideia, estendendo-a como uma necessidade dos animais, com uma função *significante*, que encerra um sentido determinado e próprio:

> Os animais brincam tal como os homens. Bastará que observemos os cachorrinhos para constatar que, em suas alegres evoluções, encontram-se presentes todos os elementos essenciais do jogo humano. Convidam uns aos outros para brincar mediante um certo ritual de atitudes e gestos. Respeitam a regra que os proíbe morderem, ou pelo menos com violência, a orelha do próximo. Fingem estar zangados e, o que é mais importante, eles, em tudo isto, experimentam imenso prazer e divertimento.[67]

Sem dúvida, não há como negar que no jogo existe "algo que transcende as necessidades imediatas da vida",[68] conferindo um sentido à ação. No entanto, agir pressupõe capacidade de operar, atuar, transformando a realidade a partir de uma forma mentalmente planejada. Em *O capital*, Marx salienta:

> [...] mesmo o pior dos arquitetos difere, de início, da mais hábil das abelhas, pelo fato de que, antes de fazer uma caixa de madeira, ele já a construiu mentalmente. [...] O arquiteto não só modifica a forma que lhe foi dada pela natureza, dentro das restrições impostas pela natureza, como também realiza um plano que lhe é próprio, definindo os meios e o caráter da atividade aos quais ele deve subordinar sua vontade.[69]

---

[67]   Johan Huizinga, *Homo ludens*, cit., p. 3.

[68]   *Ibid.*, p. 4

[69]   Karl Marx, *O capital*, *apud* Liev S. Vigótski, "Introdução", em *A formação social da mente*, cit., s/p.

Sob esse ponto de vista, o jogo ganha uma dimensão humana, pois o seu sistema de regras é mentalmente sistematizado, permitindo a formulação de diferentes táticas e estratégias para alcançar um objetivo. Mas esse poder de mover novos processos não significa um pleno domínio sobre os resultados que deveriam ser obtidos conforme o planejamento original. O jogo envolve infinitas possibilidades e, depois de lançado, independe da vontade exclusiva dos jogadores. Sobre isso Engels, o companheiro intelectual de Marx, oferece uma decisiva contribuição:

> Aos olhos da filosofia dialética, nada é estabelecido por todos os tempos, nada é absoluto ou sagrado. Vê-se em tudo a marca do declínio inevitável; nada resiste exceto o contínuo processo de formação e destruição, a ascensão interminável do inferior para o superior – um processo do qual a filosofia não passa de uma simples reflexão do cérebro pensante.[70]

Até esse ponto a interpretação marxista da história tem grande identidade com a teoria dos jogos. No entanto, quando se defronta com o conceito de progresso, há um distanciamento, sendo inevitável reconhecer que nesse aspecto houve uma incorporação da crença na infalibilidade do planejamento técnico e do racionalismo. Walter Benjamin alertou para isso lembrando que o enfoque exclusivo nos sistemas de aperfeiçoamento técnico e de controle da capacidade transformadora da vontade humana revela uma concepção positivista cujo "interesse se dirige apenas aos progressos na dominação da natureza, e não aos retrocessos na organização da sociedade".[71]

Georges Friedmann foi além, argumentando que o marxismo não só incorporou como levou adiante a ideia de progresso

---

[70] Friedrich Engels, "Ludwig Feuerbach e o fim da filosofia clássica alemã", cit., p. 108.
[71] Walter Benjamin, "Sobre o conceito de história", em *Magia e técnica, arte e política* (São Paulo: Brasiliense, 1985), p. 228.

formulada no século XVIII.[72] Um reflexo dessa certeza na capacidade da ciência foi o histórico distanciamento das economias socialistas de uma preocupação mais ecológica. Ou seja, a planificação econômica era definida sem que se levasse em conta uma série de variáveis. Não é o caso de nos estendermos na análise do pensamento filosófico na economia socialista – afinal, estamos tratando de jogo e brincadeira. Apenas como exemplos, podemos lembrar desastres ecológicos como o da usina nuclear de Chernobil, a desertificação do mar de Aral (resultante do sistema de irrigação da agricultura no Cazaquistão) e os exageros da política do Grande Salto à Frente (1958), como a ideia de criar microusinas siderúrgicas nas comunas agrícolas da China que aproveitavam até panelas e caçarolas como matéria-prima para fundir aço em fornos de fundo de quintal. E imensas áreas agrícolas da China tomaram contato com a modernidade a partir da poluição por carvão.

Esses equívocos não são exclusividade do socialismo, muito pelo contrário, apenas começamos por ele para demonstrar quanto o jogo desandou e, no caso dos Estados socialistas, a maioria deles pagou com a própria existência. O capitalismo também é pródigo em exemplos desastrosos, resultado da convicção e da certeza de um caminho de progresso que no final só nos leva ao inferno. As pessoas com poder de decisão definem um caminho econômico sem levar em conta todas as diferenças e regras que envolvem um jogo. A diferença em relação ao socialismo é que no caso do capitalismo nem há preocupação com a melhora da qualidade de vida das pessoas, pois o sistema apenas se submete à lógica do lucro. Para não desnivelar o jogo, é bom também oferecer alguns exemplos: na década de 1950 os Estados Unidos realizaram testes nucleares em

---

[72] Georges Friedmann, *La crise du progrès* (Paris: Gallimard, 1936).

LAZER: O ÓCIO PERMITIDO – CONCEITOS PARA UMA POLÍTICA PÚBLICA PARA O LAZER 163

seu próprio território, no deserto de Nevada, não muito distante de centros urbanos;[73] o uso abusivo dos combustíveis fósseis; a prioridade para os carros; a liberação de clorofluorcarbono (CFC) e os buracos na camada de ozônio. No momento, estão em curso a luta pelo cumprimento do Protocolo de Kyoto, que os países ricos se recusam a cumprir, notadamente o governo norte-americano, ou a polêmica em torno dos transgênicos, da clonagem... São tantos e tão atuais os exemplos que nos dispensamos (em um misto de preguiça e desalento) de um exercício histórico mais detalhado. Mas, antes de ir em frente, vem-nos a recordação de *Doutor Fantástico* (*Dr. Strangelove, or How I Learn to Stop Worring and Love the Bomb*, Stanley Kubrick, Inglaterra, 1964), filme em que o poder da ciência transforma-se em medo. Esses são jogos de adultos, nos quais poucos decidem, mas todos participam, até mesmo os que irão nascer.

Uma percepção maior da lógica dos jogos permitiria entender que, quando ela é desencadeada, novos processos se põem em movimento. E essa é uma necessidade que as pessoas do século XXI terão cada vez mais presente: "Viver no universo da alta modernidade é viver num ambiente de oportunidade e risco, concomitantes inevitáveis de um sistema orientado para a dominação da natureza e para a feitura reflexiva da história".[74]

É o que Anthony Giddens define como "um mundo de deslocamentos e incertezas, um 'mundo fugitivo'", em que a imprevisibilidade cada vez mais envolve a realidade. Uma "incerteza

---

[73]   Um filme de Hollywood com título bem poético, *Céu azul* (*Blue Sky*, Tony Richardson, EUA, 1994) mostrou os preparativos para a explosão sob a ótica de uma estudante colegial moradora do estado de Nevada. No final do filme toda a família sai de casa para ver aquele imenso cogumelo azulando o céu, pura invenção da engenhosidade humana.

[74]   Anthony Giddens, *Modernidade e identidade* (Rio de Janeiro: Zahar, 2002), p. 104.

manufaturada" em que o risco é resultado da intervenção humana, na natureza e na vida social, havendo muito mais um "controle de danos" e "reparo" do que propriamente um domínio sobre os processos.[75] E a cada movimento vai surgindo uma nova rede de relações humanas, e destas com a natureza. Depois disso ninguém mais consegue controlar suas ramificações e desdobramentos. Como desafio do jogo e deste como componente do lazer, devemos estimular as pessoas a conquistar o máximo possível de autonomia de ação e de reinterpretação da realidade, de modo que sejam capazes de sobreviver e forjar sua vida em um mundo cada vez mais incerto. Essa é a imponderabilidade do jogo, que também podemos chamar de história.

Reprodução social, lazer e educação

Nelson Marcellino propõe um novo "jogo do saber", "onde se exercite a recusa das velhas regras ditadas, que de tão frágeis e absurdas precisam ser impostas a cada geração, fornecendo-lhe o álibi para o conformismo".[76] Em seu trabalho ele refere-se especificamente à

---

[75] Anthony Giddens, "Admirável mundo novo: o novo contexto da política", em David Miliband (org.), *Reinventando a esquerda* (São Paulo: Unesp, 1994), p. 37.

[76] Nelson Carvalho Marcellino, *Pedagogia da animação* (Campinas: Papirus, 2003), p. 94. Nelson Marcellino é uma das principais referências teóricas sobre o lazer em atividade no Brasil. Como professor da Universidade Estadual de Campinas (Unicamp), criou o Grupo de Estudos em Políticas Públicas em Lazer, influenciando toda uma nova geração de gestores públicos. Essa ação resultou em políticas efetivas, como nas cidades de Porto Alegre, Belém, São José dos Campos e Caxias do Sul, além do estado do Mato Grosso do Sul, que desenvolve uma experiência bastante original. A influência do professor Marcellino vai da organização de seminários nacionais com a publicação de coletâneas de ensaios e artigos, que hoje são referência na área, até sua especial contribuição para o aprofundamento teórico sobre a relação entre lazer e educação.

escola, mas aqui vamos tratar dessa relação entre lazer e educação de modo mais abrangente.

Primeiramente é preciso deixar claro que não se trata simplesmente de instrumentalizar o lúdico, um equívoco muito comum, de caráter funcionalista, que também se aplica ao lazer, como já dissemos anteriormente. O jogo não pode ser visto apenas como uma forma agradável de inculcar uma cultura estabelecida, como se houvesse um mundo pronto, com ordens e normas a serem seguidas. Pelo contrário, seu papel é valorizar a cultura dos participantes, no caso da criança, permitindo que ela se perceba como reprodutora de cultura,[77] e, no caso das classes populares, assumindo uma conduta de respeito ao seu saber ao mesmo tempo que se questionam os valores e condutas tidos como superiores. Esse seria um jogo em que se detona "um processo irreversível de questionamento criativo do 'jogo da realidade', fundamental para o processo educativo na escola e fora dela, na sociedade como um todo".[78]

Para ser eficiente, esse "jogo do saber" deve ser praticado ludicamente e apresentar uma crítica da realidade (não era o que víamos no carnaval?), constituindo um espaço de resistência, conforme Thompson já apontou em *Costumes em comum*.[79] Esse jogo precisa ser mediado, é claro, e essa mediação deve ser feita por agentes (professores, artistas, gestores, intelectuais ou agentes da

---

[77] Florestan Fernandes, "As trocinhas do Bom Retiro", em *Revista do Arquivo Municipal*, ano XII, vol. CXIII, São Paulo, mar.-abr. de 1947. Nesse estudo original sobre a cultura infantil, Florestan Fernandes demonstra que a transmissão de culturas, jogos e brincadeiras – e neles embutida uma série de valores e preconceitos – ocorre no próprio círculo das crianças, onde as ligeiramente mais velhas passam os seus conhecimentos para as mais jovens.

[78] Nelson Carvalho Marcellino, *Pedagogia da animação*, cit., p. 95.

[79] E. P. Thompson, *Costumes em comum: estudos sobre a cultura popular e tradicional*, cit.

comunidade) que tenham condições de estabelecer diálogo e tensão entre diferentes valores e culturas. "Enlameando-se" dessa cultura, indo ao "húmus", como propunha Antonio Gramsci, estaremos desenvolvendo uma práxis contra-ideológica de gestação de uma nova consciência social.

Walter Benjamin apontava que a verdadeira essência da educação tem de ser a observação. Não existe nenhum momento mais propício à observação que o lazer, no sentido de um ócio contemplativo, uma atitude de "parar para pensar". Quando a pessoa se encontra consigo mesma, situa-se na realidade social, e assim ganha condições de enfrentar a realidade, rompendo com determinada situação ou assimilando-a, dependendo dos interesses e posicionamentos em jogo. Pelo menos, que essa atitude seja a partir de um ato consciente, e não uma simples reprodução do estabelecido.

"O rei está rodeado de pessoas que só pensam em diverti-lo e em impedi-lo de pensar em si mesmo. Porque se pensa em si mesmo, é infeliz, por mais rei que seja."[80] Em um ciclo de palestras promovido pela Secretaria de Esportes, Lazer e Recreação de São Paulo em 2003, o *rapper* Mano Brown levantou um pensamento semelhante.[81] O objetivo do ciclo de palestras Fazer Acontecer era ligar o Estado – gestão pública – à mobilização reflexiva na sociedade, particularmente os jovens. Com essas atividades se pretendia gerar uma política que permitisse a pessoas e grupos assumir aquilo que

---

[80] Blaise Pascal, *apud* Nelson Carvalho Marcellino, *Lazer e educação* (Campinas: Papirus, 2002), p. 41.

[81] O Departamento de Lazer da Prefeitura de São Paulo realizou nesse ano dez palestras com Mano Brown, Fernando FF (escritor e ex-presidiário) e Paulo Magrão (produtor cultural do distrito do Capão Redondo). O tema das palestras era Fazer Acontecer, e o público-alvo, jovens da periferia da cidade. Ao todo participaram 2 mil jovens, entre rapazes e moças (a citação de Mano Brown é resultante de uma anotação pessoal em uma das suas palestras).

acham justo, fazer as coisas acontecerem. Dessa forma Mano Brown expressou o seu sentimento em relação à consciência das coisas:

> Eu preferia ser como alguns "manos" da periferia que só vivem falando de futebol ou nas "minas" que vão pegar no fim de semana. Eles são mais felizes porque não ficam preocupados com os outros, nem com eles mesmos. Quando a gente começa a perceber o que está em volta, vai ficando com raiva, infeliz, tentando entender por que as coisas são daquele jeito.[82]

Esse deveria ser o papel do lazer em um sentido humanista, libertador: possibilitar a parada, a reflexão, e fazer isso com brincadeira, fantasia e jogo. E é claro que a partir de uma infelicidade inicial, de um sentimento de impotência, vai surgindo a felicidade da descoberta de que é possível mudar essa realidade. Anthony Giddens aponta que vivemos em um mundo de alta reflexibilidade e que, em um mundo assim, o indivíduo "deve alcançar um certo grau de autonomia de ação como condição para ser capaz de sobreviver e forjar uma vida". Isso implica consciência e autonomia, mas autonomia não é egoísmo, e pressupõe "reciprocidade e interdependência".[83] O lazer, com suas expressões lúdicas e de jogo aliadas à ociosidade contemplativa, pode cumprir esse papel de reparar solidariedades, criando uma confiança ativa de responsabilidade social e pessoal. Marcellino considera que

> [...] só tem sentido falar em aspectos educativos do lazer se esse for considerado como um dos possíveis canais de atuação no plano cultural, tendo em vista contribuir para uma nova ordem moral e intelectual, favorecedora de mudanças no plano social. Em outras palavras: só tem

---

[82] Mano Brown, trecho de palestra (anotação pessoal), ciclo de palestras Fazer Acontecer, Secretaria de Esportes e Lazer de São Paulo, 2003.

[83] Anthony Giddens, "Admirável mundo novo: o novo contexto da política", cit., p. 47.

sentido falar em aspectos educativos do lazer se se considerá-lo um dos campos possíveis da contra-hegemonia.[84]

Essa é uma atividade em constante tensão, que implica a subversão de valores. E valores não mudam com rapidez. Os valores são cultivados e reproduzidos pelo sistema de ensino, pelos meios de comunicação e pela própria difusão de usos e costumes. É a partir dessas estruturas que se reproduz a "estrutura das relações de força e das relações simbólicas entre as classes, contribuindo assim para a reprodução da distribuição do capital cultural entre as classes".[85] Ou seja, não basta apenas "oferecer" produtos culturais ou expressões artísticas mais elaboradas, é preciso tocar, encantar as pessoas, fornecer-lhes ferramentas para que adquiram um novo repertório cultural, pois

> [...] o legado de bens culturais acumulados e transmitidos pelas gerações anteriores pertence realmente (embora formalmente seja oferecido a todos) aos que detêm os meios para dele se apropriarem, quer dizer, que os bens culturais enquanto bens simbólicos só podem ser apreendidos e possuídos como tais (ao lado das satisfações simbólicas que acompanham tal posse) por aqueles que detêm o código que permite decifrá-los.[86]

Em julho de 2001 a Prefeitura de São Paulo deu início a um programa chamado Recreio nas Férias. Por uma semana, crianças da rede pública de ensino participavam de polos de férias e faziam visitas a museus, teatros, parques e centros esportivos e culturais. Esse tipo de atividade introduz o elemento lúdico na educação, e assim as crianças conquistam espaços que, embora aparentemente

---

[84] Nelson Carvalho Marcellino, *Lazer e educação*, cit., p. 63.

[85] Pierre Bourdieu, *A economia das trocas simbólicas*, cit., p. 295.

[86] *Ibid.*, p. 297.

acessíveis a todos, contêm barreiras invisíveis que mantêm excluída a maioria da população. Realizada de maneira contínua, essa atividade pode transmitir novos códigos e assim possibilitar a apropriação pública da cidade.

Além da ampliação do repertório cultural das pessoas, é preciso levar em conta a própria atitude delas em relação à apropriação desses bens, se ativa ou passiva. Mas a própria definição de ativo ou passivo é relativa, estando eivada de preconceitos. Quem é o juiz para definir sobre a ação alheia? Ir ao cinema, sentar-se numa sala escura e deixar-se levar por um filme; será que é uma atitude totalmente passiva? Ou ir a um recital, um concerto de música barroca; é apenas uma atitude de audiência? Alguém imagina um vibrante espetáculo de futebol sem a torcida no estádio?

Comumente se associa o lazer ativo ao ato de fazer (tocar um instrumento, cuidar de um jardim) ou à reflexão (ler um livro). Mas, sob uma ideia assim, o assíduo frequentador de concertos sinfônicos estaria para sempre classificado como o praticante (mas prática não é necessariamente ativa?) de um lazer passivo. Joffre Dumazedier aponta que

> [...] a atitude ativa e a atitude passiva não se opõem de modo absoluto. Existem, sim, situações nas quais há pontos dominantes que variam de acordo com os indivíduos e as circunstâncias, obedecendo um *continuum*, que deveria ser medido por escalas de intensidade.[87]

Ele classifica essas atitudes em elementares ou conformistas; médias ou críticas; superiores ou inventivas. A atitude ativa implicaria uma participação consciente e voluntária na vida social. Essa atitude é seletiva e pressupõe uma insubmissão às práticas rotineiras

---

[87] Joffre Dumazedier, *Lazer e cultura popular* (São Paulo: Perspectiva, 2001), p. 257.

e às ideias preconcebidas, exigindo sempre um progresso pessoal livre, equilibrando repouso e distração e *o desenvolvimento contínuo e harmonioso da personalidade*. Dessa forma, a atitude ativa é "um conjunto de disposições físicas e mentais suscetíveis de assegurar o desabrochar *optimum* da personalidade, dentro de uma participação *optima* na vida cultural e social".[88] Em outras palavras, pressupõe a reciprocidade e a interdependência necessárias para reparar "as solidariedades danificadas", associando "confiança ativa" a um sentimento de renovação "da responsabilidade pessoal e social para com os outros".[89]

Sem dúvida, o lazer é parte fundamental entre as grandes necessidades sociais de nosso tempo. E uma outra forma de percebê-lo, assim como uma outra atitude, se faz necessária, pelo menos se quisermos caminhar no sentido da civilização e não do egoísmo e da barbárie. Esse deveria ser o sentido do lazer aliado à educação da sociedade e à construção de uma nova cultura voltada para a paz e o entendimento humano.

---

[88]   *Ibid.*, pp. 257-258.

[89]   Anthony Giddens, "Admirável mundo novo: o novo contexto da política", cit., p. 47.

NA TRILHA DE MACUNAÍMA:
Ai! que preguiça!...

Em 2003, quando a Secretaria de Estado de Segurança Pública de São Paulo apresentou uma pesquisa sobre a origem da população carcerária do estado, muitas pessoas se espantaram. O senso comum indicava que a população marginal vinha de outros estados, de outros cantos do país, mas para surpresa geral constatou-se que 70% dela havia nascido em São Paulo.[1]

A imagem da preguiça associada à criminalidade sempre foi imputada aos "de fora", pessoas com costumes diferentes, de lugares desconhecidos, sem referências sobre suas famílias e amizades, com hábitos e gostos exóticos. No último quarto do século XX, essa associação foi estabelecida, principalmente, em relação aos brasileiros do Nordeste, "gente preguiçosa" que vinha "pra São Paulo ganhar muito dinheiro" – como recomendou o esperto Macunaíma ao filho

---

[1] Dados da Secretaria de Estado de Segurança Pública de São Paulo, 2003.

que teve com Ci, a Mãe do Mato.[2] Como um centro que recebeu grandes migrações, sempre os que chegam por último (normalmente de pele escura) são os que carregam a marca da preguiça. E vão se amontoando onde dá, muitas vezes se acomodando pelas ruas: vagabundos, prostitutas, mendigos, crianças sem rumo. Gente desconhecida, suja, um monte de crianças sem ninguém, como se tivessem brotado da rua em geração espontânea, fumando *crack*, cheirando cola de sapateiro.

E a crise econômica prolongada faz com que cada vez mais gente tenha por única opção viver nas ruas: flanelinhas, catadores de papel e de latinhas de alumínio, vendedores ambulantes, mendigos, *hippies* maltrapilhos, adolescentes que aprenderam malabarismo em projetos sociais[3] e que agora tentam ganhar a vida nos semáforos com pequenas demonstrações, dando plasticidade ao "espetáculo da pobreza".[4] O arrocho salarial tem sido tão intenso que até pessoas empregadas começam a se habituar a ir para casa apenas nos fins de semana; seu salário não lhes permite pagar as passagens de transporte coletivo para se deslocarem entre a casa e o trabalho.

---

[2]   Esta e as demais citações da rapsódia de Mário de Andrade, *Macunaíma*, foram extraídas de Mário de Andrade, *Macunaíma* (Rio de Janeiro/Belo Horizonte: Garnier, 2001).

[3]   Desde o final da década de 1980, um projeto do governo do estado de São Paulo passou a oferecer escolas de circo para crianças em áreas carentes. Sem dúvida foi um projeto de vanguarda, introduzindo o lúdico como elemento de inclusão social. Desde então vários circos-escola foram abertos junto a áreas de grande concentração de crianças em situação de risco. O projeto envolve motricidade, equilíbrio, "tira as crianças das ruas" (um conceito discutível, mas recorrente em programas sociais para crianças e jovens), sob uma perspectiva da cultura e não da formação para o trabalho. Mas e depois? Qual a perspectiva que a sociedade apresenta para essas crianças que vão crescendo? Sem crescimento econômico e a consequente distribuição da riqueza, os programas de inclusão social podem resultar em malabarismos nas esquinas, e apenas isso.

[4]   Maria Stella Bresciani, *Londres e Paris no século XIX: o espetáculo da pobreza* (São Paulo: Brasiliense, 1985).

Uma vida nas ruas, gente preguiçosa, desconhecida, inútil... Mas será que são realmente inúteis e preguiçosos?

Em 2000, o serviço de coleta seletiva do Sistema de Limpeza Pública da cidade de São Paulo recolhia 0,2% do lixo da cidade. Os catadores de papel, os carroceiros e moradores de rua, frequentemente vistos como mendigos e vagabundos, recolhiam e vendiam para reciclagem 10% de tudo que a cidade jogava fora. Com latas de alumínio, a reciclagem ultrapassava 80%.[5] Ainda não se fez um estudo de quanto essa "vagabundagem" representa em economia para os cofres públicos, mas sabe-se que as cifras são significativas (em torno de R$ 50 milhões/ano), sem falar no aumento da vida útil do aterro sanitário da cidade. A "vadiagem" dos catadores de papel toma conta das ruas centrais da cidade: homens e mulheres puxando carroças com carga de centenas de quilos, castigados pela vida na rua, acompanhados às vezes por crianças a auxiliá-los em sua "jornada preguiçosa".

Nas imediações da avenida Paulista, o início da noite ganha um intenso fluxo com esses carrinhos improvisados: são catadores recolhendo sacos cheios de papel jogados fora após um dia de trabalho nos escritórios da avenida símbolo de São Paulo. E esse movimento também gera empregos formais, renda, impostos, economia de energia elétrica.[6] Mesmo assim, se por um lado são pessoas invisíveis, que ninguém nota, por outro dão medo aos paulistanos que vivem há mais tempo na cidade.

---

[5]   Dados de Latas de Alumínio S.A. (Latasa), 2000.

[6]   A quantidade de energia elétrica necessária para a transformação de uma lata de alumínio reciclado em uma nova lata é de 20% da utilizada na transformação de bauxita em alumínio, e atualmente o ciclo de retorno do alumínio reciclado é de apenas 35 dias.

"[...] esse povo completamente anônimo mereceu o cognome de 'populaça', este vasto *residuum*, que se desloca para onde quer",[7] como observa Maria Stella Bresciani a respeito de Paris e Londres, que no século XIX viveram situação semelhante à de São Paulo. Desde o final do "milagre" brasileiro, quando uma multidão sem emprego nem estatuto de cidadania foi ficando à parte da sociedade, esse "populacho" vai causando cada vez mais incômodo aos cidadãos estabelecidos.

Ao incômodo e ao medo, a sociedade londrina respondeu com as *workhouses*, casas de trabalho oferecidas em forma de caridade, onde o trabalho purgaria os vícios do ócio, da fraqueza da alma. Segundo Bresciani, eram lugares

> [...] pouco atraentes para que seus ocupantes procurassem sair de lá o mais rápido possível. Não deviam se sentir confortados em suas instalações, a vida em família e a boa refeição representam privilégios, a merecida recompensa aos que ocupam seus dias com o trabalho produtivo.[8]

Essa caracterização das *workhouses* não é uma exclusividade da Revolução Industrial inglesa. No livro *Parque industrial*, Patrícia Galvão, a Pagu, militante comunista, assim descreve uma manhã de segunda-feira nas tecelagens paulistas da década de 1930:

> Na grande penitenciária social os teares se elevam e marcham esgoelando.
>
> Bruna está com sono. Estivera num baile até tarde. Para e aperta com raiva os olhos ardentes. Abre a boca cariada, boceja. Os cabelos toscos estão polvilhados de seda.

---

[7] Maria Stella Bresciani, *Londres e Paris no século XIX: o espetáculo da pobreza*, cit., p. 40.

[8] *Ibid.*, p. 46.

– Puxa! Que este domingo não durou... Os ricos podem dormir à vontade.

– Bruna! Você se machuca. Olha as tranças!

É o seu companheiro de perto.

O chefe da oficina se aproxima, vagaroso, carrancudo.

– Eu já falei que não quero prosa aqui!

– Ela podia se machucar...

– Malandros! É por isso que o trabalho não rende! Sua vagabunda!

Bruna desperta. O moço abaixa a cabeça revoltada. É preciso calar a boca!

Assim em todos os setores proletários, todos os dias, todas as semanas, todos os anos.

Nos salões dos ricos, os poetas lacaios declamam:

– Como é lindo o teu tear![9]

Esse processo de responsabilização dos deserdados apenas se agravou, além de haver diminuído a oferta de trabalho em oficinas e teares. A responsabilização até mesmo de crianças por sua própria má situação continua sendo um componente do próprio comportamento social de grande parte dos cidadãos de São Paulo e se reflete em opiniões descompromissadas, em pequenos gestos que podem ser observados nos cruzamentos de trânsito.

Quando os carros param no sinal fechado, os motoristas assumem um comportamento que mistura indiferença e medo: apressam-se em subir o vidro da janela de seus carros (muitos nem precisam subir o vidro, pois, prevendo esse incômodo, já compram carros com ar-condicionado e até mesmo blindagem), como se aquela fina camada de vidro

---

9   Patrícia Galvão (Pagu), *Parque industrial: romance proletário* (edição original da autora, 1933, sob o pseudônimo de Mara Lobo) (São Paulo: Alternativa, 1981), p. 22.

representasse uma proteção contra a feia visão da cidade e contra possíveis ataques. Enquanto os veículos estão parados, uma multidão de miseráveis vende balas, pede esmolas, oferece serviços de limpeza de para-brisas (para os quais até já se desenvolveu uma tecnologia, um pequeno rodo de mão com uma esponja acoplada no lado oposto e uma garrafa plástica funcionando como bisnaga, com água e detergente).

Também existem os "preguiçosos" que preferem exercitar o corpo correndo entre carros parados. Assim que o sinal fecha, distribuem saquinhos com balas e doces. Um pequeno recorte de papel em fotocópia acompanha os saquinhos. Com pequenas variações entre um e outro, o texto diz o seguinte: "Estou desempregado, tenho quatro filhos. Prefiro vender do que roubar". É um alerta não muito sutil de que na próxima vez ele pode circular entre os carros não mais para vender, mas para assaltar. O semáforo abre, os motoristas respiram aliviados, os carros partem, enquanto essa gente continua se exercitando nas avenidas da cidade. Pouco mais adiante um novo semáforo, e o espetáculo se repete.

Muitos motoristas até reservam algumas moedas para se livrarem rápido dessas imagens. Outros vivem minutos de pavor, algumas vezes nem um minuto completo, apenas segundos, mas que parecem horas em que estão imobilizados no trânsito, sentindo medo da gente que se aproxima de seus carros. A idade dessa gente preguiçosa? Pouco importa, são tantos... de velhos a crianças, muitas crianças. Crianças de 12, 8, 4 anos, todas assustando senhores e senhoras nos cruzamentos e esquinas da cidade. Décadas de estagnação econômica em uma sociedade historicamente excludente produziram um cenário de profunda insensibilidade (ou insensatez) social em que os adultos, antes de amparar as crianças, têm medo delas.

E o espectro dos preguiçosos e desocupados reaparece a cada esquina.

Um preguiçoso para cada época

Mário de Andrade imortalizou as primeiras palavras de Macunaíma, "herói de nossa gente", com a exclamação: "Ai! que preguiça!..."; Monteiro Lobato também tratou do tema, mas nesse caso desdenhando o caipira indolente, Jeca Tatu, segundo o qual "de qualquer jeito se vive", atormentado por bichos-de-pé, devorado por vermes.[10] Esses registros literários, em forma de sátira ou de condenação, expressam (mesmo passados oitenta anos de sua publicação, seria impróprio conjugar o verbo no tempo pretérito) uma opinião corrente, um imaginário social presente nos muitos momentos da história do Brasil. De um lado, a preguiça como fraqueza da alma, fonte de males; de outro, a preguiça transformadora, o ócio criativo do brasileiro.

No início da dominação portuguesa, os colonizadores encontraram por aqui uma sociedade de recusa do trabalho, e a nudez do indígena preguiçoso (e saudável, e robusto, e feliz...) provocou um misto de admiração e escândalo. Talvez por isso os colonizadores se dedicaram com tanto afinco à evangelização do gentio: caçando-o, escravizando-o, livrando-o do reino do pecado, oferecendo-lhe o mundo do trabalho. Convertendo indígenas do sertão, os paulistas encontraram seu primeiro ciclo econômico, configurando sua entrada (e também bandeiras e monções) na história. Com o tempo, a imagem negativa da preguiça se transfere para o negro,

---

[10] Posteriormente Monteiro Lobato se redimiria da imagem criada para o caipira: "Quando sarei, quando comecei a sentir em todo o seu horror o horror da miséria humana (de que o Jeca não passa de humilde ilustração) era tarde – minha obra literária já havia cristalizado e morto estava meu interesse pelas letras". Ver "O arrependimento de Lobato", em *O Estado de S. Paulo*, 11-7-1948, em Carmen Lucia de Azevedo *et al.*, *Monteiro Lobato, furacão na Botocúndia* (São Paulo: Editora Senac São Paulo, 1997).

principalmente após a abolição da escravatura. Os bandos de negros sem trabalho, expulsos das fazendas de café, vagando nas estradas, habitando os bairros pobres dos extremos das cidades, vivendo de biscates, inventando a capoeira, a feijoada, o samba...

Em 1914, por ocasião da apresentação do projeto de implantação do futuro Parque Dom Pedro II, em São Paulo, o prefeito da cidade, Washington Luís, expressou muito bem a opinião média dos paulistanos em relação às populações de ex-escravos ou descendentes que se dirigiam cada vez mais para a cidade, associando-as à vagabundagem, à preguiça e ao perigo:

> É aí que, protegida pelas depressões do terreno, pelas voltas e banquetas do Tamanduateí, pelas arcadas das pontes, pela vegetação em moitas, pela ausência de iluminação, se reúne e dorme e se encaixa à noite, a vasa da cidade, numa promiscuidade nojosa, composta de negros vagabundos, de negras edemaciadas pela embriaguez habitual, de uma mestiçagem viciosa, de restos inomináveis e vencidos de todas as nacionalidades, e em todas as idades, todos perigosos.[11]

Essa imagem de "negros vagabundos", bem como de "vencidos de todas as nacionalidades", "todos perigosos", foi amplamente difundida nas colunas sociais da época (Última Hora do *Diário da Noite*, e Notícias, de *O Estado de S. Paulo*) e refletia a insegurança da população e o medo dos novos povos que chegavam. Nessa época São Paulo passava por uma contínua explosão demográfica, tendo crescido 270% no curto período de apenas dez anos, entre 1890 (65 mil habitantes) e 1900 (240 mil habitantes). Nos vinte anos seguintes a população mais que dobrara (580 mil habitantes), e até 1940 mais que duplicaria de novo (1,326 milhão de habitantes). Eram pessoas

---

[11] Washington Luís, pronunciamento (1914), *apud* Rosa Kliass, *Parques urbanos de São Paulo* (São Paulo: Pini, 1993), p. 115.

novas chegando todos os dias, principalmente imigrantes, que compunham mais da metade da população de São Paulo[12] e que se somariam à gente do interior, caipiras e ex-escravos. Na atualidade, o paulistano médio associa criminalidade e vagabundagem à onda migratória, aos nordestinos e negros, que provavelmente devem ter vindo de algum lugar, mas certamente *de fora* de São Paulo (pelo menos o pensamento médio gostaria que assim fosse). Em *Crime e cotidiano*, Boris Fausto analisa esse período:

> Nos anos 1920, a vida de muitos imigrantes que haviam desembarcado jovens em terra estranha nos últimos anos do século, para "fazer a América", se definira para o bem ou para o mal. Na luta pela sobrevivência e pela ascensão social, famílias se desigualaram, convivências se romperam no espaço urbano. Os sonhos se realizaram para alguns e as ilusões se desfizeram para muitos [...] Os negros e mulatos foram cristalizados em sua maioria no subemprego ou nos empregos inferiores, não obstante sua convivência física com os brancos pobres.[13]

Dessa convivência física foi nascendo uma nova gente, conforme podemos perceber na obra de Antônio de Alcântara Machado, *Brás, Bexiga e Barra Funda: notícias de São Paulo*. Esse filho de uma das mais antigas famílias paulistas também se juntou a Mário de Andrade e aos modernistas e, sem a pretensão de aprofundar uma teoria sobre o seu povo, "tenta fixar tão-somente alguns aspectos da vida trabalhadeira, íntima e cotidiana desses novos mestiços nacionais e nacionalistas".[14] *Brás, Bexiga e*

---

[12] Em 1910, para uma população de 450 mil habitantes, 100 mil eram italianos, 40 mil portugueses, 40 mil espanhóis, 10 mil alemães e 5 mil sírios.

[13] Boris Fausto, *Crime e cotidiano: a criminalidade em São Paulo (1880-1924)* (2ª ed. São Paulo: Edusp, 2001), p. 162.

[14] Antônio de Alcântara Machado, "Prefácio", em *Brás, Bexiga e Barra Funda: notícias de São Paulo* (Belo Horizonte: Itatiaia, 2001).

Barra Funda nos foi legado como um jornal (não como livro) dessa época, permitindo que, conforme previsto pelo autor, a análise fosse desenvolvida pelos historiadores do futuro. Para tanto, ele nos deixa registros como o de Gaetaninho:

> Do consórcio da gente imigrante com o ambiente, do consórcio da gente imigrante com a indígena nasceram os novos mamelucos.
> Nasceram os italianinhos.
> O Gaetaninho.
> A Carmela.
> Brasileiros e paulistas. Até bandeirantes.
> E o colosso continuou rolando.[15]

Mas essa convivência não era fácil, e os brasileiros mais antigos, brancos da cidade, caipiras ou negros, assim se referiam aos novos trabalhadores:

> Carcamano pé de chumbo
> Calcanhar de frigideira
> Quem te deu a confiança
> De casar com brasileira?[16]

E os imigrantes logo retrucavam: "Hoje é dia de branco!". A afirmação funcionava para demarcar diferenças de caráter entre eles, que pretendiam construir uma autoimagem de dedicação e trabalho em oposição aos caipiras da terra e aos negros, ex-escravos, gente preguiçosa, sem vontade de trabalhar. Como se o açúcar, o ouro e o café tivessem brotado sem o suor do negro, apenas com a vontade do senhor; como se São Paulo não fosse resultado desse trabalho. Não obstante, o criminoso mais famoso da época, e pelas

---

15 *Ibid.*, p. 18.
16 *Ibid.*, p. 20.

décadas seguintes, era um imigrante: Amleto Gino Meneghetti, o "Gato do Telhado".[17] Ao mesmo tempo que se referiam a si mesmos como virtuosos trabalhadores, entretanto, os imigrantes italianos começaram a perceber quão inútil era seu esforço, pois a ilusão de "fazer a América" se desfez para muitos. E assim cantavam:

Oh, vida apertada
não dianta fazer nada
pra que se esforçar
se não vale a pena trabalhar.

Tudo em pouco tempo. Cinquenta anos antes, os proletários brancos nem viviam nesse continente. Quando aqui chegaram (depois de uma travessia de mais de quarenta dias no mar, em completo desconforto), foram primeiro para as fazendas de café; percebendo, porém, que não valia a pena se esforçar em latifúndios ainda maiores que os da velha Itália, deixaram a vida na colônia e ganharam a cidade.

A trajetória dos africanos teve mais tempo de Brasil. Não optaram por deixar seu canto, foram arrancados de lá; o desconforto nos navios era maior, viajavam acorrentados, nos porões; e as famílias eram impiedosamente separadas. De repente, viram-se emancipados do trabalho escravo, substituídos por colonos

---

[17] Meneghetti era tido como uma espécie de Robin Hood paulistano, apesar de não haver nenhum registro de alguma doação que tenha feito de seus roubos para os pobres. Anarquista por convicção, desafiava a polícia em fugas espetaculares e apenas roubava os ricos, sem nunca ter cometido atos de violência física.

assalariados[18] e obrigados então a deixar as fazendas em que tinham passado a vida e a buscar sustento na cidade.

A barra do rio Tietê, em plena São Paulo, foi o primeiro ponto em que essa gente efetivamente se encontrou:

> Antigamente, a barra do Tietê na região era muito funda – daí o nome do bairro. Nos últimos anos do século XIX a chácara foi loteada e, por estar próxima do centro e receber trilhos da São Paulo Railway em suas terras, cresceu rapidamente. Com os trilhos e os moradores vieram as indústrias, o que fez a região crescer depressa e desordenadamente. Uma parte da Barra Funda tornou-se bairro operário, em que as epidemias de febre amarela, varíola e cólera eram constantes devido às más condições das moradias e aos frequentes alagamentos do Tietê. Ao longo dos trilhos da ferrovia moravam os negros que trabalhavam no ensacamento das mercadorias produzidas pelas muitas fábricas da região. Estava na Barra Funda o Largo da Banana, onde os ensacadores vendiam os excedentes dos cachos. Foi no largo que se fundou uma das mais queridas escolas de samba de São Paulo – a Camisa Verde e Branca.[19]

---

[18] O filme *Queimada* (direção de Gillo Pontecorvo, 1969, com excelente trilha sonora de Ennio Morricone) fala do processo de independência de uma colônia portuguesa, a ilha fictícia de Queimada. Nesse filme há uma passagem em que o enviado do almirantado britânico (representado por Marlon Brando) dá uma explicação sobre as vantagens do trabalho assalariado em relação à escravidão. A uma plateia de latifundiários, ele compara o trabalho escravo a uma esposa, que precisa ser mantida pelo marido mesmo quando perde seus encantos; em compensação, o homem pode utilizar-se de uma prostituta, pagando apenas pelo serviço utilizado, sem nenhum compromisso além, como com os assalariados. O filme foi censurado no Brasil na década de 1970 e só pôde ser visto no final da ditadura militar.

[19] Levino Ponciano, *Bairros paulistanos de A a Z* (São Paulo: Editora Senac São Paulo, 2001), p. 24.

Mais que em outros bairros característicos de São Paulo,[20] a Barra Funda presenciou o encontro simultâneo de diferentes povos, unindo a cultura de imigrantes pobres com a de ex-escravos. Essa fusão foi facilitada pela própria configuração geográfica. Era preciso enfrentar os constantes alagamentos da várzea; como o poder público era ausente, foram-se criando entre vizinhos redes de solidariedade que moldaram o jeito de ser daquela comunidade. Da ajuda recíproca na adversidade ao encontro nas festas, essa gente se entrelaçou no samba (assim surgiu a Camisa Verde e Branca, uma das mais antigas escolas de samba de São Paulo) e no futebol jogado na várzea do rio (que deu origem a times como Corinthians, Palmeiras, São Paulo e Portuguesa). Observando esse encontro de "preguiçosos", Mário de Andrade, nascido e criado ali na Barra Funda.

INTRODUÇÃO A MACUNAÍMA

Assim, o sociólogo que estuda o Brasil não sabe mais que sistema de conceitos utilizar. Todas as noções que aprendeu nos países europeus ou norte-americanos não valem aqui. O antigo mistura-se com o novo. As épocas históricas emaranham-se umas nas outras. Os mesmos termos como "classe social" ou "dialética histórica" não têm o mesmo significado, não recobrem as mesmas realidades concretas. Seria necessário, em lugar de conceitos rígidos, descobrir noções de certo

---

[20] Já o Brás foi um bairro tipicamente imigrante, com forte presença italiana; depois vieram os nordestinos, havendo uma substituição étnica, de culturas, com uma pequena comunicação entre elas; à medida que os migrantes chegavam, os italianos e seus descendentes iam se retirando, transferindo-se para a Mooca e outros bairros próximos. Assim também ocorreu no Bom Retiro: a própria atividade comercial, antes dominada por gregos e judeus, foi sendo transferida para coreanos e chineses; a mão de obra de imigrantes europeus foi substituída pela dos migrantes nordestinos e, mais recentemente, por novos imigrantes, agora da América do Sul, em especial peruanos e bolivianos.

modo líquidas, capazes de descrever fenômenos de fusão, de ebulição, de interpretação, noções que se modelariam conforme uma realidade viva, em perpétua transformação. *O sociólogo que quiser compreender o Brasil não raro precisa transformar-se em poeta.*[21]

Um dos primeiros professores da Universidade de São Paulo, Roger Bastide, francês que aqui chegou com Claude Lévi-Strauss na década de 1930, após anos de tentativa de compreender o Brasil, aproximou-se bastante desse jeito meândrico e contraditório de ser. Era um admirador de Macunaíma.

"Não se pode encontrar um livro mais especificamente brasileiro que *Macunaíma*", disse Bastide, identificando na obra "uma selvageria lírica atropelando, com seu riso, uma civilização de importação"[22] e comparando-o a Gargântua, de François Rabelais, na construção de um herói popular com origem no folclore e que dá uma nova dimensão para os costumes, jeitos e falares do povo. E foi assim mesmo que Mário de Andrade procedeu, unindo campos geralmente separados, a magia e a razão.

Mário de Andrade se assumiu na função de rapsodo e reuniu minuciosamente as fantasias e histórias que compõem o imaginário de nossa gente, da mesma forma que Homero reuniu as aventuras de Ulisses, as batalhas troianas e a alma do povo grego. Na rapsódia brasileira *Macunaíma*, a (falta de) identidade dos brasileiros vai se revelando ao compasso da música (Mário de Andrade era musicólogo), na descrição de "causos" e personagens populares (Mário de Andrade era etnólogo), na desgeografização de territórios (Mário de Andrade foi turista aprendiz) e na destemporalização de histórias

---

[21] Roger Bastide, *Brasil, terra de contrastes* (São Paulo: Difel, 1964), p. 15 (grifo nosso).

[22] Roger Bastide, "Macunaíma visto por um francês", em *Revista do Arquivo Municipal*, vol. 106, São Paulo, agosto de 1946, p. 48.

(Mário de Andrade foi narrador). A história nos apresenta um herói sobre-humano, "nascido no fundo do mato virgem", que tem, na busca da muiraquitã perdida, a construção de sua aventura. A obra foi escrita em seis dias, com o autor deitado em uma rede, trocando ideias com crianças. Foi assim que ele descortinou o caráter de seu povo:

> O que me interessou por Macunaíma foi incontestavelmente a preocupação em que vivo de trabalhar e descobrir o mais que possa a entidade nacional dos brasileiros. Ora depois de pelejar muito verifiquei uma coisa que me parece certa: o brasileiro não tem caráter. Pode ser que alguém já tenha falado isso antes de mim, porém a minha conclusão é uma novidade para mim porque tirada da minha experiência pessoal. E com a palavra caráter não determino apenas uma realidade moral não, em vez entendo a realidade psíquica permanente, se manifestando por tudo, nos costumes na ação exterior na língua na História na andadura tanto no bem como no mal. O brasileiro não tem caráter porque não possui nem civilização própria nem consciência tradicional.
>
> Os franceses têm caráter e assim os iorubás e os mexicanos. Seja porque civilização própria, perigo iminente, ou consciência de séculos tenham auxiliado, o certo é que esses uns têm caráter. Brasileiro não. Está que nem o rapaz de vinte anos: a gente mais ou menos pode perceber tendências gerais, mas ainda não é tempo para afirmar coisa nenhuma. [...] Pois quando matutava nessas coisas topei com Macunaíma no alemão de Koch-Grunberg. E Macunaíma é um herói surpreendentemente sem caráter. (Gozei).[23]

A lógica da história é não ter lógica, uma contradição de si mesma, e a cada página vão sendo reveladas as cores do Brasil, o povo, a alma aventureira (que alguns anos depois foi analisada

---

[23] Prefácio preparado por Mário de Andrade mas não publicado. Ver "Apêndice" da 32ª edição de *Macunaíma: o herói sem nenhum caráter* (Belo Horizonte/Rio de Janeiro: Garnier, 2001), p. 169.

pelo historiador Sérgio Buarque de Holanda, em *Raízes do Brasil*), cheia de brincadeiras sem culpas (Macunaíma adorava brincar, principalmente com Ci, mãe do mato, mas não só com ela). E essa identidade procurada em Macunaíma nem era exatamente brasileira: "Sou americano, meu lugar é na América. A civilização europeia de certo esculhamba a inteireza de nosso caráter".[24] É por isso que a viagem do nosso herói e suas fugas espetaculares vão dos "cerros da Venezuela" a "Mendoza, no pé dos Andes", havendo tempo para tomar um "vinho de Ica", produzido no deserto do Peru.

Feita a apresentação, melhor entrar na história.

O HERÓI DE NOSSA GENTE

"Macunaíma, herói de nossa gente era preto retinto e filho do medo da noite." Nativo das margens do Uraricoera, nascido tapanhuma, essa tribo inventada para designar os negros vistos pelos povos da terra. Em tupi, os povos de fora recebiam duas designações: *tapuy-una-ô*, gente preta; e *tapuitinga*, gente branca.[25] Macunaíma era um *tapuy-una-ô*, um tapanhuma, e foi brilhantemente representado no cinema por Grande Otelo.[26]

Após seis anos sem falar, Macunaíma proferiu sua primeira frase: "– Ai! que preguiça!...".

Em uma só frase, duas culturas, dois idiomas, uma onomatopeia e um pleonasmo. *Ai*, em tupi, significa um estado de comportamento e também um animal: o bicho-preguiça, o mamífero de

---

[24] Mário de Andrade, *Macunaíma, apud* Manuel Cavalcanti Proença, *Roteiro de Macunaíma* (São Paulo: Anhembi, 1955), p. 38.

[25] Manuel Cavalcanti Proença, *Roteiro de Macunaíma*, cit., p. 331.

[26] *Macunaíma* (Joaquim Pedro de Andrade, 1969).

hábitos lentos que tanto surpreendeu os primeiros europeus. Logo no século XVI, Gabriel Soares de Sousa assim o descreveu:

> Nestes matos se cria um animal mui estranho, a que os índios chamam ai, e os portugueses preguiça, nome certo mui acomodado a este animal, pois não há fome, calma, frio, água, fogo, nem outro nenhum perigo que veja diante, que o faça mover uma hora mais que outra; o qual é felpudo como cão-d'água, e do mesmo tamanho; e tem a cor cinzenta, os braços e pernas grandes, com pouca carne e muita lã; tem as unhas como cão e muito voltadas; a cabeça como gato, mas cobertas de gadelhas que lhe cobrem os olhos; os dentes como gato.[27]

"Ai! que preguiça!..." Palavras com o mesmo sentido, a serem entendidas por idiomas e culturas diferentes. A própria pronúncia inicial lembrando o som natural que fazemos ao despertar, estirando os músculos e membros de modo preguiçoso, preparando-os para mais um dia. Exclamação a ser explorada em todos os sentidos, até mesmo estéticos, como se houvesse um espelho entre as duas palavras. O português do Brasil procurando o tupi de Pindorama. Quando lemos "Ai", pensamos em preguiça; repetindo as mesmas palavras em idiomas distintos, cria-se um pleonasmo que confere mais vigor e clareza à expressão.

Nascido indígena e sem pai, como é comum aos verdadeiros heróis, quem avisou sobre a inteligência de Macunaíma foi rei Nagô, africano. Tomados por grande fome, os irmãos de Macunaíma, Maanape [*Ma'n'ape*: "semente de abóbora"] e Jiguê ["pulga da areia", "bicho-de-pé"], seguiram as suas ordens em busca de comida. Nada encontraram, mas os "manos se admiraram com a inteligência do

---

[27] Gabriel Soares de Sousa, *apud* Antônio Geraldo da Cunha, *Dicionário histórico das palavras portuguesas de origem tupi* (São Paulo: Melhoramentos, 1978), p. 46.

menino", que soube explicar a razão de não terem achado o que comer:

– Acharam?

– Que achamos nada!

– Pois foi aqui mesmo que enxerguei timbó. Timbó já foi gente um dia que nem nós... Presenciou que andavam campeando ele e sorveteu. Timbó foi gente um dia que nem nós...

Agora é a língua do caipira que se apresenta: *sorveteu* ["desapareceu por encanto", "sumiu de repente"]. E foi com a astúcia da preguiça que, mais uma vez, Macunaíma saiu vitorioso, vencendo o Curupira, aquele que "vive no grelo do tucunzeiro" [planta de palmeiras espinhosas, cujas fibras são usadas para tecer] "e pede fumo pra gente":

– Meu avô, dá caça pra mim comer?

– Sim, Curupira fez.

Cortou carne da perna, moquecou e deu pro menino...

[...]

Macunaíma agradeceu e pediu pro Curupira ensinar o caminho pro mucambo dos Tapanhumas. O Curupira estava querendo mas era comer o herói, ensinou falso:

– Tu vai por aqui menino-home, vai por aqui, passa pela frente daquele pau, quebra a mão esquerda, vira e volta por debaixo dos meus uaiariquinizês [para os nhambiquaras: testículos].

Macunaíma foi fazer a volta porém chegando na frente do pau, coçou a perninha e murmurou:

– Ai! que preguiça!...

e seguiu direito.

Como Curupira percebeu que o curumim não chegava, montou seu veado e saiu gritando em desespero:

– Carne de minha perna! Carne de minha perna!

Lá de dentro da barriga do herói, a carne respondeu:

– Que foi?

O herói se fez adulto, mas manteve a "carinha enjoativa de piá" [criança]. Já adulto, seguiu caminho com os "manos" e penetrou mato adentro:

De repente Macunaíma parou riscando a noite do silêncio com um gesto imenso de alerta. Os outros estacaram. Não se escutava nada porém Macunaíma sussurrou:

– Tem coisa [...]

Era Ci, mãe do mato.

A cunhã era linda.

Amazona guerreira, icamiaba. No filme de Joaquim Pedro de Andrade, Ci era uma guerrilheira linda [a atriz Dina Sfat] e valente, a cara da nova mulher que se fazia no Brasil e que, como tantas jovens de 1968, derramou seu sangue. Junto com a nova companheira, os três manos seguiram "sobre os matos misteriosos: [...] Atravessaram a cidade das Flores, evitaram o rio das Amarguras passando por debaixo do salto da Felicidade, tomaram a estrada dos Prazeres e chegaram ao capão de Meu Bem, que fica nos cerros da Venezuela".

Nessa viagem "os dois brincavam e depois ficavam rindo um pro outro", usando a rede que Ci tecera com os fios de seus cabelos. Dessas brincadeiras nasceu um filho, que ganhou presentes de todos os cantos: uma tesoura encantada, buscada da Bolívia; sapatinhos de lã tricotados por dona Ana Francisca de Almeida Leite Morais (tia de Mário de Andrade), de São Paulo; rendas pernambucanas, tecidas à mão por dona Joaquina Leitão, também conhecida por Quinquinha Cacunda; tamarindo de Óbitos, filtrado pelas irmãs Louro Vieira e que servia para o menino engolir "o remedinho pra lombriga". Mas certa noite a "Cobra Preta chupou o único peito vivo de Ci". Dia seguinte o curumim foi chupar o peito da mãe, "chupou mais, deu um suspiro envenenado e morreu". Só restava enterrar o anjinho no centro da taba. Depois de muita dança e de se beber muito Pajuari, o vinho dos beijus [ou da própria fermentação da mandioca ralada], a companheira de Macunaíma, toda enfeitada, "tirou do colar um muiraquitã famoso, deu-o pro companheiro e subiu pro céu por um cipó". Livre das formigas, virou estrela.

Desse amor, nasceu uma plantinha do corpo do filho morto, e um fruto bem pequeno, cheio de energia: o guaraná.

O vilão Piaimã

Padecendo de saudades da companheira inesquecível, o herói "furou o beiço inferior e fez da muiraquitã um tembetá", cuja forma labial é conhecida por todos os que viram a imagem de Raoni, o indígena. E partiram.

Por toda parte o herói recebia homenagens "e era sempre acompanhado por um séquito de araras vermelhas e jandaias". Correndo, correndo, encontraram o bacharel de Cananeia [quem será esse homem misterioso? Será mesmo que chegou antes de Cabral?], atravessaram os sambaquis [e todo o resto de comida deixado pelos primeiros habitantes do lugar, um pequeno morro contendo séculos de conchas e ossos] do Caputera e do Morrete. Da Amazônia ao sul do Brasil num só tempo. Nessas andanças, Macunaíma "pôs reparo que perdera o tembetá", a única lembrança de Ci.

Tanto procuraram sem encontrar até que o Negrinho do Pastoreio se apiedou de Macunaíma e mandou o passarinho uirapuru para ajudá-lo. Passarinho com canto mágico; foi assim que Macunaíma descobriu que para trazer de volta o seu talismã era preciso ir para a cidade "macota" [grande, forte], "lambida pelo igarapé Tietê". A muiraquitã estava em posse de um rico morador de São Paulo.

Venceslau Pietro Pietra, o regatão. Para quem não está acostumado a observar as coisas do interior do Brasil, regatão é o negociante da Amazônia, aquele que regateia, que transforma em mercadoria cada coisa ou pessoa que encontra.

Venceslau Pietro Pietra, o Piaimã. Para quem não está acostumado a observar as coisas dos indígenas, Piaimã é o gigante comedor de gente da mitologia taulipangue, estudada por Koch-Grunberg, o mesmo que apresentou *Maku Ima*.

Venceslau Pietro Pietra, o mercado. Para quem não está acostumado a observar além das notícias, mercado é o ente abstrato, onipresente, onisciente, aquele que quer decidir tudo, do dinheiro que sai da saúde e das escolas ao dinheiro que infla os juros; aquele que quer controlar tudo, do tempo de trabalho ao tempo que deveria ser livre.

Ganhou nome o vilão que será combatido pelo herói travesso.

A CONSCIÊNCIA DEIXADA NA ILHA DE MARAPATÁ

Antes de partir para sua epopeia, Macunaíma seguiu a tradição dos seringueiros e deixou a sua consciência na ilha de Marapatá, na foz do rio Negro. Só depois pegou o rio Araguaia, espantou mosquitos e tomou viagem. "Na época da exploração da borracha dizia-se que todos que entravam nos seringais adentro deixavam a consciência na ilha de Marapatá e sem ela estavam aptos a tudo fazer para conseguir riquezas."[28]

Despido de consciência, o herói acordou em São Paulo. Sua inteligência estava muito perturbada. Pela manhã vinham berros e barulhos da rua, que estavam lá embaixo, pois Macunaíma havia dormido em uma maloca bem alta. "Que mundo de bichos! Que despropósito de papões roncando, mauaris juruparis sacis e boitatás". Para descer, foi necessário tomar um saguim, que se chamava elevador e era máquina.

> [...] todos aqueles piados berros cuquiadas sopros roncos esturros não eram nada disso não, eram mas cláxons campainhas apitos buzinas e tudo era máquina. As onças pardas não eram onças pardas, se chamavam fordes hupmobiles chevrolés dodges mármons e eram máquinas. Os tamanduás os boitarás as inajás de curuatás de fumo, em vez eram caminhões, bondes autobondes anúncios-luminosos relógios faróis rádios motocicletas telefones gorgetas postes chaminés... Eram máquinas e tudo na cidade era só máquina!

Cidade estranha; ao mesmo tempo que produziam coisas maravilhosas, iam se distanciando de si mesmos, tornando-se

---

[28]   Osvaldo Orico, *Vocabulário de crendices amazônicas, apud* Manuel Cavalcanti Proença, *Roteiro de Macunaíma*, cit., p. 167.

alheios à natureza na qual vivem. "A máquina era que matava os homens, porém os homens é que mandavam na máquina..." Nosso herói estava nostálgico, só matutando sobre as brigas sem vitória dos filhos da mandioca [uma gente tão branca só poderia ser filha da mandioca]. Como Macunaíma, muitos estudiosos refletiram sobre o tema. Um deles, István Mészáros, sociólogo marxista, chegou à seguinte conclusão:

> A questão central não se restringe em saber se empregamos ou não a ciência e a tecnologia com a finalidade de resolver nossos problemas – posto que é óbvio que o temos de fazer –, mas se seremos capazes ou não de redirecioná-las radicalmente, uma vez que hoje ambas estão estreitamente determinadas e circunscritas pela necessidade de perpetuação do processo de maximização dos lucros [...] A contradição dinâmica subjacente que conduz a uma drástica reversão da tendência, de modo algum inerente à tecnologia empregada, mas à cega subordinação tanto do trabalho como da tecnologia aos devastadores e estreitos limites do capital como árbitro supremo do desenvolvimento e controle sociais.[29]

Subordinados à lógica do lucro, que só podia ser apropriado por alguns, os habitantes da cidade "macota" foram se autoalienando. De tal feita que o herói deu uma grande gargalhada e concluiu: "Os homens é que eram máquinas e as máquinas é que eram homens".

Haviam construído uma imagem imperfeita do mundo, transferindo para os outros uma autoridade que seria soberana sobre eles. Ao construir esse processo de conhecimento em *Macunaíma*, Mário de Andrade baseou-se na compreensão de Jean-Jacques Rousseau sobre a oposição estabelecida entre o homem natural e o homem

---

[29] István Mészáros, *apud* Valquíria Padilha, *Tempo livre e capitalismo: um par imperfeito* (Campinas: Alínea, 2000), p. 92.

social, fazendo uma comparação entre o sujeito não alienado e o autoalienado.

A ideia de alienação e desalienação também é um conceito fundamental para o pensamento hegeliano, em que a autoalienação se aplica ao absoluto. A própria ideia absoluta, que para Hegel é a única realidade, é um eu dinâmico, vivendo em um contínuo processo de alienação e desalienação, em que o sujeito é capaz de emancipar-se na medida em que se reconhece como ser histórico.

A alienação percebida por Macunaíma também expressa o alheamento do produtor em relação aos objetos produzidos. Uma característica do ser histórico é produzir coisas, expressar-se em objetos. Na medida em que perde o controle desses objetos, ele se aliena de si próprio, afastando-se da natureza na qual vive, bem como da sociedade que o cerca. Um exemplo? As pessoas que não enxergam as ruas e o que está à sua volta, mesmo que passem diariamente por avenidas poluídas e tomadas por gente miserável. Só enxergam para dentro de seus veículos, no conforto do ar condicionado. Ou então canalizam os rios. Exemplo disso é a retificação dos rios Tietê e Pinheiros e as marginais, que os emparedaram. Quase que diariamente as pessoas os veem, mas o que era rio transformou-se em esgoto. E as pessoas nem enxergam; sua capacidade de olhar – e cheirar – desaparece, elas são tomadas por sentimentos de distanciamento.

De sujeito ativo a objeto do processo social. Era e é preciso romper com essa enfermidade, pois a alienação vai além do sentimento, transformando-se em um fato objetivo, uma maneira de ser.

> Macunaíma amanheceu com uma grosseira pelo corpo todo. Foram ver e era a erisipa, doença comprida [...] O herói passou uma semana de cama. [...] Então Macunaíma gastava o dia lendo todos esses anúncios de remédios para erisipa. E eram muitos anúncios!

Andou banzando banzando, e muito fatigado por causa da fraqueza parou no parque do Anhangabaú.

Acometido por tamanho banzo, o ruído da fonte do parque trouxe-lhe a visão das águas do mar. Um filme de Fellini não teria criado imagem mais expressiva:

[...] uma embarcação muito linda vinha boiando sobre as águas. [...] Era um transatlântico enorme. Vinha iluminado, relampeava todo de oiro e prata embandeirado e festeiro. [...]

Gente! Adeus, gente! Vou pra Europa que é milhor.

A alienação também traz um desejo de se projetar naquilo que é de fora. No caso dos brasileiros, ficando de costas para o Brasil. Mas, se não é possível eliminar toda a alienação, pode-se estimular o desenvolvimento de indivíduos emancipados, o que seria, na interpretação marxista, a formação de indivíduos realmente humanos. E essa transformação só pode ser fruto da própria atividade humana, promovendo uma tomada de consciência pelo desenvolvimento de seres realmente livres e criativos.[30]

Macunaíma é um herói, e aos heróis não é dado o direito de alienar-se. Nesse momento já havia enfrentado Piaimã muitas vezes, mas sem sucesso, e este partira para a Europa com a família. Acometido por um sentimento de impotência e banzo, Macunaíma planejava ir para a Europa, pois sabia que assim poderia encontrar mais facilmente o gigante capitalista (se a história de Macunaíma

---

[30] Cabe esclarecer que o processo de desalienação vai muito além da simples mudança nas relações econômicas, devendo haver uma igual ênfase nas outras esferas da vida social (política, privada, as artes, a moral...), pois, do contrário, a predominância da esfera econômica, mesmo que alterando as relações de propriedade, apenas reproduzirá o processo de alienação, como aconteceu nas experiências socialistas do século XX.

acontecesse nos dias de hoje, talvez o gigante tivesse ido para Miami). E este é o seu destino, enfrentar Piaimã.

Mas, para chegar a essa parte da história, melhor contar as batalhas desde o início, até porque Macunaíma não partiu para a Europa, preferindo esperar que o gigante voltasse.

COMEÇA A BATALHA PELA RECONQUISTA DA MUIRAQUITÃ

Macunaíma estava abatido por toda essa mosquitada dos trópicos. Era preciso espantar os mosquitos mais uma vez para que pudesse voltar a ficar taludo, ganhar força. "Maanape deu guaraná pro mano", a frutinha da energia e do refrigerante mais saboroso do mundo. Macunaíma queria enfrentar o gigante em sua casa; foi quando resolveu enganá-lo de modo que as portas de Piaimã lhe fossem abertas.

> Enfiou um *membi* [flauta feita com o osso da tíbia; se for um troféu de guerra, feita com uma tíbia humana] na goela, virou Jiguê na máquina telefone e telefonou para Venceslau Pietro Pietra que uma francesa queria falar com ele a respeito da máquina negócios.

Macunaíma virou uma francesa linda e depois seguiu na direção do palácio do comedor de gente. Após muitos salamaleques, ele encontrou: "Era a muiraquitã! Macunaíma sentiu um frio por dentro de tanta comoção e percebeu que ia chorar. Mas disfarçou bem perguntando si o gigante não queria vender a pedra".

Venceslau era um homem rico e não se assumia mais como regatão, agora ele era colecionador, e a peça não seria vendida. Aquela joia em forma de jacaré, comprada por mil contos da imperatriz das Icamiabas [as guerreiras Amazonas], agora era o grande talismã da coleção do gigante. Nunca seria vendida, mas, quem sabe... dada em troca de algo. E a francesa/Macunaíma passou a temer as insinuações e gracejos do gigante: "Cai fora, peruano [Venceslau Pietro Pietra havia começado a carreira de regatão lá pelos lados de Iquitos, na Amazônia peruana] sem-vergonha!...". Essas foram as únicas palavras que se antepuseram a Piaimã, que estava mesmo era querendo "brincar" com a francesa, antes de sair correndo pelo jardim.

Manuel Cavalcanti Proença identifica nessa cena de perseguição um processo bem característico do método usado na construção de *Macunaíma*, a superação do tempo e do espaço, a narrativa em forma de brincadeira infantil e a fusão de personagens da cultura popular:

> Mário de Andrade fundiu neste enredo a história do Macaco e a velha, colhida por Silvio Romero e também Lindolpho Gomes. [...] Em primeiro lugar a substituição na lenda taulipangue, do laço pela boneca de cera, e cera de carnaúba, que é do Nordeste. A preta se chama Catirina, nome que vem na história mineira de Lindolpho Gomes. A certa altura o herói se aborrece com a Catita, que é como se designa a negra do bumba-meu-boi, registrado por Gustavo Barroso em *Ao som da viola*. E há uma ligação estreita, pois o nome mais comum da preta do Bumba é Mãe Catirina.[31]

E segue a perseguição:

> O gigante correu atrás. A francesa pulou numa moita para se esconder porém estava uma pretinha lá. Macunaíma cochichou para ela:
>
> – Catirina, sai daí sim?
>
> Catirina nem um gesto, Macunaíma já meio impinimado com ela cochichou:

---

[31] Manuel Cavalcanti Proença, *Roteiro de Macunaíma*, cit., p. 175.

— Catirina, sai daí sinão ti bato!

A mulatinha ali. Então Macunaíma deu um bruto dum tapa na peste e ficou com a mão grudada nela.

— Catirina, me larga minha mão e vai-se embora que te dou mais um tapa, Catirina!

Catirina era mais uma boneca de cera de carnaúba posta ali pelo gigante. Ficou bem quieta. Macunaíma deu outro tapa com a mão livre e ficou mais preso. Catirina, Catirina! Me larga as minhas mãos e vai-te embora pixaim! Sinão te dou um pontapé!

Deu o pontapé e ficou mais preso ainda. Afinal o herói ficou inteirinho grudado na Catita. Então chegou Piaimã com um cesto. Tirou a francesa da armadilha e berrou pro cesto:

— Abra a boca, cesto, abra a vossa grande boca!

O cesto abriu a boca e o gigante despejou o herói nele.

Não foi dessa vez que o herói venceu o gigante. Mas ao menos ele se safou:

Então assoprou raiz de cumacá em pó que bambeia cordas, bambeou o amarrilho do cesto e pulou pra fora. Ia saindo quando topou com o jaguará do gigante, que chamava Xaréu, nome de peixe pra não ficar hidrófobo. O herói teve medo e desembestou numa chispada parque adentro. O cachorro correu atrás. Correram, correram. Passaram lá rente à Ponta do Calabouço, tomaram rumo de Guajará Mirim e voltaram pra leste. Em Itamaracá Macunaíma passou um tanto folgado e teve tempo de comer uma dúzia de manga-jasmim que nasceu do corpo de dona Sancha, dizem. Rumaram para sudoeste e nas alturas de Barbacena [...] Macunaíma fez uma oração assim:

Valei-me Nossa Senhora,
Santo Antônio de Nazaré,
a vaca mansa dá leite,
a braba dá si quisé!

Assim o herói, com Venceslau Pietro Pietra e seu terrível cão em seu encalço, percorre novamente o Brasil. "Atravessando o Paraná já de volta dos pampas", desviando de cada "castanheira de cada pau-d'arco, de cada cumaru bom de trepar", passando pela serra do Espírito Santo, onde "quase arrebentou a cabeça numa pedra com muitas pinturas esculpidas que não se entendia". Mas que motivaram o padre Francisco de Meneses a percorrer o Brasil à procura dos tesouros escondidos pelos jesuítas e holandeses e que, ele acreditava, estavam enterrados sob pedras com inscrições. "De certo era dinheiro enterrado... Porém Macunaíma estava com pressa." Correu para as ilhas do Bananal, enxergou um formigueiro, bem grande, de 30 metros, e entrou buraco adentro:

"Meu tesouro está aqui", murmurou o gigante. [...] Piaimã arrancou da terra com raiz e tudo uma palmeira inajá e nem deixou sinal no chão. Cortou o grelo do pau e enfiou pelo buraco por amor de fazer a francesa sair. Porém jacaré saiu? Nem ela! Abriu as pernas e o herói ficou como se diz empalado na inajá. Vendo que a francesa não saía mesmo, Piaimã foi buscar pimenta. Trouxe uma correição das formigas anaquilãs que é pimenta de gigante, botou-as no buraco, elas ferraram no herói. Mas nem assim mesmo a francesa saiu. Piaimã jurou vingança. Pinchou para fora as anaquilãs e gritou pra Macunaíma:

– Agora que te agarro mesmo porque vou buscar a jararaca Elitê!

Quando ouviu isso o herói gelou. Com a jararaca ninguém não pode não. Gritou pro gigante:

– Espera um bocado, gigante, que já saio.

Porém para ganhar tempo tirou os mangarás do peito e botou na boca do buraco falando:

– Primeiro bota isso pra fora, faz favor.

Piaimã estava tão furibundo que atirou os mangarás longe. Macunaíma presenciou a raiva do gigante.

NA TRILHA DE MACUNAÍMA: ÓCIO E TRABALHO NA CIDADE

> Tirou a máquina decoletê, pôs ela na boca do buraco, falando outra vez:
>
> – Bota isso pra fora, faz favor.
>
> Piaimã inda atirou o vestido mais longe. Então Macunaíma botou a máquina cinta, depois a máquina sapatos e foi fazendo assim com todas as roupas. O gigante isso já estava fumando de tão danado. Jogava tudo longe sem nem olhar o que era. Então bem de mansinho o herói pôs o sim-sinhô dele na boca do buraco e falou:
>
> – Agora me bote fora só mais essa cabaça fedorenta.
>
> Piaimã cego de raiva agarrou no sim-sinhô sem ver o que era e atirou o sim-sinhô com herói e tudo légua adiante. E ficou esperando pra sempre enquanto o herói lá longe ganhava os mororós.

E quem quiser se divertir com essa e outras aventuras adaptadas ao gosto do tropicalismo dos anos 1960, que veja *Macunaíma*, o filme de Joaquim Pedro de Andrade (mas não deixe de ler o livro).

A luta pela reconquista da muiraquitã revela a personalidade brasileira, o jeito gingado de buscar soluções, enfrentar os problemas. O ócio criativo, enfim. Também conhecemos as histórias de nossa gente, as mangas-jasmim, que nos remetem ao tempo da ocupação holandesa e à linda e triste história do amor impossível do padre Aires por dona Sancha Coutinho (com a morte da amada, o padre planta sobre seu túmulo uma mangueira que se tornou célebre pelos frutos aromáticos e de sabor delicado).

Na visita à casa de Piaimã são encontrados desde utensílios de cerâmica pesquisados por Emílio Goeldi nas cavernas do rio Gunani ("Numas bacias enormes originárias das cavernas do rio Gunani fumegava tacacá com tucupi") até carne vinda dos frigoríficos da Continental – na história, carne de gente, de paulista, bem ao gosto antropófago ("sopa feita com um paulista vindo dos frigoríficos da Continental") –, bombons Falchi, biscoitos do Rio Grande. E também louça de Breves, fabricada à mão, sem torno, por mulheres de mãos habilidosas, segundo maravilhada descrição do botânico Friedrich von Martius em sua expedição pelo interior do Brasil.

Na fuga também há a história da empalação, tortura praticada com o *tripalium*, que, como vimos, deu origem à palavra trabalho. Em *Poranduba*, Barbosa Rodrigues colhe a história do "irmão que manda que o outro suba a uma fruteira, e quando esse o faz, abrindo a perna entre dois galhos, o espeta matando-o".[32] O *tripalium* cruzou o oceano e veio para a nova Roma, fazendo parte até mesmo do nosso folclore.

Antes de enfrentar o gigante, Macunaíma toma precauções: "se defumou com jurema e alfinetou um raminho de pinhão paraguaio no patriotismo pra evitar quebranto". A jurema é a árvore do culto indígena, usada em liturgia por feiticeiros e mandingueiros; o pinhão roxo é usado em exorcismo, o pinhão de purga, conforme assinalado em *O folclore mágico do Nordeste*;[33] é o mesmo pinhão de efeito purgativo a que se refere Cornélio Pires, o poeta da fala caipira do interior de São Paulo: "Dei uma purga de pinhão paraguaio, num deantô nada".[34]

A batalha continuaria.

---

[32] Barbosa Rodrigues, *Poranduba*, *apud* Manuel Cavalcanti Proença, *Roteiro de Macunaíma*, cit., p. 177.

[33] Gonçalves Fernandes, *O folclore mágico do Nordeste* (Rio de Janeiro: Civilização Brasileira, 1938).

[34] Cornélio Pires, *Quem conta um conto* (São Paulo: O Estado de S. Paulo – Seção de Obras, 1916), p. 139.

Escolhas e contradições do herói

"Macunaíma estava muito contrariado. Não conseguia reaver a muiraquitã e isso dava ódio." Foi aí que o herói pensou em vingança, tomou um trem para o Rio de Janeiro e procurou Exu, o diabo. Afinal, Macunaíma tem o nome começado por *má*, sinal de má sina, e ele se considerava parente tanto do Exu africano como de Icá, o diabo dos canixauás. Fizeram uma macumba.

> E Macunaíma ordenou que o eu de Venceslau Pietro Pietra recebesse o guampaço de um marruá, o coice de um bagual, a dentada dum jacaré e os ferrões de quarenta vezes quarenta mil formigas-de-fogo e o corpo de Exu retorceu sangrando empolando na terra, com uma carreira de dentes numa perna, com quarenta vezes quarenta mil ferroadas na pele já invisível, com a testa quebrada pelo casco dum bagual e um furo de aspa aguda na barriga.

"Lá no palácio da rua Maranhão [no bairro de Higienópolis] em São Paulo [...] Venceslau Pietro Pietra sangrava todo urrando." Mas foi apenas vingança, que, apesar de fazer o gigante sofrer, não foi capaz de reconquistar a muiraquitã.

Na volta, Macunaíma descobriu a origem da expressão "Vá tomar banho! que os brasileiros empregam se referindo a certos imigrantes europeus", afinal, os povos desta terra ensolarada adoram tomar banho; e conheceu Vei, a sol. Foi na ilha de Marajó que a encontrou, e ali chegou carregado pela Lua. Macunaíma havia tomado banho, precisava se aquecer. Vei é sol em taulipangue, e dita no feminino, diferentemente do que acontece em nossa cultura, que trata essa estrela no masculino, como astro-rei, e não rainha. Vei gostou de Macunaíma e queria que ele casasse com uma de suas três filhas, afinal ele era um herói: "Meu genro: você carece de casar com uma das minhas filhas. O dote que dou pra ti é Oropa França e

Bahia. Mas porém você tem de ser fiel e não andar assim brincando com as outras cunhãs por aí".

Nem bem Vei e as três filhas deixaram Macunaíma sozinho e ele ficou "cheio de vontade de brincar com uma cunhã". Decretando solenemente que "Pouca saúde e muita saúva, os males do Brasil são!", Macunaíma se pôs a brincar com uma portuguesa. No que foi flagrado por Vei e suas filhas.

> – Pois si você tivesse me obedecido casava com uma das minhas filhas e havia de ser sempre moço e bonitão. Agora você fica pouco tempo moço talqualmente os outros homens e depois vai ficando mocetudo e sem graça nenhuma.
>
> Macunaíma sentiu vontade de chorar. Suspirou:
>
> – Si eu soubesse...

Já era tarde demais, Macunaíma entrara em descaminho, havia dado as costas para uma civilização ensolarada e só lhe restou a possibilidade de "dormir com a Portuga na jangada". Assim ele se perde no artificialismo, na linguagem anacrônica, fica pedante, como todo brasileiro que julga saber um pouco mais que os outros. Nem que seja apenas um alfabeto malaio, transformado em javanês inventado.[35] Na carta que envia às icamiabas, "as mui queridas súditas nossas, Senhoras Amazonas", ele abusa do latim, cria palavras com sentidos absurdos, é bacharelesco; mas ainda assim nos revela muito da "macota" cidade de São Paulo e de sua luta pela reconquista do "velocino [se Jasão e os argonautas gregos se lançaram na aventura pela reconquista do velocino de ouro, por que Macunaíma e seus

---

[35]   Do conto de Lima Barreto, "O homem que falava javanês", em Ítalo Moriconi (org.), *Os cem melhores contos brasileiros do século* (Rio de Janeiro: Objetiva, 2000).

irmãos também não poderiam reconquistar a muiraquitã?] roubado".
Diz na carta:

> Estávamos ainda abatido por termos perdido a nossa muiraquitã, em forma de sáurio, quando talvez por algum influxo metapsíquico, ou, qui lo Sá, provocado por algum libido saudoso, como explica o sábio tudesco, doutor Sigmund Freud (lede Froide), se nos deparou em sonho um arcanjo maravilhoso. Por ele soubemos que o talismã perdido estava nas mãos do doutor Venceslau Pietro Pietra [...] E como o doutor demorasse na ilustre cidade anchietana, sem demora nos partimos para cá.

A influência da psicanálise entre os modernistas é inquestionável, mas em *Macunaíma*, Mário de Andrade a escancara. "Lede Froide [...] por ele soubemos que o talismã perdido estava nas mãos do doutor Venceslau." Marina Pacheco Jordão nos auxilia a compreender essas influências em seu *Macunaíma, gingando entre contradições*,[36] e logo na apresentação desse trabalho a psicanalista Ana Maria Lofredo nos revela as infindáveis interpretações que o texto assume, de tal modo que *Macunaíma* é

> [...] exemplo radical de uma forma de narrativa que, ao não se fundar num tipo de construção totalizante, mantém brechas na tessitura do texto, provocando movimentos desconcertantes e desestabilizantes no leitor. Que assim é convocado a participar da obra, como se pudesse pensar pelo que falta.[37]

E o que nos falta é exatamente a natureza da consciência, que, para Freud, está ligada ao tabu. "Que esta teria surgido após um tabu ter sido violado, então poder-se-ia dizer de um senso de culpa

---

[36] Marina Pacheco Jordão, *Macunaíma, gingando entre contradições* (São Paulo: Fapesp/Annablume, 2000).

[37] Ana Maria Lofredo, "Apresentação", em Marina Pacheco Jordão, *Macunaíma, gingando entre contradições*, cit., p. 17.

tabu, dando origem à consciência."[38] Nesse processo, o elemento mágico, abundante em *Macunaíma*, está ligado à onipotência do pensamento, que consiste em "tomar equivocadamente uma conexão ideal por uma real", [criando uma] "semelhança entre o ato executado e o resultado esperado".[39] É por esse motivo que a análise de *Macunaíma* em um estudo científico sobre ócio, lazer e jogo se revela tão esclarecedora, pois:

> Apenas em um único campo da nossa civilização foi mantida a onipotência de pensamentos, e esse campo é o da arte. Somente na arte acontece que um homem consumido por desejos efetue algo que se assemelhe à realização desses desejos e o que faça com um sentido lúdico produza efeitos emocionais – graças à ilusão artística – como se fosse algo real. As pessoas falam com justiça da "magia da arte" e comparam os artistas aos mágicos.[40]

Macunaíma é, ao mesmo tempo, sagrado e impuro, possuindo o mesmo sentido duplo da palavra "tabu", em um texto ambivalente e revelador. A "muiraquitã como talismã, ligado às amazonas [as icamiabas] vai permear o texto. Objeto sagrado cuja perda e ganho dirigirão as ações do herói".[41]

Minha hipótese é que a muiraquitã perdida pelos habitantes de São Paulo seja o rio Tietê (trato do tema no próximo capítulo), bem como os seus antigos (e hoje inexistentes) meandros preguiçosos. No artigo "Sonora política", Oneida Alvarenga, amiga e íntima colaboradora de Mário de Andrade, nomeada por ele diretora da Discoteca Municipal, expressa o pensamento do autor sobre arte e política. Ela o escreveu um ano após sua morte, e talvez nos auxilie a entender

---

[38] Sigmund Freud, *Totem e tabu* (Rio de Janeiro: Civilização Brasileira, 1974), p. 83.
[39] *Ibidem.*
[40] *Ibidem.*
[41] Marina Pacheco Jordão, *Macunaíma, gingando entre contradições,* cit., p. 175.

melhor o papel da luta pela muiraquitã na estrutura temática do texto: "A política em Mário de Andrade é uma luta encarniçada pelo respeito ao homem e pelo advento de uma sociedade sem classes".[42] Também é ela quem nos revela o pensamento de Mário de Andrade sobre o papel da arte, e que em sua primeira parte muito se aproxima da concepção freudiana:

> Um dia Mário de Andrade me disse que por vezes duvidava de que fosse artista. O artista era uma espécie de monstro, um ser deformado pela unilateralidade de visão, pelo egocentrismo, pelo egoísmo mesmo, e acima de tudo interessado na beleza. Ele era um ser interessado em tudo e com facilidade acedera em sacrificar a beleza permanente das suas criações pela utilidade transitória delas.
>
> Mário de Andrade se enganava nesta hora e se esquecia da distinção tão exata que ele mesmo fizera. Evidentemente, ele não foi um artista estético, não fez da arte um fim em si e não transformou a beleza em finalidade da arte, mas concebeu-a justamente como o instrumento de que a arte se serve. Foi um artista mesmo, isto é, consciente de que a arte é um fenômeno social carregado de outros valores que não os da beleza e que são inerentes a todos os fatos sociais. Consciente de que a obra de arte tem sempre função social, quer o autor queira quer não. E que, se o autor não o quer, a função social e política que a obra de arte assume é prejudicial aos direitos do homem: distanciando-se das aspirações comuns da humanidade, vai servir de instrumento de distinção e de opressão classista daqueles que ele chamava os donos da vida, daqueles José do Egito que "amontam no posto de comando só pra mandar nos irmãos".[43]

Mário de Andrade também apresenta a sua visão de mundo, seu ideal de sociedade e seu conceito de civilização:

---

[42] Oneida Alvarenga, "Sonora política", em *Revista do Arquivo Municipal*, vol. 106 (São Paulo: Departamento de Cultura de São Paulo, 1946), p. 43.

[43] *Ibid.*, p. 44.

Sou incapaz de odiar, porque sou excessivamente curioso dos homens e da vida pra afastar de mim quem quer que seja. Minha experiência mais irônica e mais amarga foi conquistar uma certa fama de indivíduo bastante culto entre os que me chamaram de ignorante e inculto quando foi das minhas primeiras obras de literatura revolucionária para o Brasil. Não posso lhe dizer o que mais lastimo, porque há muitas coisas na sociedade contemporânea que lastimo com igual intensidade. Minha maior esperança é que se consiga um dia realizar no mundo o verdadeiro e ainda ignorado socialismo. Só então o homem terá o direito de pronunciar a palavra "civilização".[44]

Voltando à carta para as icamiabas... Nessa carta, Macunaíma descreve São Paulo:

[...] construída sobre sete colinas, à feição tradicional de Roma, a cidade cesárea, "capitá" da latinidade de que proviemos [atualmente São Paulo concentra mais descendentes de italianos do que a população de cidades como Milão ou Roma]; e beija-lhe os pés a grácil e inquieta linfa do Tietê.

Irônico, o herói mais uma vez mente:

As águas são magníficas, os ares tão amenos [...] Cidade é belíssima, e grato o seu convívio. Toda cortada de ruas habilmente estreitas tomadas por estátuas e lampiões graciosíssimos e de rara escultura; tudo diminuindo com astúcia o espaço de forma tal, que nessas artérias não cabe a população. Assim se obtém o efeito dum grande acúmulo de gentes, cuja estimativa pode ser aumentada à vontade, o que é propício às eleições que são invenção dos inimitáveis mineiros; ao mesmo tempo que os edis dispõem de largo assunto com que ganhem dias honrados e a admiração de todos, com surtos de eloquência do mais puro estilo e sublimado lavor.

---

[44] Mário de Andrade, "Perguntas de Macauley and Company e respostas de Mário de Andrade", em *Revista do Arquivo Municipal*, vol. 180, São Paulo, jan.-mar. de 1970, p. 246.

Fala das artérias da cidade, das fontes que deveriam ser de vida, cobertas por finíssima poeira, "e mui dançarina", e das mil e uma "espécimens de vorazes macróbios, que dizimam a população". E assim aponta a solução de um grave problema de circulação de gente, "pois tais insetos devoram as mesquinhas vidas da ralé e impedem o acúmulo de desocupados e operários". E descreve as "urrantes máquinas a que chamam automóveis (empregam alguns a palavra *bond*, voz espúria, vinda certamente do inglês)", uma civilização formada por "paulistas, gente ardida e avalentoada, e muito afeita às agruras da guerra [...] não raro, tombam na arena da luta, centenas de milhares de heróis, chamados bandeirantes". Herdeira dessa tradição, São Paulo está dotada de "mui aguerrida e vultosa polícia. A essa polícia compete ainda equilibrar os excessos da riqueza pública", promover paradas e ginásticas de "recomendável Eugênia". Também protegem os incautos burgueses "que regressam do seu teatro, do seu cinema ou dão a sua volta de automóvel". Além, é claro, de divertir a "classe das criadinhas [...] em parques tais como Dom Pedro II e o Jardim da Luz".

Em seguida, Macunaíma sentencia:

> Em breve seremos novamente uma colônia da Inglaterra ou da América do Norte! [...] Por isso e para eterna lembrança desses paulistas, que são a única gente útil do país, e por isso chamados locomotivas, nos demos ao trabalho de metrificarmos um dístico, em que se encerram os segredos de tanta desgraça:
>
> POUCA SAÚDE E MUITA SAÚVA,
> OS MALES DO BRASIL SÃO

São Paulo, terra de "palácios alterosos e bairros miseráveis", onde vive uma multidão de "rapazes e raparigas bulhentos, a que chamamos 'italianinhos'; destinados a alimentarem as fábricas dos áureos potentados, e a servirem, escravos, o descanso aromático dos Cresos". Lazer para alguns, escravidão para outros. Os gregos já conheciam essa história, e a aproveitaram bem, legando-nos sua cultura e filosofia. Mas, para Macunaíma, o original povo da "mais bela cidade terráquea" também tem a oferecer uma curiosidade em sua cultura: "A sua riqueza intelectual é tão prodigiosa, que falam numa língua e escrevem noutra".

Um dos grandes marcos do modernismo foi exatamente a procura de incorporar a fala popular na literatura, dando legitimidade a uma cultura até então renegada. Algo não muito diferente do que fez Dante Alighieri, ao romper com o latim e escrever a *Divina comédia* em vulgar fiorentino, que depois se transformou em italiano. Essa busca por um modo de falar brasileiro contou com várias outras contribuições, muitas de antes do modernismo, como a de Valdomiro Silveira, de Cachoeira Paulista, com uma linguagem tipicamente caipira:

> [...] nhá Candoca, vancê queria casar co'ele?
> [...] si esse home fosse um desinfeliz de cara manchadinha, o que vancê respondia, nhá Candoca?
> [...] Eu casava co' esse home, seo Chico Luis.[45]

E também Cornélio Pires, natural da cidade interiorana de Tietê; e o próprio Monteiro Lobato, que, apesar de esteticamente adversário dos modernistas, era, acima de tudo, um nacionalista, amante das coisas de seu país. A esse linguajar tipicamente interiorano, caipira, somaram-se contribuições urbanas, resultantes do falar imigrante, principalmente de italianos. Dentre essas contribuições, além da oferecida pelo modernista Antônio de Alcântara Machado,

---

45 Valdomiro Silveira, "Cena de amor", em *Os caboclos, apud Nosso século* (São Paulo: Abril, 1981), p. 186.

destaca-se Juó Bananere, pseudônimo do arquiteto Alexandre Ribeiro Marcondes Machado, que, por sinal, não era descendente de italianos. Sua obra *La divina increnca* cria um novo jeito de falar, típico dos italianos moradores de São Paulo:

> Tegno sodades dista Pauliceia
> Dista cidade chi tanto dimiro!
> Tegno sodades distu céu azur,
> Das bellas figlias lá du Bó Ritiro.[46]

Alguns anos depois, unindo o caipirês com o italianês, o compositor Adoniran Barbosa, nascido em Valinhos, então distrito de Campinas, e criado em São Paulo, imortaliza esse jeito de falar nos lazeres de rodas de samba e mesas de bar:

> **Samba do Brás**
> O Arnesto nos convidô
> Pro samba, ele mora no Brás
> Nóis fumo e num encontremo ninguém
> Nóis vortemo cuma baita duma réiva
> Da outra veiz nóis num vai mais
> Nóis num semo tatu
> [...]

> **Samba do Bixiga**
> Domingo nóis fumo num samba no Bixiga
> Na rua Major, na casa do Nicola
> À mezza notte o'clock saiu uma baita duma briga
> Era só pizza que avoava, junto com as brajola
> Nóis era estranho no lugar
> E não quisemo se meter
> [...]

---

[46] Alexandre Ribeiro Marcondes Machado (Juó Bananere), *La divina increnca* (São Paulo: Editora 34, 2001).

Esses dois sambas são exemplares do lazer popular do paulistano, e o *Samba do Bixiga* poderia ter sido vivido por Macunaíma (ou então cantado por Mano Brown, ao ritmo do *rap*). Foi isso que representou a carta do imperador do Mato Virgem, o preguiçoso Macunaíma: um marco a fazer emergir a voz, o saber e a maneira de ser do povo. Enquanto espera Piaimã se recuperar da surra que levou na macumba, Macunaíma se aperfeiçoa nas duas línguas da terra, "o brasileiro falado e o português escrito", para em seguida aproximá-los no jeito de falar e no jeito de entender. Assim ele fez.

E que "Ci guarde a Vossas Excias.".

Eu menti...

Foi uma longa e paciente espera. Nesse tempo o herói pegou uma constipação (havia dormido nu), tendo de se resguardar quinze dias em doença, até que voltasse a contar mais histórias e casos para o povo, pois "quem conta história de dia cria rabo de cotia". Restabelecido, convidou os manos para uma caçada no Bosque da Saúde. Espertalhão, "botou fogo no bosque e ficou amoitado esperando que saísse algum veado-mateiro pra ele caçar". Não tinha veado por lá, nem veado-mateiro nem catingueiro, só dois ratos que saíram chamuscados. Então o herói os caçou, comeu-os e voltou direto para a pensão, deixando os manos para trás.

Mentiroso, conta sua aventura como um grande feito. Juntou vizinhos, "criados a patroa cunhãs datilógrafos estudantes empregados públicos muitos empregados públicos!" A todos disse que havia caçado dois veados-catingueiros na feira do Arouche. Quando Maanape e Jiguê voltaram, a gente que já estava desconfiada do herói se pôs a perguntar sobre o feito. "Mas que catingueiros esses! O herói nunca matou veado! Não tinha nenhum veado na caçada não! Gato miador, pouco caçador...", exclamaram os manos.

Todos ficaram irados e foram-se ao quarto dele para tomar satisfação. Sem nem piscar, Macunaíma confessou:

– Eu menti.
– Mas pra que você mentiu herói!

disseram os manos em uma pergunta que era uma afirmação. "Não foi por querer não... quis contar o que tinha sucedido pra gente e quando reparei estava mentindo..." Apenas mentiu, narrou de modo diverso sua aventura, nem sentiu culpa nem nada, apenas contou aquilo que lhe interessava. Dois ratos chamuscados viraram veados-catingueiros; no lugar de uma heroica caçada, uma espreita após atear fogo ao mato. Mudou a ênfase, distorceu uns fatos. Como todo registro histórico é fragmentário e incompleto, foi compondo uma "urdidura de enredo",[47] recodificando a narrativa, como se fosse um artefato verbal.

Hayden White demonstrou que um conjunto de eventos pode ser ordenado em séries estruturadas de inúmeros modos, como em uma composição musical.[48] Dependendo do encadeamento das notas musicais, do tempo e da velocidade de cada uma, podemos ser levados a sentidos completamente opostos. A sensação pode ser de uma música alegre, triste, contemplativa, sempre a depender do arranjo – e dos ouvidos.

---

[47] Hayden White, *Trópicos do discurso: ensaios sobre a crítica da cultura* (São Paulo: Edusp, 1994), p. 100.

[48] Hayden White, *Meta-história: a imaginação histórica do século XIX* (São Paulo: Edusp, 1995).

O confronto entre duas ou mais urdiduras de enredo possíveis, segundo White, provoca uma tensão dialética que assinala o elemento da autoconsciência crítica. A urdidura do texto em *Macunaíma* claramente provoca essa tensão. Uma tensão narrativa também pode ser percebida na atribuição de valores para ócio e trabalho. Como vimos nos capítulos anteriores, ócio ou preguiça (como queiram) nem sempre tiveram um único juízo de valor, e já representaram o mais fino ideal da realização humana. Adão e Eva viviam no mais completo ócio, era a vida no paraíso. Não é esse o grande ideal de praticamente todas as grandes religiões do mundo? Voltar ao paraíso.

E o trabalho? Ao mesmo tempo virtude e castigo.

Diferenças de ênfase narrativa.

TETÁPE, DZÓNANEI PEMONÉITE HÊHE ZETÉNE NETAÍTE

Macunaíma sentia-se "desinfeliz", pôs-se a tocar um ganzá em "descanto" sorumbático. A música era tão sorumbática que os "olhos dele choravam a cada estrofe". Estava com saudades de Ci. Espalhando a saudade para os manos, "falaram dos matos e cobertos cerrações deuses e barrancas traiçoeiras do Uiracorera. Lá eles tinham nascido e se rido pela primeira vez nos macurus..." [*macuru*: "berço do indígena"]. A falta do berço lhes tirava a felicidade, impedindo-os de embalar-se por si [o macuru das crianças indígenas fica suspenso apenas o suficiente para que a própria criança possa tocar os pés no chão, de modo que, ao movimentar as pernas, a criança embala-se por si, ganhando autonomia desde cedo]. Tanta falta; tanto choro.

Mas era preciso enfrentar o gigante. E o herói assim fez. Antes disso, ao passar pela Bolsa de Mercadorias, encontrou rastro fresco de tapir [anta].

Ninguém inda não matara tapir na cidade. Os manos se sarapantaram e foram com Macunaíma caçar o bicho. Chegaram lá, principiaram procurando o rasto e aquele mundão de gente comerciantes revendedores baixistas matarazos, vem os três manos curvados pro asfalto procurando, principiaram campeando também, todo aquele mundão de gente. Procuraram procuraram, você achou? Nem eles! Então perguntaram para Macunaíma:

– Onde você achou rasto de tapir? Aqui não tem rasto nenhum não!

Macunaíma não parava de campear falando sempre:

– Tetápe, dzónanei pemonéite hêhe zeténe netaíte.

E todo aquele mundão de gente procurando. Era já perto da noite quando pararam desacorçoados. Então Macunaíma se desculpou:

– Tetápe dzónanei pemo...

Não deixaram nem que ele acabasse, todos perguntando o que significava aquela frase. Macunaíma respondeu:

– Sei não. Aprendi essas palavras quando era pequeno lá em casa.

A multidão ficou muito brava, passou uma tarde inteira sem ganhar dinheiro, foi até a noite. Todos aqueles comerciantes revendedores baixistas e matarazos. Gente da Bolsa que parou o trabalho para caçar anta. Foi uma confusão. E ainda tinham de ouvir por desculpa palavras estranhas, perdidas no tempo. Definitivamente aquele foi um encontro de pessoas que falavam idiomas distintos.

Entre protestos, procuravam culpados e dirigiram sua raiva para Maanape e Jiguê:

> – Meus senhores, a vida dum grande centro urbano como São Paulo já obriga a uma intensidade tal de trabalho que não permite-se mais dentro da magnífica entrosagem do seu progresso sequer a passagem momentânea de seres inócuos. Ergamo-nos todos numa voz contra os miasmas deletérios que conspurcam o nosso organismo social e já que o Governo cerra os olhos e dilapida os cofres da Nação, sejamos nós mesmos os justiçadores [...]

discursava um estudante. A multidão gritava: "Lincha! Lincha!" Macunaíma saiu em defesa dos manos. "– Que lincha nada!", exclamou o herói. Estavam todos ainda mais zangados, e viraram-se para ele. O estudante, provavelmente futuro bacharel de direito, continuou: "e quando o trabalho honesto do povo é perturbado por um desconhecido..." [lembremo-nos, eles estavam em frente à Bolsa de Mercadorias].

"– O quê! Quem que é desconhecido!", bradou Macunaíma, avançando para a multidão. "– O que vocês estão pensando heim! Não tenho medo não!" O herói dá um pontapé num advogado e sai distribuindo "rasteiras e cabeçadas". De repente, um homem alto, loiro, falando idioma estrangeiro. Era um grilo [policial, na gíria da época]. "– Prrreso!" Foi a única palavra que o herói conseguiu entender daquele homem "muito lindo", pois todas as outras palavras eram em língua estrangeira.

O grilo não quis conversa e desceu a ladeira, com Macunaíma preso e o povo todo atrás. Outros grilos se aproximaram, todos falando "muitas frases, muitas! em língua estrangeira". O povo, que antes brigava com Macunaíma, tomou a sua defesa, e as mulheres choravam com dó do herói. Mas não adiantava falar, aquela porção de grilos não entendia palavra alguma, pois "não pescava nada de brasileiro".

"Não pode!", "Larga!", "Não leva", "Não pode!", "Solta!". Foi uma confusão só. E, no meio de um furdunço temível, Macunaíma se aproveitou da trapalhada e "pernas pra que vos quero!". Tomou um bonde e foi ao encontro do gigante.

Sob uma chuva-de-preguiça, a garoa paulistana que os edifícios altos, o desmatamento e o asfalto se encarregaram de extinguir, logo começou a batalha. Foi longa. Entre ofensas, formigas, marimbondos e saúvas. Novamente não foi dessa vez que o herói recuperou a sua muiraquitã.

Mais uma vez o herói construiu o seu caminho em retirada. Passou por Manaus e Mendoza, na Argentina; conheceu um galé fugido da Guiana Francesa [devia ser Papillon, outro herói de fugas espetaculares, tão poeticamente narradas no filme de Franklin Shaffner, com Steve MacQueen e Dustin Hoffman]. A caminhada foi tão longa que Macunaíma nem "sabia bem mais em que parte do Brasil estava". Estava no buraco de Maria Pereira, a "cunhã portuga amufumbada naquela brecha do morro desde a guerra com os holandeses".

O herói continuou sua andança. Andança que depois é voo. Voo do tuiuiú, pássaro que se transformou na "máquina aeroplano". Voam sobre o "Chapadão mineiro de Urucuia, Itapecerica, as dunas de Mossoró, a serra do Tombador no Mato Grosso, Sant'Ana do Livramento, Amargosa na Bahia, e Gurupá e o Gurupi". E no meio do caminho Macunaíma cruza com o padre Bartolomeu Lourenço de Gusmão voando em seu balão.

Uma fuga espetacular que, finalmente, trouxe o herói de volta para o "igarapé Tietê". Como não tinha dinheiro para pagar o tuiuiú, deu-lhe um conselho que vale ouro: "Neste mundo tem três barras que são a perdição dos homens: barra de rio, barra de ouro e barra de saia, não caia!".

Falta queijo!...

Venceslau Pietro Pietra, o Piaimã, havia partido para a Europa, foi descansar da última sova e levou toda a família. Mais uma espera. Jiguê propôs que fossem à Europa; como não tinham dinheiro, Macunaíma teria de se passar por pianista para conseguir uma bolsa do governo e assim pagar a passagem e a estada.[49] Refletindo, decidiu se disfarçar de pintor, "é mais bonito!". Bastava buscar a máquina óculos de tartaruga, um gramofoninho, meias de golfe, luvas e assim ficaria parecido com um pintor.

O plano não deu certo. Quando os manos voltaram da maloca do governo, vieram com a notícia de que já havia "mil vezes mil pintores" na fila para obter uma pensão para ir à Europa. Desse jeito Macunaíma só seria nomeado no dia de "São Nunca". Demoraria muito. Macunaíma ficou tomado por raiva com a injustiça do governo: "tirou as calças pra refrescar e pisou em cima". Após se acalmar, falou pros manos: "– Paciência manos! Não! Não vou pra Europa não. Sou americano e meu lugar é na América. A civilização europeia decerto esculhamba a inteireza do nosso caráter".

A espera foi longa. Até que um dia pela manhã, "nem bem Macunaíma abriu a janela, enxergou um passarinho verde. O herói ficou satisfeitíssimo". E ficou ainda mais satisfeito quando Maanape entrou no quarto contando o que havia lido nas máquinas jornais: Venceslau Pietro Pietra estava de volta.

Não havia como contemporizar, chegara a hora de matar o gigante. Para tanto, testou sua força no "mato Fulano". Após campear légua e meia, "topou com uma peroba com a sapopemba do tamanho

---

[49]   Mário de Andrade começou a ganhar a vida como professor de piano.

dum bonde". "Esta serve", ele fez. O herói já tinha passado por uma dieta de muito guaraná e sentiu confiança para arrancar o pau sem deixar nem sinal na terra. "Agora sim que tenho força!", exclamou.

Era noite fechada. Lá se foi Macunaíma tocaiar a casa do gigante. A neblina tomava conta do ambiente, e no "estacionamento das máquinas táxi da esquina, as cunhãs estavam brincando por aí". Deu uma vontade de brincar; mas ele não poderia brincar naquela hora. Também não poderia pegar no sono, tinha de espreitar Venceslau Pietro Pietra.

Não demorou muito e chegou um vulto. Era Emoron-Pódole, saído diretamente do livro de Theodor Koch-Grunberg, o antropólogo alemão que apresentou *Maku Ima* ao mundo. Emoron--Pódole, o Pai do Sono, do tempo que os homens ainda dormiam em pé, "encostados às árvores. Só depois que roubaram a rede do lagarto é que passaram a dormir deitados...".[50] O Pai do Sono foi se aproximando. Quando estava bem pertinho, Macunaíma cochilou. "Bateu com o queixo no peito, mordeu a língua e gritou: – Que susto!" O sono fugiu.

Mais um tempo de espera. De repente um *pitium* toma conta do ar. Era um cheiro de peixe muito forte, parecido com o que os indígenas sentiam quando da chegada dos primeiros portugueses[51] [os nativos afirmavam que o branco cheirava a peixe, *opitiú*, enquanto se referiam a si mesmos como *osakéna*: "cheira bem"]. Venceslau Pietro Pietra chegara.

---

[50]   Manoel Cavalcanti Proença, *Roteiro de Macunaíma*, cit., p. 220.

[51]   Aqui fica um convite à imaginação. Os portugueses chegando em suas caravelas; quarenta... sessenta dias no mar; sem banho, aquelas roupas pesadas. Não é de estranhar que um povo acostumado a tomar vários banhos por dia sentisse cheiro de peixe ao se aproximar dos brancos.

Macunaíma estava perto da criada do gigante e do motorista deste, e foi convidado a se aproximar de Piaimã. Piaimã tinha orelhas furadas. O buraco era tão grande que cabia a perna de uma pessoa. Foi o que ele fez. "Enfiou a perna do rapaz na orelha direita, a outra na esquerda e foi carregando o moço nas costas. [...] Atravessaram o parque e entraram na casa." Macunaíma os acompanhou. Já dentro da casa, Piaimã se aproximou de um buraco fundo, preso por um cipó de japecanga [trepadeira], sentou o moço no cipó e perguntou se ele queria balançar. O moço concordou. Balançou, balançou, até que deu um arranco. Como Japecanga tem espinho, eles encravaram no corpo do motorista, fazendo brotar sangue. O motorista gritava, e o sangue pingava num tacho de macarrão. Foi um sofrimento só, até que, em um arranco muito forte, o rapaz caiu no molho da macarronada.

Macunaíma não viu essa cena, "estava se rindo com a criadinha". O gigante foi buscá-lo. "– Vamos lá dentro?" Macunaíma sussurrou: "– Ai! que preguiça!...". Foi-se com o gigante. O gigante fez com ele o mesmo que fez com o chofer, carregando-o nas costas de cabeça para baixo, com os pés presos nos enormes buracos de suas orelhas. O herói havia levado uma sarabatana, e assim que pôde tentou acertar Piaimã. "– Faz isso não, patrício!" O gigante arrancou a sarabatana e a jogou longe. Mas Macunaíma conseguiu alguns ramos que caíram nesse momento. Passou a fazer cócegas nas orelhas do gigante. "Piaimã dava grandes gargalhadas e pulava de gozo [...] – Não amola mais, patrício!" Macunaíma parou. Já estavam perto do balanço.

No caminho Macunaíma percebeu que o gigante tinha uma gaiola de ouro com passarinhos cantadores. "E os passarinhos do gigante eram cobras e lagartos." O herói pensou rápido, pulou na gaiola e se pôs a comer os passarinhos, ou melhor, as cobras. A cada uma que engolia, ia contando: "– Falta cinco...". Até que as cobras se acabaram.

Olhou cheio de raiva pro gatuno da muiraquitã e rosnou:

– Hhhm... que preguiça!

O gigante estava prestes a colocar o herói na balança.

– Eu até que nem não sei balançar... Milhor você vai primeiro, Macunaíma rosnou.

– Que nada herói! É fácil que-nem beber água! Assuba na Japecanga, pronto: eu balanço.

Foi um vai-não-vai. O gigante querendo pôr Macunaíma no balanço, e este tentando fazer com que Piaimã fosse primeiro. De repente Venceslau Pietro Pietra, o poderoso regatão, "amontou no cipó". Havia chegado a hora. Macunaíma balançou com força e cantava:

Bão-ba-la-lão
Senhor capitão
Espada na cinta
Sinete na mão

Uma brincadeira de criança a lhe dar coragem. Deu um arranco ainda mais forte enquanto os espinhos ferravam a carne do gigante. O sangue espirrava. Lá embaixo um duende maligno, a caapora. A sangueira engrossava o molho da macarronada.

– Para! Para!, Piaimã gritava.
– Balança que vos digo!, secundava Macunaíma.

Macunaíma estava forte por causa da dieta de guaraná e porque tinha comido cobra. Ele balançou com tanta força e constância até que o gigante ficou bem tonto. Venceslau Pietro Pietra caiu no buraco. Em uma tentativa inútil, fez um apelo para evitar a morte: "– Lem lem lem... si desta escapar nunca mais como ninguém!".

Era tarde.

A macarronada fumegava. "Subiu no ar um cheiro tão forte de couro cozido que matou todos os tico-ticos da cidade e o herói teve uma sapituca" [embriaguez rápida]. Mas o gigante não morreu tão fácil e conseguiu se erguer do fundo do tacho. Afastando fios de macarrão que escorriam por seu rosto, lançou suas últimas palavras: "– Falta queijo!".

"Este foi o fim de Venceslau Pietro Pietra que era o gigante Piaimã comedor de gente."

Até na hora da morte, o regatão, ou o "mercado" [como queiram], se revelou insaciável. Os doutores economistas poliglotas serviçais médicos contadores que receitam tantos sacrifícios, tanta economia de felicidade para alimentar o "mercado", devem saber, mas fingem que não sabem [pois o sacrifício que receitam é para ser cumprido apenas pelo povo, e "pimenta nos olhos dos outros não arde"]: Piaimã sempre quer mais.

Entre 1982 e 2000, os países da América Latina pagaram US$ 1,45 trilhão pelos empréstimos que contraíram. Ocorre que esse valor é quatro vezes superior à dívida original. E o montante da dívida continua crescendo. Quando são concedidos novos empréstimos, seu único objetivo é financiar o pagamento de empréstimos anteriores. Mas a ênfase na apresentação desses dados é outra. "O FMI dá ajuda ao Brasil... à Argentina", é o que dizem os jornais. Inventaram um sinônimo para empréstimo: ajuda. Enquanto o gigante vai engordando, os povos desses países se afundam em maus-tratos maus cheiros filas desemprego miséria escolas de má qualidade saúde desorganizada previdência quebrada sonhos desfeitos. Tudo para alimentar Piaimã. A imagem que passam (a narrativa feita), com a colaboração de entendidos jornalistas serviçais políticos economistas (muitos economistas!), é de que são os países pobres que dependem do dinheiro dos ricos. Mas ocorre exatamente o contrário. Em apenas cinco anos, entre 1997 e 2002, os países do bloco subdesenvolvido efetuaram uma transferência líquida de recursos financeiros para os países ricos no valor de US$ 700 bilhões.[52]

Com olhar de poeta, Mário de Andrade nos demonstrou a ganância insaciável de Piaimã e como ele tira o sangue, o lazer e os sonhos de nossa gente. Com a coragem de herói, Macunaíma enfrentou o gigante. E venceu.

QUANDO SÃO PAULO FOI TOTEMIZADA EM PREGUIÇA

Macunaíma tinha recuperado a sua muiraquitã e já podia voltar para casa. Assim fez. Os três manos partiram satisfeitos.

> Quando atravessaram o pico do Jaraguá Macunaíma virou pra trás contemplando a cidade macota de São Paulo. Maginou sorumbático muito tempo e no fim sacudiu a cabeça murmurando:
>
> — Pouca saúde e muita saúva, os males do Brasil são...

Em seguida lançou um feitiço, desses que pegam fácil, como o peixe caborje do rio São Francisco, que também designa as meretrizes que vivem no porto de Juazeiro, no lado baiano das margens do Velho Chico. "Então fez uma caborje: sacudiu os braços no ar e virou a taba gigante num bicho-preguiça todinho de pedra."

São Paulo virou totem em forma de bicho-preguiça. Partiram.

---

[52] Fábio Konder Comparato, em *Folha de S.Paulo*, Tendências/Debates, São Paulo, 8-12-2003.

Mais uma vez a influência da teoria de Freud se faz presente. Oswald de Andrade, no "Manifesto antropófago", assim disse: "De William James e Veronoff. A transfiguração do Tabu em totem. Antropofagia".[53]

Macunaíma fez. Em uma época em que São Paulo estava construindo a imagem de locomotiva do Brasil, cidade que exalta o trabalho em hino ("São Paulo que amanhece trabalhando...").[54] o feitiço de Macunaíma a transforma em seu contrário, quebrando completamente o tabu inventado.

Retomando a análise de Marina Pacheco Jordão, percebemos que, em *Macunaíma*, "*Totem e tabu* se reapresenta para nós como um texto-chave para a compreensão do texto de Mário".[55] Para Freud, totem é:

> Via de regra [...] um animal (comível e inofensivo ou perigoso e temido) e mais raramente um vegetal ou um fenômeno natural (como chuva ou a água) que mantém relação peculiar com todo o clã. Em primeiro lugar o totem é o antepassado comum do clã; ao mesmo tempo, é o seu espírito guardião e auxiliar, que lhe envia oráculos e, embora perigoso para os outros, reconhece e poupa os seus próprios filhos. Em compensação, os integrantes do clã estão na obrigação sagrada (sujeita a sanções automáticas) de não matar nem destruir seu totem e evitar comer sua carne (ou tirar proveito dele de outras maneiras). O caráter totêmico é inerente não apenas a algum animal ou entidade individual, mas a todos os indivíduos de uma determinada classe. De tempos em tempos, celebram-se festivais em que os integrantes do clã

---

[53] Oswald de Andrade, "Manifesto antropófago", em *Revista de Antropofagia*, ano I, nº 1, maio de 1928, ed. fac-similar (São Paulo: Abril/Metal Leve, 1975).

[54] Billy Blanco, "Tema de São Paulo", em *Sinfonia paulistana* (São Paulo: Evento/Odeon, 1974).

[55] Marina Pacheco Jordão, *Macunaíma gingando entre contradições*, cit., p. 168. Como a psicanálise não é a minha especialidade, as referências apresentadas na sequência são emprestadas da linha de raciocínio da autora.

representam ou imitam os movimentos e atributos de seu totem em danças cerimoniais.[56]

A base do tabu constitui "uma ação proibida, para cuja realização existe forte inclinação do inconsciente. [...] Essas proibições dirigem-se contra a liberdade de prazer e contra a liberdade de comunicação".[57]

A epopeia de Macunaíma envolve esse embate entre preguiça e trabalho, e a natureza da consciência está ligada ao tabu. Para Freud, a consciência surge após um tabu ter sido violado.[58] Esse foi o esforço de Mário de Andrade, quebrar o tabu, chamar os leitores à consciência – mais que os leitores, chamar todo o povo. Sua obsessão era tanta que ele lançou mão até mesmo de uma participação no governo, como diretor de Cultura, Educação e Recreação da cidade de São Paulo, entre 1935 e 1938, mesmo tendo aversão à política tradicional. Essa experiência lhe trouxe mais amarguras e frustrações do que satisfação. Mas ele fez.

Em *Macunaíma*, Mário de Andrade utiliza a magia ligada à onipotência do pensamento, buscando semelhanças entre o ato executado e o ato esperado. Por isso seu estudo de Brasil é feito na forma dessa rapsódia. Como constatou Roger Bastide, para entender o Brasil o sociólogo tem de se travestir de poeta. Mário de Andrade fez o contrário, foi o poeta que se travestiu de sociólogo. E o fez com a maestria de um artista. E também de um mágico, que, a partir do lúdico, produz efeitos emocionais e de análise; um mágico da interpretação do Brasil.

---

[56] Sigmund Freud, *apud* Marina Pacheco Jordão, *Macunaíma, gingando entre contradições*, cit., p. 168.

[57] *Ibid.*, p. 169.

[58] *Ibid.*, p. 172.

Os elementos que estruturam a temática em *Macunaíma* são totêmicos (a preguiça, o sapo de jade – a muiraquitã –, o boi – que será retomado no poema testamento "Meditação sobre o Tietê" –[59] como indicador da paciência), e a perda desses objetos sagrados é que dirige as ações do herói em um ideal que se faz real. É dessa forma que ele continua nos fornecendo pistas de como proceder em um processo de tomada de consciência em nossa própria sociedade. Em São Paulo, a muiraquitã perdida seria o rio Tietê (e seus afluentes), que, de fonte de vida, se transformou em esgoto, tornando-se invisível, mas não inodoro. Os habitantes da cidade deixaram de notá-lo, do mesmo modo que deixam de notar as esquinas cada vez mais tomadas por espectros da miséria, vítimas de Piaimã, o comedor de gente. E a virada de consciência está no momento em que as pessoas se perceberem como sujeitos, quebrando o tabu do trabalho. Não é exatamente isso o que Karl Marx diz, só que de outra forma?

A gula de Piaimã é tanta que a realidade já tem se encarregado de quebrar o tabu do trabalho, o fim do emprego. Em dezembro de 2003, já eram mais de 2 milhões de desempregados em uma região metropolitana de 17 milhões de pessoas, a maioria jovens que nunca conhecerão um emprego regular. No entanto, a ideologia dominante, impregnada no pensamento e na conduta das pessoas, se encarrega de mantê-las amarradas a esse tabu, gerando um terrível sentimento de frustração e fracasso, que desemboca em violência de todos contra todos.

Para Mário de Andrade, o bicho-preguiça é o símbolo da mais perfeita consciência de movimento e sabedoria. Por isso o escolheu para petrificar a cidade, transformando São Paulo em totem de um

---

[59] Mário de Andrade, "Meditação sobre o Tietê", em João Luís Lafetá (org.), *Mário de Andrade: literatura comentada* (São Paulo: Nova Cultural, 1990).

bicho-preguiça. A totemização das cidades é algo praticado por vários povos. Os incas – e Macunaíma cruzou os Andes, por isso sabia (lembremo-nos de que ele bebeu o vinho de Ica, produzido no deserto do Peru, além da cordilheira) – construíam suas cidades como totens. Cuzco, o umbigo do mundo, capital do Império Inca, era a cidade-puma.[60] São Paulo poderia muito bem ser a cidade-preguiça.

A DIVINA PREGUIÇA

A ideia de preguiça em Mário de Andrade é anterior a *Macunaíma* e foi sedimentada em um artigo publicado em 3 de setembro de 1918, no jornal *A Gazeta*, ainda em sua juventude. Podemos perceber claramente que vários conceitos desenvolvidos em *Macunaíma* já estavam perfeitamente elaborados no artigo "A divina preguiça".[61]

Nesse artigo, nota-se uma incrível proximidade do pensamento de Mário de Andrade com o panfleto de Paul Lafargue. Não há registro de que ele tenha tomado contato com *O direito à preguiça*, mas certamente ambos se inscrevem na mesma direção e devem figurar, junto com *O elogio ao ócio*, de Bertrand Russell, como os grandes clássicos do tema, herdeiros do mais refinado pensamento grego.[62]

---

[60] "Mais de cinquenta mil homens trabalharam incessantemente edificando aquedutos, armazéns, templos, palácios e tudo quanto necessitou a cidade que pouco a pouco assumiu a forma de seu totem, o puma" (Fernando Elorrieta Salazar, *Cusco y el valle sagrado de los incas* (Cuzco: Tanpu, 2002), p. 35).

[61] Este e a série de excertos não referenciados a seguir foram retirados de Mário de Andrade, "A divina preguiça", em *A Gazeta*, extraído do "Álbum de recortes de Mário de Andrade" (3-9-1918) do Arquivo do Instituto de Estudos Brasileiros (IEB/USP), microfilme 49, p. 103, pasta de recortes nº 35.

[62] Análise detalhada de *O direito à preguiça*, de Paul Lafargue, e de *O elogio ao ócio*, de Bertrand Russell, encontra-se no primeiro capítulo.

"A divina preguiça" aponta dialeticamente a necessidade de rever conceitos e processos acerca do desencadeamento da civilização:

> Aqueles que asseveram ter a humanidade eras de progresso, de estacionamento e eras em que a civilização volta atrás laboram num ligeiro desvio de concepção e numa compreensão menos exata de sinonímia das palavras. Na passagem das civilizações, como na própria vida, tudo é marchar, buscando um horizonte dianteiro inatingível. A destruição é, como a criação, uma necessidade dessa marcha que impulsiona os homens.

Note-se que a rediscussão desses conceitos de progresso é reforçada pelo impacto da Primeira Guerra Mundial, em um processo de matança e barbárie dantesco:

> Não se poderá dizer, sem receios de pesado errar, que a civilização perlongasse (antes da guerra) esse caminho que vai ter à luz. Digo antes da guerra porque é certo que o pampeiro das metralhas, o holocausto dos homens moços pela Grande Causa varreram o futuro dos bulcões que os ensombravam; e a humanidade que sobreviver sentirá mais incentivos no desejo, mais entusiasmos na inspiração.

Como um dos efeitos da guerra, ele imagina que talvez ela tenha o poder de reabrir conceitos, sendo o "Sésamo, abre-te!" que desencadearia uma série de ideias novas e libertadoras. Entre as velhas ideias a serem combatidas, situam-se os conceitos preestabelecidos de trabalho e preguiça. Seu artigo contesta um outro, de um famoso articulista e acadêmico brasileiro, Austregésilo de Ataíde, que se refere à preguiça como uma patologia a ser combatida, curada. O título do artigo é "A preguiça patológica", e assim Mário de Andrade o contesta:

> Mais uma ilusão que nos querem tirar! A preguiça, que para uns fora o dom dos deuses e para outros pecado mortal, ei-la reduzida a um morbo de nova espécie! Não poderíamos mais gozar de nossos lazeres, agradecendo-os aos deuses, nem inculpar as nossas acedias preguiçosas, só remíveis no gradil dos confessionários!... Não; nem gozar com aqueles, nem sofrer com estas: a preguiça não era nem regalo nem culpa, resumia-se a uma doença! Todos os preguiçosos seriam outros tantos doentes!...

Essa visão criminalizadora da preguiça, que condena o próprio lazer como desvio do espírito, estava inserida no contexto higienista da época e teve ampla difusão com o personagem Jeca Tatu, de Monteiro Lobato.[63] Mário de Andrade apresentou a preguiça com um outro significado:

> Nem gozar nem sofrer! Não se lhe poderia increpar a mandrice, nem exaltar a felicidade dos ócios, todos sofriam o contágio do mesmo morbo! E a uma receita de doutor e dois meses de estação de águas, sarada e firme, a humanidade voltaria ao labutar diuturno da vida!

Aproximando-se de Lafargue, ele deixa claro que a humanidade nem sempre teve a mesma opinião sobre a preguiça, demonstrando que seu significado mudou de acordo com o tempo, as necessidades e os valores decorrentes de cada momento histórico:

> A preguiça teve sempre conforme o sentido em que foi tomada, modulações várias. Cada época e cada religião, aceitando e compreendendo a preguiça segundo seu modo de ver, decantara-a ou repulsara. Na Grécia e na Roma de apogeus incontrastáveis, apesar de terem sido estádios de contínua atividade, onde mais se acentuava o prurido dos ideais, ânsias de perfeição, ela foi apreciada e divinizada quase. Tempos

---

[63] Monteiro Lobato, *Ideias de Jeca Tatu* (São Paulo: Monteiro Lobato & Cia., 1919). Como mencionamos anteriormente, Monteiro Lobato viria a rever esse seu entendimento.

de formoso trabalho, onde as saúdes abundavam de selva, onde as inteligências eram mais geniais e as riquezas mais pletóricas, foi-lhes dado imprimir a quase todas as artes plásticas ou literárias o impulso que fez com que elas atingissem a portentosa serenidade na força e a suprema beleza na verdade. A arte que – como explana Reinach – é mais ou menos um luxo, diferenciando-se, entre outros, por esse caráter especial das outras manifestações da atividade humana, não poderia desenvolver-se e alcançar o seu fastígio senão em meio das riquezas que prestigiaram as colinas da Hélade e os serros mansos de Roma. A arte nasceu porventura de um bocejo sublime, assim como o sentimento do beijo deve ter surgido duma contemplação ociosa da natureza. O beijo e a arte são a descendência que perpetua e enaltece o ócio; e os próprios filósofos helênicos, nas suas preguiças iluminadas, esmagando ao peso das sandálias a areia especular dos seus jardins, gostavam de repousar os olhos nos mármores intemeratos no verde policrômico das relvas e vergéis, na palpitação das carnações sadias.

"Preguiça, mãe das artes e das virtudes nobres!", disse Lafargue em seu manifesto. "A arte nasceu de um bocejo sublime...", disse o nosso poeta ao defender as preguiças iluminadas dos filósofos gregos. E também o beijo, "surgido de uma contemplação ociosa da natureza". Mário de Andrade também se aproxima de Max Weber ao identificar no cristianismo o momento de virada desse conceito, quando a preguiça se transforma em pecado:

O cristianismo, compreendendo mais humana e verdadeiramente a vida, fez da preguiça um pecado [...] O preguiçoso que o cristianismo indigita é o que se avilta na inércia lânguida – porta aberta aos pecados dos mortais.

Nesse momento ele deixa clara a distinção entre um sentido de preguiça como inércia e a preguiça criativa:

O preguiçoso do paganismo é como Títero de Virgílio, que, derreado à sombra das balseiras, olhava as suas vacas pascerem longe, tangendo na avena ruda; ou é como o calmo Petrônio, que vagava pelas ruas de

Roma, entrando os mercados onde expunham virgens nuas, ouvindo as intrigas no Fórum, descobrindo as ambições dos Eumólpios, para legar aos homens do porvir as páginas vivazes do *Satiricon*, a crônica mais perfeita dos romanos da decadência.

Mário de Andrade também percebeu na preguiça a base definidora da identidade dos povos nativos:

Para os nossos indígenas as almas libertadas do invólucro da carne iriam também repousar, lá do outro lado dos Andes, num ócio gigantesco. É a mesma concepção do Eldorado, de Poe, existente além do Vale da Sombra, que inspirou Baudelaire, Antonio Nobre e o nosso Alberto, nos alexandrinos lapidares de "Longe... mais longe ainda!".

Esses conceitos foram aprofundados dez anos depois, em *Macunaíma*, e a preguiça foi apresentada como uma das matrizes do caráter nacional, uma preguiça criativa, gingada e inovadora. Definitivamente, foi nesse artigo que Mário de Andrade consolidou sua convicção sobre a importância de travar um embate com essa noção moralizadora e controladora do tempo (que deveria ser) livre das pessoas. O ócio é apresentado em seu contrário, como um elemento libertário e de recusa da dominação, em que o riso, a brincadeira e o lazer são entendidos como fundamentais para a emancipação humana:

Mas eis que os psiquiatras querem trazer à preguiça mais essa qualificação de doentia; redimindo os ócios culposos, vulgarizando os ócios salutares!... Revoltemo-nos! A preguiça não pode ser reduzida a uma doença! Se algumas vezes é o resultado passageiro duma lesão, não poderá jamais misturar todos os preguiçosos num só caso de observação clínica!

Mil vezes não! Forçoso é continuar para que o idealismo floresça e as ilusões fecundem, a castigar os que se aviltam no *far niente* burguês e vicioso e a exaltar os que compreenderam e sublimaram as Artes, no convívio da divina Preguiça!

E todo esse sofisticado pensamento de Mário de Andrade é sintetizado em uma frase magistral de seu companheiro de modernismo, Oswald de Andrade, registrada no "Manifesto antropófago": "A alegria é a prova dos nove".

DE VOLTA AO MATO-VIRGEM

Voltando a *Macunaíma*..., pois uma história tem que ser contada até o final.

Os manos "se sentiam marupiaras [fortes, felizes] outra vez", estavam voltando para casa, descendo o rio Araguaia. E, à medida que as "águas araguaias murmurejavam", eles iam reconhecendo tudo, as aves faladoras, o papagaio-trombeta, o papagaio-curraleiro, o periquito-cutapado e também o bando de araras-vermelhas e jandaias. Nessa terra de tantos pássaros, eles também reconheciam as moitas, os peixes e as plantas. Macunaíma se lembrou de que era o imperador do Mato-Virgem, e até a Vei, a sol, o desculpou, dando-lhe lambadas de luz e calor.

Da civilização, trouxe apenas o que mais lhe chamara a atenção na civilização paulista: "o revólver Smith-Wesson o relógio Patek e o casal de galinhas Legorne", só coisas estrangeiras. O revólver era um símbolo de força, mas ele tinha a muiraquitã, que o tornava muito mais respeitado que a posse de qualquer arma, era senhor de si mesmo. Com o casal de galinhas, teria alimento todos os dias, mas de nada lhe serviriam os ovos diários, pois o Mato-Virgem já lhe fornecia tudo de que necessitava. Sobrava o relógio, demarcando diferentes concepções de tempo. No Mato-Virgem imperava o tempo natural, mas na cidade era preciso contar o tempo de um jeito diferente, abstrato, calculado por um instrumento mecânico, uma máquina-de-contar-horas. Em *Costumes em comum*,[64] o historiador inglês E. P. Thompson aponta as relações entre o tempo abstrato dos relógios e o desenvolvimento da indústria e de uma nova mentalidade de trabalho, mais puritana, controlada por mecanismos de coerção e disciplina. O historiador brasileiro Edgar De Decca segue na mesma direção:

> Cronometrar, calcular e quantificar o tempo de trabalho tornou-se decisivo para a conquista da produtividade do trabalho. Mas para que esse trabalho pudesse ser submetido ao controle disciplinar do tempo dos relógios, houve a necessidade de submissão dos trabalhadores ao mundo das fábricas. Retirar dos trabalhadores os seus meios de subsistência e obrigá-los à dependência do trabalho fabril, essa foi uma grande conquista dos empresários capitalistas do início da Revolução Industrial. A perda dos meios de organização da vida dos trabalhadores foi acompanhada pela perda de seus costumes e tradições.[65]

Eles estavam retornando para a beira do Uraricoera. Quanto mais se aproximavam, mais Macunaíma se lembrava da dona da muiraquitã, a briguenta, a "diaba gostosa que batera tanto nele", Ci, Mãe do Mato. Nesse instante ele reza para o pai do amor:

> Rudá! Rudá![66]
> Tu que estás no céu
> E mandas nas chuvas.
> Rudá! Faz com que minha amada
> Por mais companheiros que arranje
> Ache que todos são frouxos! Assopra nessa marvada

---

[64] E. P. Thompson, *Costumes em comum: estudos sobre a cultura popular e tradicional* (São Paulo: Companhia das Letras, 1998).

[65] Edgar De Decca, "E. P. Thompson: tempo e lazer nas sociedades modernas", em Heloísa Turini Bruhns (org.), *Lazer e ciências sociais: diálogos pertinentes* (São Paulo: Chronos, 2002), p. 63.

[66] Alguns anos depois, Oswald de Andrade e Patrícia Galvão, a Pagu, deram o nome de Rudá ao filho que tiveram juntos.

Sodades do seu marvado!
Faz com que ela se lembre de mim amanhã
Quando o Sol for-se embora no poente! [67]

Na volta encontrou João Ramalho, o português que virou nativo e "deu uma chegadinha até a boca do rio Negro para buscar a consciência deixada na ilha de Marapatá". Não a encontrou. "Então o herói pegou na consciência dum hispano-americano, botou na cabeça e se deu bem da mesma forma." Quem sabe nossos irmãos da América do Sul também não passem por Marapatá e assim vamos trocando consciências.

No Mato-Virgem, descobriram que os peixes rareavam. Toparam com o feiticeiro Tzalô, o papa-peixes dos taulipangues, travaram novas aventuras e caças, encontraram a Sombra e Zumbi e Jorge Velho, o paulista que dominou Palmares. E a cabaça mágica, que permitia que pegassem peixes à vontade. E os bois, as histórias e os cantos do Brasil:

O meu boi morreu,
Que será de mim?
Manda buscar outro,
– Maninha,
Lá no Bom Jardim...

De Bom Jardim, no Rio Grande do Sul, até o alto sertão, com o senhor Manuel da Lapa, "carregado de folha de cajueiro e de rama de algodão":

Seu Manué que vem do Açu,
Seu Manué que vem do Açu,

---

[67] Transcrevemos a reza aqui na esperança de que talvez seja útil para tantos amantes que procuram se reencontrar. Quem sabe rezam juntos.

> Vem carregadinho de folha de caju!
> Seu Manué que vem do sertão.
> Seu Manué que vem do sertão,
> Vem carregadinho de rama de algodão!

Essas foram as histórias que nosso herói descobriu e que, em sua original falta de caráter, foi compondo um novo caráter de brasileiro, talvez mais que isso, de sul-americano. Um cadinho de cada lugar, um pouquinho de cada pessoa, de cada tempo. Em sua aventura, o herói conheceu pessoas extraordinárias, mergulhando em um mundo de magia e mistérios.

Como herói preguiçoso, seu tempo de aventuras estava chegando ao fim. O herói foi perdendo a vontade de viver por essas terras atribuladas e egoístas, aborreceu-se de tanto "penar na terra de pouca saúde e muita saúva". Sentia banzo, sentia falta de Ci. Foi "pro céu viver com a marvada", transformou-se na constelação de uma perna só, a Ursa Maior. Virou estrela.

E no céu reencontraria uma vida de lazer e felicidade.

> Não fazia mal que seria brilho inútil não [Não foi o que aprendemos? O ócio é inútil. Houve (há) tempo em que a arte também foi (é) considerada inútil], pelo menos era o mesmo de todos esses parentes, de todos os pais dos vivos de sua terra, mães, pais manos cunhãs cunhadas cunhatãs, todos esses esquecidos que vivem agora do brilho inútil das estrelas.

E quem quiser descobrir algum brilho entre os esquecidos, mas não consegue ver as estrelas no céu, que olhe para o lado, para as ruas de sua cidade (quanto maior for a cidade, maior será a chance de enxergar, basta querer). Lá nas esquinas estarão brotando as mesmas estrelas crianças curumins querubins jovens mães cunhãs mães pais velhos pais irmãos manos irmãs cunhadas meninas caboclas cunhatãs. Gente de sorriso triste molecada levada vultos marcados olhares de paisagem, "todos esses esquecidos que vivem agora do brilho inútil das estrelas".

A CIDADE DESCOBRE O LAZER:
o rio Tietê – a muiraquitã de São Paulo

Como vimos, ócio, trabalho e tempo livre podem ter significados absolutamente distintos. Nas sociedades pré-capitalistas não havia um nítido recorte entre tempo de trabalho e tempo de descanso, os festejos estavam associados à produção (marcação dos solstícios e acompanhamento do ciclo agrícola), e a participação em rituais ou feriados não poderia ser considerada lazer ou folga, e sim parte integrante da vida produtiva. Não havia um lazer consciente, e todos os momentos de parada e festa tinham um caráter cerimonial e obrigatório. Do mesmo modo, ir ao mercado ou à caça tinha um caráter tanto econômico/funcional como recreativo, de divertimento, assim como o canto e a narração de histórias se mesclavam com a atividade.

A primeira feira regular de São Paulo data do período colonial e representa o início de uma marca significativa da vida cotidiana da cidade, o costume de aliar lazer a consumo. De certa forma, a feira de Pilatos, como era chamada, foi precursora de um hábito que atualmente caracteriza o paulistano, o passeio nos *shopping centers*, os grandes templos da sociedade de consumo.

> No campo da Luz, o governador e capitão-geral Antonio Manoel de Melo e Castro e Mendonça – cognominado General Pilatos, estabeleceu feiras públicas, sendo por isso as mesmas chamadas "Feiras de Pilatos". Os negociantes da capital e das circunvizinhanças, bem como algumas famílias, para ali se transportavam em certa época do ano com produtos que expunham em barracas. As músicas dos corpos militares tocavam durante toda noite e as barracas iluminavam-se, e na do capitão-geral tinha frequentes vezes lugar uma partida a que concorriam as principais famílias de São Paulo.[1]

A feira de Pilatos introduziu São Paulo ao lazer propriamente dito. Antes dela a vida social ainda era muito restrita às pequenas comunidades, havendo uma mistura entre ócio, trabalho e atividade cotidiana. Com a feira, os moradores das vilas e aldeamentos circunvizinhos de São Paulo, como São Miguel, Penha, Santo Amaro, Santo André, Carapicuíba e Santana do Parnaíba,[2] se deslocavam especialmente para participar dela e vivenciar o lazer. Para a maioria das famílias, principalmente esposas e filhos pequenos, esse era o único momento em que usufruíam de prazer e divertimento realmente livres. E também era assim para os que moravam em São Paulo e se preparavam para a feira, que era uma festa.

Com a criação de uma ocasião especial para o lazer, começa a haver um deslocamento na própria relação com o tempo, que deixa de ser controlado pelos ciclos naturais e vai passando por

---

[1]   Antônio Egídio Martins, *São Paulo antigo (1554-1910)*, vol. I (Rio de Janeiro: Francisco Alves, 1911), p. 17.

[2]   As três primeiras localidades estão incorporadas ao atual município de São Paulo, como distritos; os três últimos são municípios independentes, mas que fazem parte da Região Metropolitana, e estão conurbados com a capital.

uma transmutação, perdendo naturalidade, mudando de função, dependendo de um ato consciente da vontade. A organização da vida cotidiana vai se tornando cada vez mais abstrata, e as pessoas são apartadas de seu meio para exercer determinadas funções (o tempo do trabalho, da casa, da circulação e do lazer). Os arquitetos modernistas, reunidos em Atenas no início do século XX, consagraram esse modelo do ponto de vista espacial e urbanístico ao definir as quatro funções básicas da cidade (morar, trabalhar, circular e recrear) e determinar espaços diferenciados para cada uma dessas funções. Trabalhar, morar, circular, se encontrar, tudo ao seu tempo e ao seu lugar. Um ordenamento que busca, em última análise, obter mais eficiência e lucro (apesar das inclinações socialistas de muitos). E essa lógica da eficiência é transferida ao lazer. Em lugar do ritual e da celebração pública, a nascente indústria do entretenimento.

Hora para se divertir, lugar para se divertir. No século XIX, na Inglaterra, surgem os *pubs* (*public bars*, abertos a todos os tipos de público, em contraste com os *clubs*, exclusivos dos membros das classes altas, os sócios), licenciados para funcionar à noite. Assim se criou uma tradição (os ingleses adoram tradições): do trabalho ao *pub*; e as corridas de cavalo, as lutas de boxe, o cinema, o futebol e tantos esportes ou atividades quantos foram inventados para entreter o público. Tudo com sua hora e lugar. Em São Paulo, a cidade entra na era do lazer de forma semelhante: "Em 1839 a Câmara autorizou a abertura do primeiro salão de bilhar. Às quartas-feiras e aos sábados os estudantes organizavam passeios a pé ou a cavalo no campo, ou então passeios de barco no rio; às vezes havia caçadas que duravam três dias".[3]

---

[3] Richard Morse, *Da comunidade à metrópole* (São Paulo: Comissão do IV Centenário, 1954), p. 103.

Algumas décadas depois, as bases do lazer na cidade já estariam plenamente definidas. A pequena vila, nascida de um colégio, desejava apagar a época em que descanso se confundia com a indolência e o ócio dos indígenas e mamelucos dos primeiros tempos. Para ocupar o tempo nas horas de não trabalho, uma outra forma de ócio, agora consentida: o lazer.

O LAZER REFINANDO COMPORTAMENTOS

A instalação da Faculdade de Direito, logo após a Independência do Brasil, foi um fator fundamental na transformação dos valores e hábitos culturais dos paulistanos. Com ela, a cidade passou a receber jovens de todo o Brasil; filhos da elite, que antes se dirigiriam a Coimbra, fixavam residência na cidade e se envolviam na construção de uma nova identidade local e nacional. E esses jovens não vinham apenas das fazendas do interior, mas de centros mais pujantes, como as cidades mineiras, a capital Rio de Janeiro, Salvador e São Luís, as grandes cidades da época. Até então, praticamente inexistiam espaços institucionais para ocupar de forma estruturada o tempo livre dos moradores. Mesmo nos primeiros anos de funcionamento da faculdade, o sentimento era de um constante tédio. O acadêmico de direito e futuro escritor Álvares de Azevedo relatou da seguinte forma os seus dias de diversão em São Paulo:

> Hoje houve aqui a "interessante" festa dos Caipós – ainda estou atordoado do barulho dos malditos tambores. Enquanto ao baile de hoje nada há que dizer, descrito um baile de São Paulo estão descritos, com pouca diferença, todos os presentes, passados e futuros. De cão a cachorro, não há diferença, cara d'um focinho do outro.

A CIDADE DESCOBRE O LAZER: O RIO TIETÊ – A MUIRAQUITÃ DE SÃO PAULO   241

> Adeus e viva que não há mais nada digno de contar-se senão que a cidade
> ainda não deixou de ser São Paulo. O que quer dizer muita coisa, entre
> as quais tédio e aborrecimento.[4]

O primeiro espaço a possibilitar uma vida cultural mais regular foi a Casa da Ópera, em que os estudantes encenavam suas peças. A Casa da Ópera, na verdade, era um local bastante modesto. Em 1861, passados quase quarenta anos de sua abertura, esse teatro, o único da cidade até então, foi considerado por Augusto Emílio Zaluar inferior ao de Campinas, cidade do interior do estado, mas muito mais rica que a capital.[5] Somente em 1864 a cidade ganhou um teatro digno do nome, o São José, que foi a principal casa de espetáculos até a inauguração do Teatro Municipal, em 1911, quando São Paulo já havia passado por uma completa transformação. Mesmo assim, a pequena Casa da Ópera teve um significativo papel no desenvolvimento de uma nova referência cultural e de lazer:

> Havia (1822-1835) um teatro de humilíssima aparência, que o vulgo
> chamava de "Casa da Ópera", situado ao lado sul do largo do Palácio...
> De vez em quando alguns curiosos representavam entremezes, como
> o de Esganarelo, do Juiz de Paz da Roça, do Manuel Mendes Enxúndia,
> e outras farsas chocarreiras, até que depois da fundação da Faculdade
> os estudantes instalaram nessa mesma casa um teatro acadêmico.
> Desde então, durante muitos anos, alguns estudantes, excelentes atores,
> como José Maris, Frederico, Bernardo Azambuja, Facão, Teixeirinha, ali
> proporcionavam grátis, a um público escolhido, excelentes diversões,
> representando os dramalhões mais em voga naquele tempo, farsas e
> pantomimas.[6]

---

[4]   Cartas de Álvares de Azevedo. Arquivo Histórico da Cidade de São Paulo, s/p.

[5]   Augusto Emílio Zaluar, *apud* José Roberto do Amaral Lapa, *Campinas, os cantos e os antros* (São Paulo: Edusp, 1995).

[6]   Francisco de Assis Vieira Bueno, *A cidade de São Paulo: recordações evocadas de memória* (São Paulo: Academia Paulista de Letras, 1976), p. 32.

Mais que uma simples diversão, a Casa da Ópera contribuiu para a composição de novos padrões de comportamento, acolhendo atores negros e atrizes, "mulheres de virtude duvidosa", como diriam os da época. Foi no limitado palco da Casa da Ópera que São Paulo tomou contato com a arte e as ideias da Europa. Curiosa essa situação: famílias paulistas de quatrocentos anos (trezentos naquela época) eram apresentadas à sofisticada cultura francesa por estudantes forasteiros, pretos e atrizes cujo talento "corria parelhas com sua moralidade; dir-se-iam fantoches movidos por fio".[7]

Mas os hábitos paulistanos continuavam patriarcais e restritos à vida doméstica, com pequenas saídas para comentar os temas do momento: "almoço das 9 às 10 horas, jantar das 3 às 4; após este, saía o pessoal satisfeito, de palito à boca, indo os abastados saborear delicioso sorvete de 200 réis, na Confeitaria Nagel; os mais, como de costume, resignavam-se falar mal da vida alheia [...]".[8] E a forma de ir rompendo com esse jeito tradicional de ser foi exatamente pelo lazer. Nos bares:

> No andar térreo do pequeno e acaçapado sobrado da rua do Ouvidor, hoje José Bonifácio, existiu um depósito de cerveja nacional denominado "Ao Corvo", pertencente a Henrique Schomburg, o qual era muito frequentado pela mocidade acadêmica e que aí, a qualquer hora do dia ou da noite, saboreando um bom copo de cerveja, palestrava sobre todos e quaisquer assuntos literários, históricos, políticos, etc.[9]

Percorrendo as ruas da cidade em carnaval:

> [...] em 1860 saiu, para percorrer as ruas da cidade, um grande e bem organizado bando carnavalesco denominado "Os zuavos", parte do

---

[7]   Richard Morse, *Da comunidade à metrópole*, cit., p. 39.
[8]   Pereira de Souza, *apud* Richard Morse, *Da comunidade à metrópole*, cit., p. 42.
[9]   Antônio Egídio Martins, *São Paulo antigo (1554-1910)*, vol. II, cit., p. 93.

club que fez sair no mesmo bando grande número de comerciantes, vários funcionários públicos e os figurões da terra, sendo que o primeiro carnaval que se fez em São Paulo foi, segundo consta, no ano de 1857, não conhecendo o povo paulista, até aquela época, esse gênero de divertimento, pois só conheciam o tradicional entrudo, havendo na referida chácara e durante as três noites do carnaval de 1860 animados bailes, nos quais muitos figurões tomaram parte.[10]

Ou, então, em passeios e piqueniques:

A diretoria do Club Mozart, cuja sede era na freguesia do Brás, querendo proporcionar aos sócios do mesmo *club* e ao público um passeio campestre (*picnic*) na cidade de Mogi das Cruzes, contratou, para isso, um trem especial da linha férrea do Norte (hoje Estrada de Ferro Central do Brasil), vendendo pelo preço de $2000 cada uma passagem no mesmo trem, que conduziu para aquela bonita cidade grande número de pessoas, as quais, inclusive a diretoria e sócios do mesmo Club Mozart, foram recebidas na estação, festivamente, pelas principais pessoas daquela aprazível localidade. Foi esse o primeiro *picnic* que, fora da capital, se fez no norte da antiga província de São Paulo, promovido por sociedades recreativas da mesma capital.[11]

Em festas e quermesses:

Entre os anos de 1882 e 1884 realizou-se, no Jardim Público, uma quermesse promovida por diversos membros influentes da distinta colônia francesa desta capital, sendo que essa quermesse foi a primeira que se fez em São Paulo.[12]

Até que o refinamento vai surgindo:

Em um antigo prédio térreo que existiu na rua da Imperatriz, hoje Quinze de Novembro, esquina do Beco do Inferno, hoje travessa do

---

[10]   *Ibid.*, vol. I, p. 110.
[11]   *Ibid.*, vol. II, p. 166.
[12]   *Ibid.*, vol I, p. 142.

Comércio [...] foi a 26 de fevereiro de 1876 inaugurado o Café Europeu, de propriedade de Vicente Médici, tendo sido esse estabelecimento o primeiro que, no gênero, se montou, com esmero e luxo, nesta capital.[13]

E todo um sistema de convívio social toma conta da cidade.[14] Na década de 1870, o lazer em São Paulo estava plenamente estruturado:

[...] o Stadt Bern, cervejaria ao ar livre com árvores, jogos e uma orquestra (inaugurada em 1877). Podiam assistir corridas de cavalos no novo hipódromo da Mooca (1876). Havia circos, touradas [...] a inauguração de uma nova estrada de ferro, ou a ascensão de um balão (1876) do aeronauta mexicano, Tódulo R. Cevallos. O primeiro *picnic* feito em trem e com a duração de um dia inteiro ocorreu mais ou menos em 1880, e logo depois a colônia francesa patrocinava a primeira quermesse no Jardim Público. Em 1877 os irmãos Normanton, da Inglaterra, abriram um rinque de patinação que, além de uma nova forma de exercício para o público em geral, oferecia números especiais de patinação e variedades.[15]

No curto espaço de duas gerações, no máximo em cinquenta anos, os moradores de São Paulo mudaram o seu jeito de ser. De uma cidade patriarcal, voltada para dentro, para uma cidade aberta às novas ideias e ao que viria ser, no século XX, um modo cosmopolita de agir e sentir. E um dos principais fatores que desencadearam essa mudança de comportamento não aconteceu no tempo de trabalho, mas sim fora dele. Utilizando o tempo de lazer, as pessoas estabeleceram novas relações entre si, de forma descompromissada, em encontros casuais. Evidentemente, esse descompromisso não era tão livre e desinteressado assim, mas sobre isso falaremos mais

---

[13] *Ibid.*, vol. II, p. 87.

[14] Note-se que nessa época a diferenciação de classes em São Paulo não era igual à que conhecemos hoje: o proletariado ainda não estava formado, e a concentração da miséria estava localizada no interior.

[15] Richard Morse, *Da comunidade à metrópole*, cit., p. 208.

adiante. O lazer funcionou como vetor de um processo de educação permanente, não formal, estabelecendo modelos sociais de conduta e sensibilidade. A sociedade colonial paulista, embrutecida no planalto, de costas para o mar, vai tomando contato com outras formas de conduta exatamente no tempo de não trabalho, na ida ao bilhar, aos primeiros bares, vendo o movimento dos primeiros hotéis (que datam de 1850), assistindo às primeiras peças de teatro. E São Paulo se tornou diferente.

O GRANDE CENTRO DE LAZER DE SÃO PAULO: OS RIOS

Nessa primeira fase, o lazer teve um papel na educação coletiva dos moradores, disciplinando e refinando comportamentos. Ele também serviu para aproximar as pessoas dos rios que cortavam São Paulo. Até o início do século XIX, as atividades de descanso e devaneio eram muito semelhantes às dos indígenas. As pessoas pescavam por prazer, caminhavam na mata, jogavam peteca... Uma prática comum era banhar-se nu nos rios:

[...] legado dos antepassados guaianás, carijós murimins, avoengos em duas quintas partes do povo paulistano, assim como a natação [nos rios, evidentemente] que era [...] o exercício de desenvolução predileta do paulistano: além dele havia o jogo da peteca, não menos apreciado pelos nossos avós e por nós mesmos em nossa infância, constituindo, ambos, nos tempos idos, a educação física de nossa gente [...] O jogo de peteca, principalmente, era tão delicado e elegante que as próprias senhoras o praticavam.[16]

---

[16]   Afonso A. de Freitas, *Tradições e reminiscências paulistanas* (São Paulo: Monteiro Lobato, 1921), p. 89.

Em 1864 a Câmara Municipal proibiu o banho nu nos períodos diurnos nos rios que atravessavam a área urbana. Mas até 1890 ainda há relatos da necessidade de repressão policial para conter os paulistas (adultos, não crianças, pois estas continuavam nadando sem roupas) que insistiam em violar a proibição. Essa medida visava possibilitar que moças e senhoras de família também pudessem circular pelas margens dos rios, ampliando a oferta de lazer e, ao mesmo tempo, marcando um processo de disciplinamento e controle sobre a forma de usufruí-lo. Assim, o rio Tietê (e seus principais afluentes, Tamanduateí e Pinheiros), que teve significativa importância econômica para a cidade – dali partiam os bandeirantes, com suas entradas e monções –, assume o novo papel de grande área de lazer dos paulistanos.

Até o final do século XIX, a zona urbana de São Paulo tinha por limite o Convento da Luz e a Casa de Correção, que ficavam a um quilômetro da margem direita do Tietê. Para além do rio, no sentido norte, havia as fazendas de Santana, várias delas de padres jesuítas, e o único meio de atravessá-lo era por barco, ou então pela Ponte Grande, construída no início do século XVIII e que foi, segundo Afonso Taunay, a primeira obra de engenharia da capital. Em torno do Tietê, havia uma intensa atividade econômica, envolvendo não apenas o transporte de mercadorias e pessoas como também a extração de areia e pedregulho, que permaneceu até a década de 1950 (depois dessa data não houve mais o que extrair, apenas lodo misturado com esgoto). No final do século XIX, essa atividade extrativista possibilitou a instalação de dezenas de olarias, permitindo a substituição das construções de taipa pelas de alvenaria – mais uma marca desse período de transição cultural e econômica. Para o transporte desses produtos, o batelão. Durante a semana, vários batelões cruzavam o rio, sempre cheios de areia, pedregulho ou tijolos. Para movê-los os barqueiros usavam o varejão, uma longa vara que, fincada no fundo do rio, impulsionava a embarcação. Aos domingos, a função do batelão era outra: levar pessoas para alegres piqueniques rio acima.

Ao lado da Ponte Grande, em uma posição privilegiada para avistar toda a movimentação do rio, estava a Chácara Floresta e, em sua área, um restaurante:

> Este bem montado estabelecimento, a dez minutos do centro da cidade, situado na margem esquerda do rio Tietê, acha-se aberto todas as noites até às 3 horas, encontrando-se a toda hora refeições quentes ou frias.
>
> Uma magnífica sala de jantar, novelmente construída com todo conforto desejável, com piano, oferece toda decência para servir o público e especialmente famílias.
>
> Possui pessoal devidamente habilitado, uma cozinha de primeira ordem, tanto francesa como nacional, e os seus preços são por listas, fixos e comedidos. Todas as quintas e domingos feijoada brasileira.
>
> Nota: Às 10 horas da noite o portão fecha-se, e o porteiro só abrirá para as pessoas corretas e comprovadamente tranquilas.[17]

Mesmo só abrindo as portas para as "pessoas corretas e comprovadamente tranquilas", era uma mudança e tanto para uma cidade que, cinquenta anos antes, estava habituada a almoçar das 9 às 10 horas da manhã e jantar das 3 às 4 horas da tarde. Novamente duas gerações e a cidade já era outra.

À volta do restaurante, na Chácara Floresta, convergiram os clubes de regatas. Um lazer ribeirinho, que envolvia remo, natação e piqueniques. Esse processo começou em 1899, quando sete jovens

---

[17] Jornal *A Plateia*, 1900, a*pud* Henrique Nicolini, *Tietê, o rio do esporte* (São Paulo: Phorte, 2001), p. 216.

de origem italiana sublocaram uma área para construção de barracão de barcos na margem do rio Tietê. Surgia o Clube Espéria, composto por imigrantes, e, na sequência, o Clube de Regatas São Paulo, constituído por paulistas de mais tempo e muito mais abastados que puderam comprar a área da Chácara Floresta e assim desalojar o clube dos *oriundi*, que, depois de uns anos, se instalou na outra margem do rio. Definitivamente aquela região passou a ser o centro de uma intensa movimentação de lazer aliado a convívio social e atividades físicas:

> Apesar de não se acharem ainda concluídos os trabalhos para a instalação definitiva do Clube de Regatas São Paulo, na Chácara Floresta, tem sido ali grande a reunião de sócios e pessoas de suas relações, aos domingos e feriados.

> Essas pessoas passam alegremente os dias, divertindo-se em exercícios esportivos, como sejam corridas a pé, ginástica e passeios no rio Tietê.[18]

Nas várzeas do Tietê e do Tamanduateí se formaram os clubes que marcaram a história da cidade até os dias de hoje: Società Palestra Italia (Sociedade Esportiva Palmeiras), São Paulo Futebol Clube, Esporte Clube Corinthians Paulista, Clube de Regatas Tietê, Società dei Cannotieri (depois Clube Floresta e hoje Clube Espéria), entre outros. As principais atividades esportivas eram o remo e a natação, e com essas atividades surgem as federações esportivas e as competições organizadas.

Essa estrutura esportiva seguia o modelo inglês, que concebia o esporte como um processo de educação e diferenciação de classes. O princípio do amadorismo no esporte era, fundamentalmente, uma forma de separar as pessoas que faziam trabalho braçal para viver

---

[18]   *Diário Popular*, 24-2-1904, *apud* Henrique Nicoline, *Tiête, o rio do esporte*, cit., p. 235.

A CIDADE DESCOBRE O LAZER: O RIO TIETÊ – A MUIRAQUITÃ DE SÃO PAULO 249

daquelas que não dependiam de tal esforço; ou seja, apenas as pessoas de posses, com propriedades ou exercendo funções liberais ou de governo usufruíam do esporte. O estatuto da Federação Paulista das Sociedades de Remo, fundada em 1907, excluía da prática esportiva "todos os que exercerem qualquer profissão ou emprego que não esteja de acordo com o nível moral e social do esporte náutico", ou seja, os trabalhadores braçais estavam excluídos.

De uma relação de 140 remadores inscritos pelo Clube Espéria em 1913, 97 nomes foram vetados, como o remador favorito na maioria das competições, Gijão, um barqueiro de batelão.[19] Essas diferenças no esporte, incluindo o fato de que o clube dos italianos (o Espéria) também organizava provas para mulheres remadoras, o que era visto com espanto pelos outros, levavam a comportamentos de rivalidade e disputa bastante complexos. De um lado do rio, os antigos e tradicionais paulistas; de outro, os novos imigrantes, que chegavam aos montes. Em dias de disputa, quando havia uma vitória do Clube Tietê, este disparava um tiro de canhão (de festim) em direção ao clube rival, ao que era respondido por um "soleníssimo e altissonante 'tó' 'banana' [movimento com o braço], que não só representava uma auto-homenagem, típica da península da qual o clube era oriundo, mas, principalmente um desagravo pelos vidros quebrados".[20]

A natação no rio Tietê também era um esporte muito comum (mas no século XX as medidas da Câmara dos Vereadores já haviam surtido efeito, e os nadadores utilizavam roupas apropriadas, deixando para trás a velha prática indígena de nadar nu). Os clubes instalavam flutuadores [pranchas de madeira sustentadas por tambores], os "cochos", facilitando o mergulho e servindo de base para

---

[19] Henrique Nicolini, *Tietê, o rio do esporte*, cit., p. 64.
[20] *Ibid.*, p. 73.

descanso ou acompanhamento da prática. Apesar da rivalidade, uma das grandes provas era a travessia do rio, havendo até mesmo competições infantis, ligando os clubes de ambos os lados, além da Travessia de São Paulo a Nado, organizada pelo jornal *A Gazeta Esportiva*.[21] Junto com a Corrida de São Silvestre (prova noturna de pedestrianismo no último dia do ano), a Travessia de São Paulo a Nado era a maior competição esportiva de São Paulo, quando as margens dos rios e as pontes ficavam lotadas de espectadores e os ganhadores eram aclamados como heróis.

A Travessia de São Paulo a Nado começou em 1924, com 63 participantes, sendo 10 mulheres, e foi crescendo até alcançar, em 1941, quase 2 mil competidores, dos quais 107 nadadoras, sem dúvida um evento de grandes proporções. Em 1944, com um número bem menor de participantes (358, dos quais 130 nadadoras), houve a última competição. Um dos nadadores, João Havelange (que posteriormente seria conhecido como o presidente da Federação Internacional de Futebol – Fifa), contraiu tifo negro nas águas do rio.

Naquela época a natação já estava se distanciando de seu meio natural, passando para as piscinas, que só começaram a se tornar populares a partir da década de 1930.[22] O remo continuou por mais tempo, mantendo a Prova Clássica Fundação da Cidade de São Paulo até 1961, até que o mau cheiro tornou insuportável a permanência da competição. O rio estava agonizando.

---

[21]   Antes de *A Gazeta*, o jornal *O Mundo Esportivo* lançou a competição em 1924, mas ela durou só até 1928, sendo retomada em 1932 por *A Gazeta Esportiva*.

[22]   A primeira piscina em clube foi a do Clube Atlético Paulistano, em 1926, e posteriormente a da Associação Atlética São Paulo, em 1929, com 25 m × 12 m, permitindo a realização de competições. Depois a Faculdade de Medicina, o Clube Espéria e o Clube Germânia inauguraram as suas, em 1933; o Clube Tietê, em 1934 (uma piscina olímpica), e em 1942 foi inaugurada a piscina pública do Estádio do Pacaembu, destinada a competições.

Festival náutico em benefício da Sociedade de Assistência aos Lázaros e Defesa contra a Lepra, 1928.
Acervo do Clube Espéria

Dia de festival, 1920.
Acervo do Clube Espéria

Apogeu e agonia de um rio

Contrariando o curso da maioria dos rios, o Tietê não corre para o mar. Nascendo em Salesópolis, na Serra do Mar, ele busca o interior, indo desaguar no rio Paraná.

Talvez como reflexo desse comportamento do rio, a sociedade paulista colonial nasceu também voltada para dentro, ocupada demais com seus afazeres. Só no início do século XIX a capital, que viria a ser conhecida como a cidade do trabalho, começa a abrir-se para um lazer mais descomprometido, por assim dizer, já que desligado das obrigações religiosas.

Aspecto do rio Tietê. Ao fundo, chácara da família Couto de Magalhães, 1912.
Acervo do Clube Espéria

Festa intersocial, 1928.
Acervo do Clube Espéria

Nesse novo momento, as margens do Tietê passam a constituir um dos principais pontos de encontro dos paulistanos, que ali se reuniam em peso para assistir às competições de regatas e aos esportes náuticos que rapidamente se desenvolveram naquelas águas.

Foi breve esse tempo em que o rio se integrou como parte pulsante ao organismo da cidade. Logo, as sirenes do progresso começaram a espantar a vida do local, e na década de 1940 o Tietê já enfrentava problemas de poluição que só se fizeram agravar.

Festa intersocial, 1928.
Acervo do Clube Espéria

Festival náutico, 1932.
Acervo do Clube Espéria

Em 25 de fevereiro de 1945, morre aos 51 anos o poeta Mário de Andrade, apenas treze dias depois de finalizar seu "Meditação sobre o Tietê". Virou estrela, mas não sem antes deixar um registro do seu desencanto, entre outras coisas, com os rumos que tomava sua tão amada cidade. A ligação de Mário de Andrade com o rio que corta São Paulo é algo que nenhum paulistano hoje poderia conceber. O poeta se foi, irremediavelmente, mas o rio ainda persiste. Que a dura, mas bem-sucedida batalha de Macunaíma para recuperar sua muiraquitã nos sirva de inspiração.

Primeira Travessia de São Paulo a Nado. Ponte da Vila Maria, 1924.
Acervo do Clube Espéria

A meditação sobre o Tietê

Água do meu Tietê,
Onde me queres levar?
– Rio que entras pela terra
E que me afastas do mar...
É noite. E tudo é noite. Deixo do arco admirável
Da Ponte das Bandeiras o rio
Murmura num banzeiro de água pesada e oleosa. [...]

A culpa é tua, Pai Tietê? A culpa é tua
Se as tuas águas estão podres de fel
E majestade falsa? A culpa é tua
Onde estão os amigos? Onde estão os inimigos?
Onde estão os pardais? E os teus estudiosos e sábios, e
Os iletrados?
Onde o teu povo? E as mulheres! [...]

E enquanto os chefes e as fezes
De mamadeira ficassem na creche de laca e lacinhos,
Ingênuos brincando de felicidade deslumbrante:
Nós nos iríamos de camisa aberta ao peito,
Descendo verdadeiros ao léu da corrente do rio,
Entrando na terra dos homens ao coro das quatro estações. [...]*

---
* Mário de Andrade, *Lira paulistana* (São Paulo: Martins, 1945).

A CIDADE DESCOBRE O LAZER: O RIO TIETÊ – A MUIRAQUITÃ DE SÃO PAULO | 255

A VÁRZEA

Tinha mais de mil campos de várzea. Na Vila Maria, no Canindé, na várzea do Glicério, cada um tinha mais ou menos cinquenta campos de futebol. Penha pode pôr cinquenta campos. Barra Funda, Lapa, entre vinte e 25 campos. Ipiranga, junto com Vila Prudente, pode pôr uns cinquenta campos. Agora tudo virou fábrica, prédios de apartamento. O problema da várzea é o terreno. Quem tinha um campo de 60 por 120 metros acabou vendendo pra fábrica.

Se nós vamos procurar na memória quantos jogadores da várzea, de uns quarenta anos faz, tinha mais de 10 mil jogadores. Cada campo tinha um clube; a maior parte dos campos eram dados pelos donos para o lugar progredir, popularizar. Quando tinha um clube, vinha o progresso. No domingo vinham 2 mil pessoas assistir, e começava o comércio, o progresso.

Hoje não jogam nem 10% daquilo que jogavam naquele tempo, por falta de campo, de lugar. Não tem onde jogar. Em cada bairro se fazia um campeonato, juntavam dez ou vinte clubes [...] A gente dizia: "Em que parque vamos jogar?". Não tinha ainda estádio, era campo livre, ninguém pagava pra ver. O Pacaembu veio mais tarde, acho que em 38 ou 40. Aí começou a massa, antes o pessoal estava espalhado nas várzeas e nos bairros jogando mesmo [...] Quando foi morrendo o jogo de várzea e o futebol de bairro, começou a se concentrar o público nos estádios.[23]

Entre os anos 1920 e 1930, como vemos nesse depoimento do senhor Amadeu, a ocupação da várzea para atividades de lazer era intensa. Comparando-o com depoimentos de outros antigos organizadores do futebol varziano, moradores do bairro proletário

---

[23] Ecléa Bosi, *Memória e sociedade* (São Paulo: Companhia das Letras, 2003), p. 449. Depoimento do senhor Amadeu Bovi, nascido em 30-11-1906, concedido à autora no final da década de 1970.

do Canindé,[24] encontramos indicações muito semelhantes: "Toda a margem do Tietê era tomada por campos de futebol. Onde hoje é o Shopping Center Norte havia vinte campos";[25] "Onde era o Anhembi [Centro de Convenções e Sambódromo] tinha trinta campos, em 1972 ainda joguei lá".[26]

Desses campos poucos sobraram, e, contando com a expansão do perímetro urbano, em 2001 havia pouco mais de trezentos campos públicos de futebol, segundo dados do Departamento de Unidades Esportivas Autônomas (Dueat) do município de São Paulo. Foi na várzea que aconteceu o primeiro jogo de futebol do Brasil. Charles Miller havia trazido as regras diretamente da Inglaterra, e funcionários da São Paulo Railway enfrentavam os da Companhia de Gás em um campo às margens do Tamanduateí, em 1888. Também em campos semelhantes nasceram os grandes times de futebol da cidade.

A utilização da várzea para abrigar áreas de lazer que não exigiam construções era uma solução preguiçosamente inteligente. Ao contrário de pretender domar a cheia do rio, um fenômeno natural,

---

[24] Bairro popular, cercado de lagoas da várzea do Tietê (antes da retificação do rio), habitado por imigrantes pobres. Sua atividade econômica principal era a extração de areia e a manutenção de cocheiras para cavalos que puxavam carroças de leite, duas atividades exercidas, fundamentalmente, por portugueses. Era no Canindé que ficava a antiga Ilha dos Amores, onde foi instalado o primeiro estádio de futebol do São Paulo Futebol Clube: comprada depois pela Associação Portuguesa de Desportos, que ali construiu um estádio todo de madeira, passou a ser chamada de Ilha da Madeira. O Canindé, que em tupi significa "arara-azul", também era o local onde as pessoas atravessavam o rio por uma balsa, presa a um cabo amarrado de lado a lado, e puxada (na maioria portugueses) por uma vara, ao custo de 200 réis. A primeira onda de migração vinda do Nordeste parava no Canindé, pois era lá que ficava a garagem da empresa de "pau-de-arara" Estrela do Norte. Também foi nesse bairro tipicamente proletário e paulistano que a empregada doméstica Carolina de Jesus escreveu o livro *Quarto de despejo* (São Paulo: Ática, 1999).

[25] Hermínio Pavanelo, 62 anos, diretor do Centro Desportivo Municipal (CDM) Serra Morena, fundado em 10-4-1929. Depoimento pessoal ao autor.

[26] Nelson Lumumba, metalúrgico aposentado, 60 anos, diretor do CDM Estrela do Pari, fundado em 1º-1-1919. Depoimento pessoal ao autor.

respeitava-se esse ciclo. Quando as águas subiam, inundavam as áreas livres, sem acarretar nenhum dano material mais significativo que o alagamento dos campos de futebol; bastava então esperar que o rio retornasse a seu leito para utilizar de novo os campos. Mas, ao mesmo tempo que a cheia é um fenômeno natural, as enchentes e inundações são um fenômeno social, historicamente definido. Como observou o senhor Amadeu: "Agora tudo virou fábrica, prédios de apartamento. O problema da várzea é o terreno. Quem tinha um campo de 60 metros por 120 metros acabou vendendo pra fábrica". Sim, o problema nunca esteve na cheia dos rios, mas na ocupação desenfreada de áreas ao seu redor. Fábricas perto dos rios significavam menos custo para o escoamento de dejetos industriais; casas e apartamentos, mais lucros a agregar valor a terrenos baratos. Em alguns casos, quando a várzea não podia agregar valor algum, populações muito pobres nela instalavam seus barracos, constituindo favelas. No encontro do Tamanduateí com o Tietê está uma das mais famosas, rente ao rio, sujeita a todas as enchentes: a Favela do Gato.

Ao longo da história de ocupação e crescimento de São Paulo, o curso natural dos rios também foi sendo alterado. Inicialmente a justificativa baseava-se em motivos higiênicos, como afirmava Antônio Rodrigues Veloso de Oliveira, em 1822:

> É preciso que a sã política faça pouco a pouco desaparecer essa origem de incômodos, moléstias e mortalidade; por exemplo, a Várzea do Carmo, inferior à cidade, cobrindo-se das águas do Tamanduateí, que podiam, segundo penso, correr livremente para o Tietê, sendo dessecada por meio de diferentes valas, não atacaria para o futuro a cidade com nevoeiros inoportunos, defluxos, e reumatismos: os seus habitantes desfrutariam a mais perfeita saúde.[27]

---

[27] Antônio Rodrigues Veloso de Oliveira, *Memórias sobre o melhoramento da província de São Paulo*, *apud* Rosa Kliass, *Parques urbanos de São Paulo* (São Paulo: Pini, 1993), p. 110.

No entanto, como podemos perceber, no mesmo ano de 1822 a Câmara dos Vereadores registrava que a insalubridade do rio tinha outro motivo:

> A Várzea do Carmo, que já fora tão enxuta, a ponto de ter sido um dos passeios favoritos dos moradores da cidade, estava reduzida a um pântano contínuo, devido a ter-se consentido que alguns particulares, atendendo apenas aos seus interesses ou aos seus caprichos, desviassem do seu leito natural as águas do Tamanduateí, arruinando o caminho e tornando doentio o clima desta cidade, por sua natureza sadio.[28]

Note-se, a Várzea do Carmo (atual Parque Dom Pedro), que "já fora tão enxuta", estava se tornando pântano. Não por causa da pouca vazão das águas, decorrente de suas curvas e ilhas, mas em razão do assoreamento de terras e das intervenções no curso do rio. E, a cada nova intervenção, novas enchentes eram transferidas de lugar, ganhando maiores proporções. Não mais por causa do movimento natural de águas (pois todo rio tem momentos de cheia e vazante), mas sim em razão de elementos estranhos ao próprio rio: lixo doméstico, dejetos, esgotos... Em 1884, Rangel Pestana constata:

> A várzea está prometendo ser um excelente auxiliar da morte se o cólera chegar até cá, o que é bem possível. Aos lados das linhas de *bonds* fazem-se despejos e o aterro em regra é com lixo [...] Com a vazante o canal e o rio, que recebem esgotos da cidade e lixo, oferecem um aspecto repugnante e assustam os moradores dessa rua.[29]

De um lado, o descaso com o rio, de outro, a tentativa de domar esse ambiente natural, transformando-o em fonte de lucro e acumulação privada. No meio, as populações mais pobres conquistando

---

[28]   *Ibid.*, p. 112.

[29]   *A Província de São Paulo*, 17-8-1884, *apud* Rosa Kliass, *Parques urbanos de São Paulo*, cit., p. 111.

seu direito ao lazer. Mais de 10 mil jogadores, dezenas de times em cada grande bairro operário de São Paulo e um grande público a vê-los – "nos domingos vinham 2 mil pessoas, e começava o comércio, o progresso". Essa é a descrição de um momento diferenciado do esporte, mais interativo e auto-organizado, que, no entanto, não foi percebido pelos setores mais engajados e militantes do proletariado paulista, tanto de tendência comunista como anarquista, que não viam com bons olhos essa afluência à várzea. O jornal *O Internacional*, de tendência comunista, bradava:

> [...] se não é nos dias de Carnaval, é aos domingos nos campos de futebol [...] Reprovar todos esses "brinquedos" com que a burguesia nos "brinda" – os "passatempos" burgueses. São os que a nós mais nos prejudicam. Com eles os abutres diluem o instinto revolucionário dos trabalhadores hoje seus escravos![30]

Para eles, esse maciço interesse pelo esporte era uma forma de submissão aos interesses burgueses, de entorpecimento da consciência. Entre os anarquistas, a oposição era ainda mais intensa:

> Atualmente são três os meios infalíveis que os ricos exploradores das misérias e necessidades do povo empregam para tornar a classe operária uma massa bruta: o esporte, o padre e a política.
>
> Não existe nenhuma vila ou aglomerado de casas de operários que não tenha campo de futebol, a igreja e os gorjetados incitadores políticos.
>
> Nos campos de futebol os operários de ambos os sexos tornam-se aficionados e torcedores e brutalizam-se a ponto de só viverem discutindo entre seus companheiros os lances e proezas dos campeões.[31]

---

[30] *O Internacional*, 15-2-1929, *apud* Maria Auxiliadora Guzzo Decca, *A vida fora das fábricas: cotidiano operário em São Paulo, 1920-1934* (São Paulo: Paz e Terra, 1987), p. 119.

[31] *A Plebe*, 21-12-1928, *apud* Maria Auxiliadora Guzzo Decca, *A vida fora das fábricas...*, cit., p. 120.

Essa postura de forte conteúdo moral, fundamentalista, em relação ao lazer e às predileções do divertimento popular talvez tenha sido um dos motivos que contribuíram para o gradual distanciamento entre a massa operária e os anarquistas, conforme aponta Boris Fausto em *Trabalho urbano e conflito social*.[32] Mais abertos a perceber as necessidades e tendências do proletariado, os comunistas foram mais ágeis que os anarquistas na introdução de atividades recreativas e não diretamente políticas no âmbito dos sindicatos. Os comunistas lançaram a campanha pela proletarização do esporte, percebendo nele mais um campo de luta para a formação de uma consciência de classe:

Viva o esporte proletário!

A necessidade do esporte para a juventude é um fato incontestável. A burguesia se aproveita deste fato para canalizar todos os jovens das fábricas para os seus clubes.

O que fazem os jovens nos clubes burgueses?

Defendem as cores desses clubes. Se o clube é de uma fábrica é o nome e a cor da fábrica que defendem; a burguesia cultiva neles a paixão e a luta contra a juventude das outras empresas [...]

Todo operário *footballer* deve ingressar nos times proletários.

No mundo obreiro ninguém mais ignora que o esporte bretão tem sido útil ao capitalismo para desviar a atenção das massas trabalhadoras de seus sindicatos profissionais.

Nós estamos a ver com simpatia a proletarização que do futebol se vem fazendo entre nós, com a fundação de departamentos esportivos junto às organizações operárias [...].[33]

---

[32] Boris Fausto, *Trabalho urbano e conflito social* (São Paulo: Difel, 1977).

[33] *O Trabalhador Gráfico*, 5-12-1928, *apud* Maria Auxiliadora Guzzo Decca, *A vida fora das fábricas...*, cit., p. 122.

A forma de organização proposta pressupunha a constituição de ligas autônomas, "sem interesse de dinheiro, mas só animados pelo espírito de solidariedade proletária",[34] em uma percepção muito semelhante à do senhor Amadeu: "nós pagávamos para jogar, ninguém ganhava; quem perdia chorava, tinha amor ao clube". Do mesmo modo, percebemos que a atividade esportiva do senhor Amadeu também estava emaranhada com a atividade sindical sob a influência comunista, como podemos observar na sequência de seu depoimento:

> [...] o sindicato era perseguido. Quando faziam sessões, aparecia o Departamento de Ordem Política e Social (Dops) com cassetetes, metralhadoras, e terminava a reunião [...] comecei a trabalhar criança e só entrei para o sindicato sete, oito anos depois.

O esporte popular de várzea funcionou como forma de apropriação de espaços públicos e serviu para moldar uma consciência, mesmo que tênue, da importância da auto-organização do povo. Ele promovia o encontro entre a população dos bairros proletários e o contato desta com o ambiente natural da cidade, com os rios, que já começavam a dar sinais de degradação. Era também uma forma de participação esportiva mais ativa, em contraponto com os espetáculos dos times grandes: o Palestra Itália (futuro Palmeiras), o Corinthians (de extração mais popular), o Paulistano (futuro São Paulo) e o Santos. Como lemos no depoimento do senhor Amadeu, "não tinha ainda estádio, era campo livre, ninguém pagava pra ver. [...] Aí começou a massa [...] Quando foi morrendo o jogo de várzea e o futebol de bairro, começou a se concentrar o público nos estádios". Esse é um retrato preciso da transição ocorrida no esporte. Em uma

---

[34] *Nossa Voz*, 1-7-1934, *apud* Maria Auxiliadora Guzzo Decca, *A vida fora das fábricas...*, cit., p. 123.

primeira fase, o esporte era uma atividade de elite. Na sequência, foi apropriado pelas camadas populares, tendo um caráter extremamente participativo, familiar: "O ponto de encontro era o campo de futebol. A única diversão do pobre era o futebol. Domingo à tarde vinham as famílias, esposas, filhas, namoradas. As senhoras acompanhavam todos os jogos".[35] Em uma terceira fase, começa a espetacularização, "aí começou a massa", como conta o senhor Amadeu. O esporte se estrutura como negócio (*negotium*, negação do ócio, vale lembrar), a compra e venda de atletas, os ingressos pagos, patrocínios, cartolas... Mesmo entre as pessoas que não jogavam e que compareciam apenas para assistir aos jogos de várzea, havia uma identificação pessoal, familiar ou de vizinhança com os jogadores, e essa era uma forma de participação, de encontro comunitário e troca de experiências. Com o fortalecimento dos grandes times e a concentração dos jogos nos estádios, a identificação do público com os jogadores é mais de projeção do que de proximidade física. Surgiram os ídolos e também a indiferenciação da audiência: nasceu a torcida. Seria equivocado dizer que na torcida não há participação (quem vai a um estádio de futebol percebe que a torcida representa um espetáculo à parte), mas essa forma de participação assumia um caráter diferente, agora de espetáculo. O distanciamento da várzea também representou a perda de contato com o ambiente natural e o confinamento do lazer.

Os parques públicos

No Brasil, a primeira área pública especialmente destinada ao lazer foi o Passeio Público do Rio de Janeiro, executado entre

---

[35] Guerino Curci, 71 anos, nascido no Canindé. Depoimento pessoal ao autor.

1779 e 1783.[36] Diferentemente dos jardins que gravitavam em torno de edificações ou palácios,[37] o Passeio Público era uma área verde autônoma, essencialmente urbana, sujeita às convenções e normas da cidade, lugar para ver e ser visto.

Em São Paulo, o Jardim Público nasceu por ordem de um Ofício Régio datado de 1798, mas sua inauguração só foi efetivada em 1825, sob a denominação de Horto Botânico da Luz. Com a industrialização e o surgimento da massa de trabalhadores assalariados, foi aumentando a necessidade de abrir novos espaços destinados a aliviar as tensões e recompor a saúde física e moral dos trabalhadores. Essa mudança de destinação teve efeito na própria composição dos parques, com uma transformação no paisagismo, que deixou de ter configuração romântica para oferecer atividades lúdicas e esportivas. O relatório do Select Committee on Public Walks, produzido em 1833, na Inglaterra, definia o seguinte conceito para esses novos parques:

> Para quem considera as atividades das classes trabalhadoras que ali moram [as grandes cidades], confinadas como são durante os dias da semana [...] em fábricas com calor escaldante, é evidente que é de primeira importância para sua saúde no seu dia de descanso aproveitar o ar fresco e poder (livre da poeira e da sujeira das vias públicas) passear

---

[36] Vladimir Bartalini, *Parques públicos municipais de São Paulo*, tese de doutorado (São Paulo: FAU-USP, 1999), p. 5.

[37] Hugo Segawa informa que iniciativa semelhante aconteceu na Cidade do México, com a "Alameda", espaço com "fontes e árvores que servissem de ornato para a cidade, e de recreação para seus vizinhos". Essa foi uma iniciativa pioneira, antecipando-se até mesmo à de cidades europeias, tendo sido ordenada pelo vice-rei da Nova Espanha em 1592. O autor também identifica que o primeiro jardim brasileiro foi implantado no Recife, por ordem do governador-geral da Nova Holanda (1637-1644), Maurício de Nassau. Esse parque circundava o palácio do governador, sendo restrita a circulação do público (Hugo Segawa, *apud* Vladimir Bartalini, *Parques públicos municipais de São Paulo*, cit.).

com um mínimo de conforto com suas famílias; se privados de tais meios é provável que seu único escape dos estreitos pátios e becos (nos quais tantos das classes pobres residem) venham a ser os botequins, onde gastam os recursos de suas famílias, e também frequentemente destroem sua saúde. Nem esse Comitê deixaria de notar as vantagens que os passeios públicos (devidamente controlados e abertos para as classes médias e pobres) oferecem para a melhoria do asseio e dos cuidados com a aparência pessoal daqueles que os frequentam. Um homem passeando com sua família entre vizinhos de distintas categorias naturalmente desejará estar adequadamente vestido e que sua mulher e filhos também estejam; mas este desejo devidamente dirigido e controlado é tido, por experiência, como o de mais poderoso efeito em promover a boa educação e o empenho no trabalho. E este Comitê ousa afirmar que isto independe de idade, posição ou sexo. Poucos não haverão de notar a diferença normalmente observável no caráter geral e na conduta daqueles que, entre as classes trabalhadoras, são cuidadosos com a aparência pessoal ao compará-los com outros que são negligentes ou indiferentes quanto a isso [...].[38]

Com essa clara exposição de motivos, o comitê britânico define o conceito e os objetivos para a criação de Parques Públicos, levando o ambiente natural para dentro das cidades. Foi também na Inglaterra, em Manchester, que surgiram os primeiros parques com a presença de equipamentos lúdicos e esportivos, determinando uma transformação em relação ao parque romântico e mais contemplativo, agora prevendo área para exercícios físicos e jogos e circundado por árvores e jardins. O modelo francês segue um caminho diferente, menos imitativo do ambiente rural e mais urbano, estendido à via pública, com árvores nas calçadas (o modelo dos bulevares), jardins de vizinhança, parques com jardins e canteiros especialmente desenhados.

---

[38] *Apud* Vladimir Bartalini, *Parques públicos municipais de São Paulo*, cit., p. 14.

A CIDADE DESCOBRE O LAZER: O RIO TIETÊ – A MUIRAQUITÃ DE SÃO PAULO   265

O modelo a que a elite paulistana aspirava no início do século XX era um misto dos modelos britânico e francês. E era necessário agir rápido, pois, segundo parecer da Comissão de Justiça e Polícia da Câmara dos Vereadores, por ocasião da apresentação do projeto de implantação do Parque da Várzea do Carmo (1914),

> São Paulo formou-se e cresceu desordenadamente, sem um plano que lhe disciplinasse a expansão. Os novos bairros têm sido criados pela iniciativa dos grandes proprietários, que tudo envidam por aumentar a superfície alienável, reduzindo ao mínimo de largura as ruas e refringindo a formação de praças e largos. Além de traçados monotonamente em xadrez, sem alteração à configuração do terreno, os bairros de Vila Buarque, Bixiga, Campos Elísios, Palmeiras, Mooca, Higienópolis, que constituem a maior porção da cidade, se distinguem pela ausência quase absoluta de espaços livres. Ora, não há quem desconheça quanto é necessário que se estabeleçam de distância a distância, nas aglomerações urbanas, as reservas de ar indispensáveis à salubridade da população. Este é um dos motivos que tem insistido [sic] sempre na organização de um plano de extensão e desenvolvimento de São Paulo. Mais do que nenhuma cidade, São Paulo precisa conservar e ampliar os espaços livres de que atualmente dispõe.[39]

Como os grandes proprietários de loteamentos não se preocuparam com os espaços livres, cabia ao poder público assumir um ordenamento de áreas reservadas exclusivamente para o lazer da população. Sob uma necessidade premente da cidade e seguindo um misto desses dois conceitos de parques, ocorreram três grandes intervenções no centro de São Paulo: a reforma do Jardim da Luz, a Várzea do Carmo (pouco depois denominada Parque Dom Pedro II) e o conjunto de canteiros do Vale do Anhangabaú (associado à arborização de ruas, avenidas e pequenas praças do entorno).

---

[39]   *Apud* Rosa Kliass, *Parques urbanos de São Paulo*, cit., p. 119.

A composição dessas áreas livres funcionou como espaço convidativo para o exercício da sociabilidade e de exibição mútua, consolidando hábitos de lazer público em pontos de encontro que, no entanto, estavam restritos à elite e às classes médias. A própria organização do espaço, os jardins, o jeito de se vestir e de se comportar das pessoas que os frequentavam por si só inibiam a presença popular. Nesses espaços eram realizados os passeios no final da tarde: "a mais elegante expressão pública do lazer cotidiano, enquanto nas calçadas ou nos leitos das ruas dos bairros populares crianças se divertiam com seus jogos e adultos comentavam o dia a dia".[40] A vida do paulistano médio no século XIX era bem rude, havendo pouco espaço para diversões. O primeiro esforço em criar um espaço recreativo foi da Câmara dos Vereadores, com o Campo da Luz (1852), que, mesmo afastado do núcleo urbano, servia de área de lazer aos domingos e feriados, mas no início era frequentado apenas por imigrantes europeus. De maneira geral, no entanto, o povo "preferia o frontão na rua 24 de maio (1903), futebol no Gasômetro (1888), jogar peteca no largo da Forca, jogar futebol na atual Benjamin Constant e cartas nas próprias ruas e escadarias".[41] As inovações espaciais, portanto, levaram um tempo para se impor, uma vez que aqueles cenários criados não permitiam a interferência da população. Cheios de normas de condutas, regulamentos e leis, os parques convidavam ao passeio e à contemplação de um ordenamento visual distante da realidade vivida em São Paulo. Circular por eles representava uma afirmação de civilidade e identificação com os padrões europeus de conduta.

---

[40]   Vladimir Bartalini, *Parques públicos municipais de São Paulo*, cit., p. 7.

[41]   Jorge Wilheim, *São Paulo, Metrópole 1965: subsídios para seu plano diretor* (São Paulo: Difel, 1965), p. 32.

Um parque que deveria unir a cidade

Do ponto de vista geográfico, a Várzea do Carmo, ou Parque Dom Pedro II, poderia representar o ponto de encontro mais efetivo entre as "várias" cidades de São Paulo. Situado entre o centro da cidade e os bairros operários em direção ao leste, foi o primeiro parque "completo" em termos de equipamentos para recreação e lazer, tornando-se, em projeto, mais assemelhado ao modelo de Manchester, no que diz respeito ao uso e função. O projeto original previa uma grande linha de "passeios", lago artificial com ilha, quiosque, área para recreação infantil e quadras esportivas (que, no entanto, nunca foram executadas). De forma direta, 171 mil habitantes seriam beneficiados pelo parque, entre moradores da Mooca, do Brás e da Liberdade.

A iniciativa de transformar a Várzea do Carmo efetivamente em parque ocorreu após a completa canalização do Tamanduateí (entre o rio Tietê e o bairro do Cambuci). Em 1914, o prefeito municipal, Washington Luís, enviou projeto defendendo sua implantação imediata:

> Não pode ser adiado, porque o que hoje ainda se vê, a adiantada capital do estado, a separar brutalmente do centro comercial da cidade os seus populosos bairros industriais, é uma vasta superfície chagosa, mal cicatrizada em alguns pontos, e ainda escalavrada, feia e suja, repugnante e perigosa, em quase toda a sua extensão.
>
> Nesta vasta superfície acidentada, de mais de 25 alqueires de terra, após a época das chuvas ficam estagnadas águas que em decomposição alimentam viveiros assombrosos de mosquitos, que levam o incômodo e a moléstia aos moradores: no tempo da seca formam-se aí trombas de poeira que sujam e envenenam a cidade: a espaços, o mato cresce a esconder imundícies [...]

> É aí que se cometem atentados que a decência manda calar; é aí que se atraem jovens estouvados e velhos concupiscentes para matar e roubar, como nos dão notícias os anais judiciários, com grave dano para a moral e para a segurança individual, não obstante a solicitude e a vigilância da nossa polícia.
>
> É aí que, quando a polícia fazia o expurgo da cidade, encontrava a sua mais farta colheita.
>
> Tudo isso pode desaparecer, e já, tendo sido já muito melhorado com a canalização e aterrados feitos, sendo substituído por um parque seguro, saudável e belo, como é o do projeto Cochet.
>
> Denunciado o mal e indicado o remédio, não há lugar para hesitações, porque a isso se opõem a beleza, o asseio, a higiene, a moral, a segurança, enfim, a civilização e o espírito de iniciativa de São Paulo.[42]

Cabe chamar a atenção ao fato de que, na época da mensagem do prefeito, o Tamanduateí já tinha passado por uma série de intervenções de combate às cheias, mas a sua várzea continuava "uma vasta superfície chagosa" infestada de mosquitos. Mas a "civilização e o espírito de iniciativa de São Paulo" resolveriam o problema. Era no que se acreditava.

O *Relatório do Anteprojeto do Parque da Várzea do Carmo*, do arquiteto E. F. Cochet, apresentava a seguinte proposta:

> A área posta a nossa disposição e os bairros do entorno onde a população se concentra nos levaram naturalmente a estudar um complexo diversificado onde grande parte foi reservada às áreas de recreação e jogos infantis, e áreas de esportes para adultos.
>
> A experiência nos tem mostrado que os parques públicos não devem ser somente passeios agradáveis e reservas de ar puro, mas devem também propiciar educação física às crianças, repouso aos adultos e desenvolvimento da raça. Não devemos nos esquecer também que os

---

[42] *Apud* Rosa Kliass, *Parques urbanos de São Paulo*, cit., p. 112.

A CIDADE DESCOBRE O LAZER: O RIO TIETÊ – A MUIRAQUITÃ DE SÃO PAULO   269

jogos ao ar livre são derivativos poderosos para o cabaré e é desejável
que áreas de jogos, pequenas e grandes, sejam distribuídas em grande
número nos diferentes bairros.[43]

O projeto seguia o estilo inglês *paysager*, caracterizado pela
presença de extensos gramados, alamedas, plantas tropicais orna-
mentais e águas. E, de maneira coerente com o anteprojeto, previa
uma grande área para jogos, esportes e teatro:

> Os adultos encontrarão tênis, quadras de futebol, *hockey*, *baseball*,
> boliche, patinação, ginásio coberto e um conjunto de banhos públicos.
> Paralelamente está previsto um estádio [...]. As crianças poderão dispor
> de áreas de jogos separadas, sombradas e bem abrigadas dos ventos
> frios do sul, onde encontrarão jogos e aparelhos de ginástica adaptados
> à sua idade. [...] E um cineteatro e anfiteatro ao ar livre estão previstos
> para o divertimento dos pequenos e dos grandes.
>
> Finalmente podemos apontar as construções indispensáveis aos parques
> públicos: abrigos contra chuva, pavilhão de música, restaurante na ilha,
> café-sorveteria perto do teatro, pavilhão para administração, pequenas
> estruturas para usos diversos, bebedouros, etc.[44]

A intenção da prefeitura era financiar as obras com a venda
de terrenos do entorno, que se valorizariam com o parque. O contrato com a empreiteira foi assinado em setembro de 1918, e a obra
deveria estar pronta em vinte meses. As obras começaram, pararam
em virtude da gripe espanhola e recomeçaram em 1920, na gestão
de um novo prefeito (Firminiano de Moraes Pinto). Nesse percurso,
o projeto original sofreu alterações: os equipamentos esportivos e
culturais, incluídos cafés, restaurantes e pavilhão de festas, foram
suprimidos. A empreiteira plantou mudas de árvores fornecidas

---

[43]   E. F. Cochet, *Relatório do Anteprojeto do Parque da Várzea do Carmo*, *apud* Rosa
Kliass, *Parques urbanos de São Paulo*, cit., p. 117.

[44]   *Ibidem.*

pela própria administração pública, e, em 1922, a obra foi entregue. Incompleta, é bom lembrar. Consciente do seu dever, o diretor da Administração de Jardins da Prefeitura, Antônio Etzel, a quem sobrou a responsabilidade de concluir o paisagismo, apresentou o seguinte relatório:

> Muito tem preocupado esta administração a conservação deste Parque entregue pela Cia. Construtora sem estar completamente terminado e que apresentava muitas falhas na área ajardinada, conforme comuniquei por escrito e verbalmente, falhas que poderiam ter sido reparadas pela referida cia., se a diretoria de Obras na ocasião da entrega houvesse consultado essa administração sobre ajardinamento – parte que lhe diz respeito –, conforme fora recomendado por despacho do então prefeito Washington Luís. Os reparos indispensáveis feitos neste Parque constaram dos seguintes serviços: plantação de árvores e arbustos para a formação de grupos nos gramados, replantação de árvores que constituem a arborização da parte externa do parque, formação de canteiros com flores anuais e vivazes, principalmente roseiras enxertadas altas e tipo chorão, reforma de diversos gramados, limpeza das ruas e passeios na parte interna, construção de um barracão para depósito de ferramentas e outros materiais.[45]

Incompletas ficaram também as diversas intervenções na várzea dos rios. Apesar de toda a convicção na força da "civilização e do espírito de iniciativa de São Paulo", a consequência dessas intervenções foi transformar um fenômeno natural, o alagamento da várzea, em fenômeno histórico, as enchentes. A população recebeu uma obra incompleta, um simulacro de parque europeu, nem destinado a um pleno lazer urbano e cosmopolita nem adequado às necessidades anteriores de utilização daquela área. O que deveria ser um ponto de encontro entre a cidade de elite, voltada do centro para o oeste, e os bairros proletários do leste continuou como um

---

[45]   *Apud* Rosa Kliass, *Parques urbanos de São Paulo*, cit., p. 120.

A CIDADE DESCOBRE O LAZER: O RIO TIETÊ – A MUIRAQUITÃ DE SÃO PAULO   271

vazio urbano, sem que houvesse uma efetiva apropriação pública da área. O Parque Dom Pedro se manteve como um local de passagem, pouco convidativo à permanência. De um lado, a elite paulistana continuava de costas para o leste; de outro, os moradores do Brás não tinham motivos para cruzá-lo em busca de lazer. O Brás já contava com restaurantes, pizzarias, confeitarias, clubes e salões de festas, cinco cinemas e um teatro, a Ópera Colombo, inaugurada em 1908, antes do Municipal. Cruzar o parque para quê?

As lembranças ou relações de afetividade com o parque são um importante indicador para entendermos o que aconteceu. O depoimento do senhor Amadeu também nos fornece pistas sobre essa relação de afetividade e uso do parque para o lazer:

> Para ir até o centro era preciso atravessar um matagal, que hoje é o Parque Dom Pedro, onde está o Palácio 9 de Julho; e atravessar o rio Tamanduateí era um lugar lamacento, perigoso. Eu vi a inauguração do palácio; estavam presentes os maiores industriais: Matarazzo, Penteado, Crespi, Gamba, que colocaram num poço valores: ouro, prata, dinheiro [...] Usavam fazer isso como incentivo para a grande obra [...] na época era o Palácio das Exposições. A primeira peça que mostraram ali foi uma geladeira importada, isso quando eu tinha uns 12 anos, depois da gripe espanhola. Antes, o lugar era o nosso campo de futebol, de um clube chamado Torino. Meu pai vinha me buscar com o cinto porque não queria que eu jogasse futebol.[46]

Esse velho morador do Brás tem lembranças de lazer na área, mas antes da obra, quando o parque ainda era várzea. Ele recupera um tempo remoto, de criança, sabe o nome do time de futebol, lembra-se do pai vindo buscá-lo com um cinto. De suas lembranças em relação ao parque, restou apenas a do evento de inauguração, depois disso, nenhuma palavra.

---

[46]   Amadeu Bovi, *apud* Ecléa Bosi, *Memória e sociedade*, cit., p. 132.

Nos anos que se seguiram à inauguração, o Parque Dom Pedro II passou por inúmeras transformações, a maioria decorrente de intervenções viárias (nesse meio-tempo houve a construção de um *playground* em 1929) previstas no Plano de Avenidas do prefeito Prestes Maia (1938). Por todas as décadas seguintes, esse plano definiu a prioridade absoluta para o sistema viário e, consequentemente, o alargamento de avenidas, viadutos e pontes que cortaram o parque, retirando-lhe área e a possibilidade de acesso aos transeuntes. No final dos anos 1960, com a Radial Leste e o novo sistema de viadutos, o parque havia se transformado novamente em ilha, como no tempo da Ilha dos Amores,[47] só que, em vez de cercado pelas águas do Tamanduateí – agora canalizadas –, estava rodeado de vias expressas. Os que ali passavam não viam nem parque, nem várzea, nem rio, e nem mesmo a transferência da sede da administração municipal para o Palácio das Indústrias, por iniciativa da então prefeita, Luiza Erundina (1992), conseguiu revitalizar a área.

São Paulo e o estranhamento do rio

Eu bebi água no Tietê, pescava traíras de 3, 4 quilos.

Hermínio Pavanelo, nascido no bairro do Canindé.

O nome rua da Piscina é porque nós íamos pescar na lagoa.

Depois da cheia se formavam lagoas na várzea,
em seguida nós abríamos uma vala para secar a lagoa
e dava pra pegar peixe com a mão.

Nelson Lumumba, nascido no bairro do Pari.

---

[47] No início da canalização do Tamanduateí, o rio foi dividido em dois braços, criando-se no meio uma espécie de ilha, na qual o então presidente da província, João Teodoro, fez instalar uma área de recreio (1874). Foi curta, no entanto, a vida útil da ilha, já que em 1888 já se encontrava totalmente degradada.

A última prova Travessia de São Paulo a Nado, em 1944, marca a agonia do rio que simbolizava a identidade dos paulistas. O Tietê, que nascia na serra e corria em direção oposta ao mar, estava agonizando. Seus meandros, curvas e desenhos (pouco antes da Ponte Grande, as suas voltas faziam o desenho de uma coroa, daí, rua da Coroa, na Zona Norte de São Paulo) estavam desaparecendo, e o rio seguia por um caminho retificado, canalizado; os recantos para piqueniques e também para a procriação dos peixes estavam chegando ao fim. Era preciso escoar as águas com rapidez e ganhar a várzea alagadiça para novos empreendimentos imobiliários; não havia mais espaço para as lagoas temporárias ou para pastos e campos de futebol. O despejo de dejetos industriais e esgoto doméstico também estava retirando a vida do rio. Nem pedras nem pedregulhos podiam ser extraídos, pois se misturavam com uma lama podre. A contaminação com doenças já era constante para quem se aventurava por suas águas. As provas de remo continuaram até 1961, mas o mau cheiro tornava insuportável a atividade dos remadores. Em 1970, o índice de oxigênio nas águas do rio era de 0%; mesmo assim, em 1972, ainda houve uma última regata, de despedida.

Esse processo de perda do rio começou com a canalização do Tamanduateí, afluente que atravessava o centro da cidade e por onde se chegava a São Paulo, vindo do Caminho do Mar. Canalizado, o Tamanduateí passou a receber todo o esgoto da cidade diretamente, ou através dos córregos menores que passavam pelos bairros, indo despejar-se no Tietê. Conta o senhor Henrique Nicolini, autor de *Tietê, o rio do esporte*:

> Os remadores, no final dos anos 20 e início dos anos 30, já chamavam, em seu linguajar pouco convencional, a confluência Tietê/Tamanduateí pelo nome [...] de "cagão". Nenhuma prova de natação se arriscava a ir pela corrente rio abaixo, depois das sedes do Tietê e do Espéria.[48]

---

[48] Henrique Nicolini, *Tietê, o rio do esporte*, cit., p. 33.

"Cagão"!... Já era possível imaginar o que sucederia com o rio, mas nada foi feito para impedi-lo. A força de uma ideologia que transformava São Paulo na capital do trabalho prevaleceu. Era preciso ganhar tempo, ganhar espaço, transformar espaço e tempo em lucro. Fábricas tinham de funcionar a pleno vapor, e não havia tempo para tratar dos dejetos industriais; casas e vilas tinham de ser construídas, mas os lucros diminuiriam se tivessem de incluir o custo do tratamento de esgotos; avenidas precisavam ser abertas para as mercadorias (os produtos e as pessoas) circularem mais rápido. Em meados dos anos 1930 a cidade ultrapassava 1 milhão de habitantes, e o prefeito da época, Fábio Prado, lançou o lema "São Paulo não pode parar!". São Paulo da velocidade, do lucro rápido, da racional funcionalidade de seus espaços. E a função dos rios agora era receber os dejetos da cidade.

O poeta francês Blaise Cendrars, que teve íntimo contato com os modernistas brasileiros, faz a seguinte descrição da cidade:

Adoro esta cidade
São Paulo combina com meu coração
Aqui nenhuma tradição
Nenhum preconceito
Nem antigo nem moderno
O que importa é só este apetite furioso esta confiança
absoluta este otimismo esta audácia este trabalho este
labor esta especulação que fazem subir dez casas por
hora de todos os estilos ridículos grotescos belos
grandes pequenos norte sul egípcio ianque cubista
Sem outra preocupação: só perseguir as estatísticas
prever o futuro o conforto a utilidade a mais-valia e
atrair uma grande imigração
Todos os países
Todos os povos
Gosto disso

As duas três velhas casas portuguesas que restam são

Porcelanas azuis[49]

"Só perseguir as estatísticas prever o futuro o conforto a utilidade a mais-valia", uma boa síntese da ideologia que tomou conta da cidade. Assim a sociedade paulista (elite dirigente, burguesia, quatrocentões, proletariado, vagabundos, classe média, intelectuais e todos os outros que deixaram de "olhar" ou "sentir" o rio) se alienou de seu ambiente. E os rios deixaram de ser rios.

No começo evitavam nadar abaixo do "cagão"; depois, já nem ousavam se aproximar das águas. Para Karl Marx, alienação é um estado no qual os próprios atos do homem se tornam, para ele, uma força estranha e superior, que governa os seus desígnios.

Foi o que aconteceu em relação às forças do trabalho – e do progresso – de São Paulo. O que aconteceu com o rio é apenas reflexo disso. Os habitantes da cidade (e nesse caso não há como fazer distinção de classes, nem como culpar governos e industriais apenas) estavam alienados de si mesmos, não se sentiam responsáveis por seus atos nem pelas consequências de tudo que veio depois.

A alienação se expressa em fatos concretos, resultando numa maneira de ser:

> [...] a identidade entre o homem e a natureza aparece de modo a indicar que a relação limitada dos homens com a natureza condiciona a relação limitada dos homens entre si, e a relação limitada dos homens entre si condiciona a relação limitada dos homens com a natureza.[50]

---

[49] Blaise Cendrars, poema "Saint-Paul", *apud* Nicolau Sevcenko, *Orfeu extático na metrópole* (São Paulo: Companhia das Letras, 1992), p. 293.

[50] Karl Marx & Friedrich Engels, *A ideologia alemã* (São Paulo: Grijalbo, 1977), p. 44.

A cidade perdeu o rio, e a única atitude que tomou foi a de ignorá-lo. Como se esse passado de lazer e recreio, de pescarias e passeios nunca tivesse existido, mantendo-se apenas numa vaga e nebulosa memória. Memória a ser esquecida. Como se o rio estivesse inelutavelmente destinado a servir de esgoto.

Em *Psicanálise da sociedade contemporânea*, Erich Fromm analisa o fenômeno da alienação sobre a personalidade:

> Poder-se-ia dizer que a pessoa se alienou de si mesma. Não se sente como centro de seu mundo, como criador de seus próprios atos, tendo sido os seus atos e as consequências destes transformados em seus senhores, aos quais obedece e aos quais quiçá até adora. A pessoa alienada não tem contato consigo mesma e também não tem com nenhuma outra pessoa. Percebe a si e aos demais como são percebidas as coisas: com os sentidos e com o senso comum, mas, ao mesmo tempo, sem relacionar-se produtivamente consigo mesma e com o mundo exterior.[51]

Ao optar por não fazer nada quando viram que os rios da cidade estavam se transformando em esgotos, os moradores embruteceram. Empobreceram seus sentidos, deixaram de conviver com o rio, de sentir a chuva preguiçosa, a garoa – que também desapareceu em função do desmatamento e das construções.

A crença na capacidade do trabalho foi tão grande que resolveram fazer um túnel no leito de um rio e soterraram o Anhangabaú; alteraram o curso do Pinheiros para gerar energia elétrica, o que provocou mais enchentes nos córregos do entorno; despejaram esgotos até nos reservatórios de água potável da cidade, Guarapiranga e Billings, criando um imenso fosso de merda do outro lado da serra

---

[51]   Erich Fromm, *Psicanálise da sociedade contemporânea* (Rio de Janeiro: Zahar, 1959), p. 129.

do Mar. De fato, somos animais estranhos. Melhor seria se nos tivéssemos mantido preguiçosos.

Maior, porém, que a força da alienação é a força da natureza: o rio teima em reaparecer, e as enchentes tomam conta das vias expressas e invadem as casas; a falta da garoa é sentida na secura das noites de inverno. E assim os cidadãos de São Paulo, de tempos em tempos, são chacoalhados de seu sonho de progresso.

QUARENTA ANOS DEPOIS: O SONHO DE REURBANIZAR AS MARGENS DO RIO TIETÊ

São Paulo teve um plano para reencontrar-se com o Tietê, talvez o único possível. Isso aconteceu em 1986. Assim o descreveu Oscar Niemeyer, coordenador da equipe que desenvolveu o projeto:

> E aí está o nosso plano: dez milhões de metros quadrados de áreas verdes, compreendendo parques e jardins, zonas de esporte e recreio, habitações, escritórios, centro cívico e cultural. Todos cercados de vegetação, inclusive o centro cívico, que, construído nos bairros de recuperação, nunca teria o ambiente e os espaços que obra de tal vulto requer. Seriam dez milhões de metros quadrados de área verde que constituiriam o local preferido da cidade, os parques e jardins com os quais jovens e velhos sempre sonharam.[52]

Diferentemente de outros planos urbanísticos – e esse projeto nem tinha tal pretensão, definindo-se como plano setorial –, o Projeto do Parque do Tietê não direcionava o foco para as construções, mas sim para o olhar do cidadão. Primeiro ele pretendia romper com o emparedamento (pelas vias marginais) do rio, promovendo o seu reencontro com a cidade, que o havia reduzido à condição de

---

[52] Projeto do Parque do Tietê, Secretaria Municipal de Planejamento Urbano, s/d.

esgoto a céu aberto. No momento em que os moradores perderam essa identidade com o rio (um rio que lhes deu a primeira identidade), foram se afastando de si mesmos, cruzando a cidade com indiferença, incapazes de se situar, tanto em termos geográficos como históricos.

Promover o reencontro da cidade com o rio é, portanto, romper com o ambiente opressivo e repressivo da cidade, buscando recuperar o valor do indivíduo. Para Giulio Argan, "o indivíduo não é mais do que um átomo na massa. Eliminando o valor do ego, elimina-se o valor da história de que o ego é protagonista; eliminando o ego como sujeito, elimina-se o objeto correspondente, a natureza".[53]

A estratégia de priorizar o redirecionamento do "olhar", recuperando o "eixo" do indivíduo na grande cidade, fica clara na discussão sobre o que deveria vir antes: o parque e o reencontro da cidade com o rio, ou a sua despoluição? Ficava claro que a presença do parque induziria e apressaria o processo de despoluição do rio. E o conceito era de que a despoluição viria da retomada de contato da cidade com o rio, que, além de representar uma tomada de consciência coletiva em relação a essa necessidade, também coletivizaria os ganhos advindos do investimento público:

> Alguns advogam a inversão das prioridades, ou seja, despoluir o rio e, após, então, implantar o Parque, sob a ótica das condições sanitárias atuais que impossibilitariam seu desfrute pela população. Tal argumento faz por desconhecer as regras dos interesses predominantes na cidade, onde, de hábito, a apropriação dos benefícios dos investimentos públicos se faz a favor do patrimônio imobiliário privado. E tão logo os vultosos dispêndios dos programas de despoluição produzam seus primeiros

---

[53] Giulio Carlo Argan, *História da arte como história da cidade* (São Paulo: Martins Fontes, 1998), p. 214.

efeitos, certamente se traduzirão na alta valorização imobiliária das áreas marginais, inviabilizando a implantação do Parque.[54]

A um só tempo o projeto humaniza o processo de apropriação da cidade e de seus marcos significantes, como também a forma pela qual os resultados do esforço coletivo podem ser redistribuídos para a sociedade que os gerou.

O projeto tinha por ponto de partida o estudo do engenheiro Saturnino de Brito, elaborado na década de 1920 e que preservava a várzea na forma de um parque linear. Diríamos que essa era uma preguiçosa e inteligente solução urbana. No período da cheia o rio avançaria na várzea (como há milênios a humanidade sabe que acontece), sem causar maiores transtornos para a vida urbana. Com as águas voltando ao leito natural do rio, a área seria usada para livre recreação.

O parque linear teria 18 quilômetros de extensão, e a largura variaria entre 300 metros e mil metros, totalizando 10 milhões de metros quadrados (o Parque do Ibirapuera tem 1,5 milhão de metros quadrados), o que representaria um acréscimo de 40% na área total de parques públicos do município. Cortaria a Região Metropolitana de São Paulo de leste a oeste, alongando-se pelos bairros da Lapa, Barra Funda, Bom Retiro, Pari, Belenzinho, Tatuapé e Penha (o parque foi mantido apenas nessa parte da cidade, no caminho do Aeroporto Internacional de Cumbica).

A presença do parque alteraria as características essenciais da cidade, estabelecendo uma nova relação dos cidadãos com seu meio ambiente e uma nova postura de apropriação pública da cidade.

---

[54]   Projeto do Parque do Tietê, cit.

Se havia uma preocupação com a estética, também havia uma preocupação com os custos de implantação. Da área de 10 milhões de metros quadrados, metade era pública e boa parte desocupada, o que reduzia os custos de desapropriação. A área restante seria viabilizada com operações urbanas e investimentos em parceria com a iniciativa privada (construções habitacionais e de escritórios).

No cruzamento dos eixos norte–sul e leste–oeste, ficaria situado o centro cívico. Ali se instalaria a administração municipal, com seus edifícios, e uma praça cívica com capacidade para receber manifestações com até 1 milhão de pessoas (dois anos antes do projeto de Niemeyer, o Vale do Anhangabaú abrigara uma manifestação dessa magnitude na campanha Diretas-Já!). A ideia por trás do centro cívico era criar um ponto de identificação claro do governo com sua comunidade.

No sentido leste, entre os bairros do Belenzinho e do Tatuapé, seria implantado um centro cultural, dotado de centro de divulgação (exposições, biblioteca, cinema, museus), centro de criação (escolas de música, dança, escultura, desenho, pintura, gravura), centro de eventos (teatro pra mil pessoas, auditório aberto para 50 mil pessoas e auditório fechado para 2 mil) e centro de convivência (áreas de animação cultural e exposições ao ar livre, restaurantes, lanchonetes, comércio especializado).

Previam-se também dois conjuntos de escritórios: o Setor Empresarial das Bandeiras, com cinco torres de quarenta andares e capacidade para 57 mil pessoas em 850 mil metros quadrados de área construída; o Setor Empresarial Cruzeiro do Sul, com três torres de quarenta andares, capacidade para 27 mil pessoas e 400 mil metros quadrados. A execução das construções seria transferida para o setor imobiliário privado, que ofereceria suporte econômico adicional para a implantação de outros segmentos do parque.

A CIDADE DESCOBRE O LAZER: O RIO TIETÊ – A MUIRAQUITÃ DE SÃO PAULO 281

O parque também conteria duas áreas para habitação, permitindo abrigar uma população de 150 mil habitantes, em apartamentos de 60, 90 e 120 metros quadrados. O Setor Aricanduva conteria 65 blocos de habitação, com 13.200 unidades. O Setor Água Branca, 86 blocos, com 16.800 unidades. Essa concepção invertia a lógica de moradias populares ao construí-las em áreas valorizadas, e não na periferia da cidade, e uma de suas preocupações era abrigar famílias cujas casas tivessem sido desapropriadas para a instalação do parque. Esse também seria um empreendimento com participação privada.

O projeto de Niemeyer partia da constatação de que nas grandes metrópoles a demanda por oportunidades de lazer é cada vez maior. E São Paulo não oferecia e ainda não oferece essas oportunidades. O Parque Ibirapuera, o maior da cidade, recebe apenas cerca de 150 mil frequentadores aos domingos, uma porcentagem ínfima da população. Qual a área livre para os outros moradores?

Enquanto outros parques são concebidos como uma massa mais compacta, circunscrita a determinada região da cidade, o Parque do Tietê seria longilíneo, franqueado à população de diversos bairros da cidade, e teria capacidade para atender simultaneamente 1 milhão de pessoas por dia. Com 18 quilômetros de parque, as pessoas não precisariam mais de grandes deslocamentos para obter lazer, pois ele estaria próximo de suas casas, atravessando toda a cidade e intercalando áreas de lazer com os outros setores e conjuntos de apoio, campos e quadras esportivas (o futebol, definitivamente, voltaria para a várzea), balneários, pistas e tanques de modelismo, parques infantis, abrigos, restaurantes e lanchonetes, sanitários, vestiários e enfermarias, entre outros. E, após a despoluição, a volta dos esportes náuticos.

Crianças, adultos, jovens, velhos, famílias, namorados, todos cercando a cidade de São Paulo em momentos de lazer. Um pouco mais de alegria para os cidadãos, e a "alegria é a prova dos nove", já disse o "Manifesto antropófago" dos modernistas dos anos 1920. Um milhão de pessoas se encontrando ao mesmo tempo e em um tempo de lazer. Podemos imaginar o que esse encontro de gente seria capaz de fazer por uma nova cidade.

Mas a cidade não fez o parque. A várzea do rio continua prensada por autopistas, e suas águas continuam lodosas. É preciso fazer circular rapidamente as mercadorias (gente e produtos) que trafegam por suas margens, embora o trânsito pare em congestionamentos cada vez maiores. Mas isso não importa, o que importa é a sensação de utilidade das coisas, do lucro rápido e fácil, pois Venceslau Pietro Pietra, o gigante Piaimã, o regatão, continua dando as ordens nas terras do igarapé Tietê.

E MACUNAÍMA FEZ,
seguindo na trilha – vinte anos depois

"Estrela de brilho inútil" – muito provavelmente isso é o que a maioria das pessoas pensa em relação ao lazer e ao tempo livre. O lazer deixa de ser uma forma de emancipação, por meio da qual as pessoas conquistam tempo para si, para se transformar em mais um espaço de dominação, controle e vigilância. Tudo está sob a lógica do utilitarismo da vida e da monetização das relações; até nas relações de afeto, tudo se transforma em mercadoria. Para confirmar esse fenômeno, temos as empresas de redes sociais, cujo ativo que as torna bilionárias é a captura das emoções, dos medos e dos desejos dos usuários, via algoritmos. Quando este livro foi publicado, em 2005, essas redes ainda engatinhavam; hoje, em 2022, elas são as *big techs*, empresas que moldam a forma de as pessoas se comunicarem, trabalharem, venderem, consumirem, pensarem. O capitalismo em sua etapa avançada – conhecida por neoliberal, mas que vai além disso, sendo um capitalismo de espoliação e sucção da vida – transforma todos os elementos da vida em *commodities*, do ar que respiramos à água que bebemos. As maneiras de ser, as relações humanas e as formas de pensar se subordinam a essa lógica.

Tudo passa a ter função definida, distribuída no tempo e no espaço – e, em breve (ao menos é o que se pretende), no metaverso –, não havendo tempo para a beleza, a contemplação, a criatividade e as experimentações emancipadoras.

Hora para o trabalho, hora para o descanso, lugar para morar (via de regra, distante e precário), lugar para circular, lugar para recrear. Caminhamos em meio à multidão e estamos sós; nos relacionamos através de telas e não nos vemos. O carro, a trava elétrica, o vidro escuro, o muro, a tela, o teletrabalho. Se antes ia-se de casa para o trabalho, agora a casa é o local de trabalho para muitos. Diluíram-se as fronteiras entre casa, trabalho e tempo livre. O consumo se faz a partir da casa, da tela; ou, mesmo com uma ida ao shopping, o lazer consentido é aquele em que o tempo livre é um meio para outros acumularem dinheiro.

Vulgaridade, esse seria o melhor retrato de nosso tempo. Se em 2005, época do lançamento deste livro, essa já era a percepção, agora, em 2022, tudo parece ainda mais intenso, fugaz e mesmo rude. Pura vulgaridade em um mundo a serviço da acumulação (para poucos) e que, para tanto, precisa encontrar utilidade em tudo. O grande objetivo das coisas úteis, já se disse, é a acumulação, a exploração, o lucro desmedido. Dinheiro gerando mais dinheiro, descolado dos processos de vida, das economias vivas, reais, com alma. As economias das mulheres, do cuidado, do bem-viver, da reprodutibilidade, da solidariedade estão ignoradas, enquanto as economias artificiais, baseadas na hiperexploração da natureza e das pessoas, nas imposições do poder, seguem se afirmando como lógicas e racionais. Em verdade, a economia capitalista, da hiperexploração e do produtivismo é que é ilógica e suicida, pois é antinatural a ponto de levar o planeta ao colapso. É uma besta que come a todos, como o gigante Piaimã. Lealdades são desfeitas, amizades são de conveniência, utilitárias. Milhões, bilhões de pessoas em todo o globo, diariamente, são obrigadas a fazer o que não gostam, pela única motivação de ganhar alguns trocados para a sobrevivência por mais um dia; outras não conseguem nem mesmo isso, sendo descartadas por serem consideradas inúteis pelo sistema. Subtraídas do brilho, se desfazem no vazio.

Mas enquanto o gigante Piaimã segue comendo cada parte do planeta, cada pedaço do nosso corpo, cada minuto de nosso pensamento, há os que resistem. Macunaíma resistiu, Macunaíma fez. É engano pensar que o ócio e a preguiça significam não fazer nada. Macunaíma enfrentou Piaimã e o venceu, uniu-se com seus irmãos, encontrou amigos na cultura popular e ancestral, atravessou o Brasil lançando mão das armas que conheceu na infância, usou com maestria as brincadeiras e fantasias de nosso povo. Teve a coragem de imaginar um outro mundo, não se rendendo a este. Não se deixou iludir. Comeu cobra e fez dieta com guaraná, a frutinha da Amazônia. Seguiu em frente até conseguir derrotar Venceslau Pietro Pietra, o gigante comedor de gente. Foi esperto e enganou o monstro, fazendo-o se enrolar num balanço de cipó que pendia sobre um grande tacho de macarronada fumegante. E Macunaíma o empurrou nesse balanço, até que os espinhos do cipó ferraram a carne da fera, que ainda assim queria mais e mais, nem se importando com a própria sangueira que engrossava o molho da macarronada. Abaixo, estava a caapora aguardando aquele destruidor, aquele regatão. Foi quando Macunaíma empurrou o gigante no tacho fervilhante. Mas a gulodice era tanta que Venceslau Pietro Pietra ainda encontrou forças para colocar o pescoço acima do tacho e gritar: "– Falta queijo!". Até na hora da morte Piaimã queria mais, e Macunaíma venceu o capitalista porque ele era guloso e ganancioso. E não é assim que são as grandes corporações e os bilionários do mundo, os latifundiários e cobiçosos de todo tipo?

Com este livro, procurei estabelecer uma relação entre a muiraquitã roubada de Macunaíma – o sapinho, o talismã amazônico a expressar a relação dele com Ci, a Mãe do Mato, a natureza – e a perda que os habitantes de São Paulo sofreram quando os rios lhes foram roubados, mais especificamente o rio Tietê, o pai Tietê e suas águas agora "podres de fel", no dizer de Mário de Andrade. Era o rio que dava identidade aos paulistas, o rio das travessias de São Paulo a nado, das competições de remo, dos piqueniques e do futebol de várzea; o rio preguiçoso que serpenteava a cidade, dando voltas como uma cobra grande, cheio de alagados. As voltas do rio foram retificadas formando uma canaleta, as barrancas foram arrancadas e as pistas marginais emparedaram suas margens, tornando-se muito úteis para os automóveis e caminhões em movimento desenfreado. Sem contar as outras centenas de cursos d'água na cidade canalizados ou transformados em esgoto. Em cada cidade, em cada lugar, há um ponto de contato entre humanos e natureza – como havia em São Paulo, na relação que procuro estabelecer com o rio Tietê –; esse ponto, o talismã, lembra aos humanos que somos natureza, somos parte dela, filhos de uma mesma mãe, e dela não podemos viver apartados. No entanto, pelos ideais de acumulação infinita, exploração e progresso utilitário, essa relação foi subtraída dos humanos, tornando-os seres alienados, que se deixam governar por um poder e um sistema econômico absolutamente ilógicos e sórdidos.

Mas sempre haverá uma muiraquitã a nos lembrar dessa nossa conexão com a mãe natureza, a Pachamama, Gaia, ou o nome que se prefira. Perdida a muiraquitã, acontece a alienação, conceito muito presente na obra de Mário de Andrade. Seu último poema, "A meditação sobre o Tietê" – um poema-testamento, triste e desesperançoso, concluído pouco mais de um mês antes de sua morte –, deixa esse conceito muito claro:

Água do meu Tietê,

Onde me queres levar?

— Rio que entras pela terra

E que me afastas do mar...

É noite. E tudo é noite.

[...]

A culpa é tua, Pai Tietê? A culpa é tua

Se as tuas águas estão podres de fel

E majestade falsa? A culpa é tua

Onde estão os amigos? Onde estão os inimigos?

Onde estão os pardais? E os teus estudiosos e sábios, e

Os iletrados?

E o teu povo? E as mulheres!

[...]

Quando publicado este livro, há quase vinte anos, o rio estava fétido, assim como segue hoje, no lançamento desta nova edição. Esse é o ponto da tese. Como permitimos que nos roubem a muiraquitã sem fazer nada para recuperá-la? Por que não temos coragem e força para enfrentar o gigante comedor de gente?

Macunaíma fez!

Macunaíma enfrentou o gigante e recuperou a muiraquitã. Ele se uniu aos seus irmãos e amigos e empregou o verbo "fazer" em todos os momentos em que foi necessário tomar uma decisão:

"– Sim, Curupira fez"; "– Sim, cotia fez"; "– Essa eu caço! ele fez"; "– Ai! Maanape fez"; "– Ui! Que o herói fez"; "– Sai azar! O rapaz fez"; "– Arre que posso comer, fez!". O verbo "fazer" é contado às dezenas, em diversas construções verbais, ao longo da obra *Macunaíma*. A ação está presente, bem como a coragem e a determinação, sempre em meio a brincadeiras, ao lúdico, à fantasia e às culturas populares e ancestrais. O herói brasileiro sem nenhum caráter foi interpretado de forma equivocada e moralista por muitos, exatamente porque não leram ou leram mal, sem ler. Faltou escutar os silenciados, faltou olhar os invisíveis, e as estrelas seguiram com brilho inútil, até porque mal podem ser vistas das grandes cidades, ofuscadas pela luz artificial. Essa leitura moralista de *Macunaíma* fez com que o próprio Mário viesse esclarecer a questão no prefácio à terceira edição de sua obra, mencionado em nota na página 185 deste livro e aqui novamente reproduzido em outro pequeno trecho:

> E com a palavra caráter não determino apenas uma realidade moral não, em vez entendo a realidade psíquica permanente, se manifestando por tudo, nos costumes na ação exterior na língua na História na andadura tanto no bem como no mal. O brasileiro não tem caráter porque não possui nem civilização própria nem consciência tradicional.[1]

O fato de o herói brasileiro não ter nenhum caráter significa que o caráter do povo brasileiro segue em formação. Era assim em 1928, continuava assim em 2005 e permanece assim em 2022. O caráter em formação dos brasileiros carrega em si tanto o que há de melhor na humanidade quanto seus piores horrores. Os mil povos em um. Qual caráter vai prevalecer? Aquele que cultivarmos melhor. No

---

[1] Prefácio preparado por Mário de Andrade mas não publicado. Ver "Apêndice" da 32ª edição de *Macunaíma: o herói sem nenhum caráter* (Belo Horizonte/Rio de Janeiro: Garnier, 2001), p. 169.

momento em que escrevo, sinto uma tristeza profunda, pois parece que o caráter cultivado hoje espelha aquilo que há de pior, de mais egoísta, ignorante, vulgar, bruto, violento. Mas cultivaremos nosso outro lado. Ele está em nós e há de triunfar. Assim como triunfou para Macunaíma e seus amigos.

Este livro é resultado de minha dissertação de mestrado na Unicamp, no departamento de História, defendida em 2004. Concomitantemente à escrita, eu trabalhava como diretor de promoções esportivas, lazer e recreação na cidade de São Paulo; quem consultar a dissertação completa, no repositório de teses e dissertações da Unicamp,[2] poderá encontrar nos anexos o conjunto de políticas públicas que fui formulando e implantando, todas tendo por base as reflexões teóricas expressas neste livro. Eram reflexões realizadas "a quente", em meio ao fazer. Entre as políticas, cito:

- o Recreio nas Férias, programa de lazer em tempo de férias, que envolvia 200 mil crianças e jovens por edição, buscando transpor as barreiras invisíveis da cidade;

- o Viva São Paulo, com um conjunto de ações para a ocupação dos espaços públicos em convívio cidadão, englobando das corridas de rua (que saltaram de 15 em 2001 para 80 em 2004, várias delas com mais de 10 mil participantes) à reativação das Ruas de Lazer (mais de 400), com distribuição de kits para lazer comunitário, organização de comitês por rua, até o uso do viaduto Elevado, o Minhocão, e a abertura, pela primeira vez, da Avenida Paulista como grande rua de lazer;

---

[2] Disponível em: https://repositorio.unicamp.br/acervo/detalhe/302212?guid=1658436871807&returnUrl=%2fresultado%2flistar%3fguid%3d1658436871807%26quantidadePaginas%3d1%26codigoRegistro%3d302212%23302212&i=1. (Acesso em: 1º ago. 2022.)

- o Ludicidade, com as brinquedotecas, o ônibus Brincalhão, jogos e brincadeiras;

- o Mais Esporte, com núcleos de esporte comunitário, do xadrez ao futebol, para 35 mil crianças e jovens nas periferias, em mais de 200 núcleos, sob orientação de ex-atletas e ídolos do futebol; e

- os Agentes Jovens de Lazer, em que 5.500 jovens, além de desempregados de longa duração com mais de 45 anos, recebiam uma bolsa para atuarem como monitores e agentes de recreação em suas comunidades.

Tudo foi feito sob o impacto e a inspiração da obra de Mário de Andrade. São reflexões a partir da ação, com efeito em parte considerável da população paulistana. Foi a minha forma de aplicar o verbo "fazer", como Macunaíma fez.

Quando publicado, ainda no início do século XXI, este livro já apresentava valores em transformação: a diluição das fronteiras entre trabalho, lazer e vida doméstica; o advento das novas formas de produção e medidas, com a virtualidade e o teletrabalho; o universo dos *games*. Era algo ainda bem distante das plataformas tecnológicas de hoje, mas que já podia ser percebido como tendência. Daí o esforço teórico em buscar compreender os conceitos e a construção histórica das ideias de trabalho, ócio, preguiça, tempo livre, lazer, jogo, brincadeira. Relendo o livro, considero que essas questões, bem como sua interpretação, seguem atuais e necessárias. Espero que os capítulos específicos continuem contribuindo para a compreensão dos problemas apresentados e auxiliem as gerações atuais e futuras a encontrarem soluções para esses dilemas.

Muitas das soluções apontadas à época seguem necessárias, atuais e urgentes, como a proposta da Renda Básica da Cidadania, universal e incondicional, tal qual formulada pelo então senador Eduardo Suplicy. A pandemia de Covid-19, ainda não debelada, demonstrou a necessidade de um programa permanente de amparo social, que assegure um patamar mínimo de sobrevivência, reprodução e cuidado a todos os seres, de maneira indistinta; isso é perfeitamente factível, pois há recursos disponíveis, seja no Brasil ou no globo. Sem isso, todos seguirão uma vida de desamparo e infelicidade, inclusive aqueles que creem ter tudo e, por terem tudo, desprezam todos. O drama dos refugiados, a falta de assistência aos desvalidos, o desamparo ante o vírus, a fome, as ignorâncias, tudo isso se volta contra todos caso inexista um equilíbrio entre os humanos, e entre estes e os demais seres. Já está provado: não se controla uma pandemia sem o recolhimento físico de pessoas, que necessitam de meios básicos para que isso aconteça; não se impede o fluxo cada vez maior de refugiados pela miséria, pela violência ou por razões climáticas sem um mínimo de amparo a todas as pessoas do globo, assegurando-lhes meios para viverem em seus lugares de origem. A humanidade, em suma, não terá capacidade de enfrentar o colapso climático sem que sejam garantidas condições básicas de vida para todos.

Associada à Renda Básica da Cidadania, tem-se a necessária redução da jornada de trabalho. Um máximo de 30 horas de trabalho semanal, com renda básica da cidadania, deve ser a meta de todas as trabalhadoras e trabalhadores do planeta. Um movimento global. Neste livro, eu demonstro a viabilidade econômica dessa redução; os cálculos referenciados são da virada do milênio, mas seguem perfeitamente atuais, e essa viabilidade ficou ainda mais explícita e fácil de ser alcançada. Em momentos de crise econômica, como o que o mundo vive a partir da pandemia, a redução da jornada é ainda mais necessária, até como solução para a saída da crise. É tão racional e evidente que a equidade é o melhor caminho que a infame hiperconcentração de renda e patrimônio torna-se ainda mais abjeta. Em breve, haverá trilionários no planeta, já havendo os centebilionários. Não é possível que a humanidade se sujeite a isso. Macunaíma jamais se sujeitaria. Levantemo-nos pela dignidade de nossos filhos e netos. Já! É isso ou o fim estará próximo, mais próximo do que imaginamos.

Ao lado dessas duas medidas combinadas – Renda Básica da Cidadania, universal e incondicional, e jornada de trabalho máxima de 30 horas semanais –, são necessárias outras políticas emancipatórias, que possam produzir novas maneiras de ser a partir do tempo de não trabalho. A realização plena do humano e o reencontro deste com Ci, a Mãe do Mato, a mãe natureza, só serão possíveis quando nos reapropriarmos de uma vida cheia de sentido, com senso crítico e senso de lugar, resultando em uma vida emancipada. Emancipar significa descolonizar, despatriarcalizar e desmercantilizar as relações humanas, acabando com o racismo e com todas as formas de discriminação e opressão. Não nos conformemos com menos que isso. Não há mais tempo para acomodação!

Macunaíma, o herói preguiçoso, não se acomodou, não fugiu à luta. Ele fez. Nós, que nos consideramos práticos e utilitaristas, em contraparte, vivemos adiando nossa felicidade. Ela está diante de nós, mas não temos coragem de buscá-la, preferindo nos enredar como coisa. Coisa para produzir, coisa para explorar, coisa para consumir, coisa para descartar. O verbo está sempre no gerúndio, em um tempo que nunca termina. Vamos *fazendo* e não concluímos, vamos *adiando* e não alcançamos, vamos *governando* e não resolvemos. Enquanto isso, o planeta vai sendo espoliado, as pessoas vão sendo esmagadas, o lucro vai sendo acumulado. E nós seguimos roubando o futuro de nossa espécie. Que espécie é essa que rouba de suas crias? Roubamos sonhos e encantos, a água boa de nossos filhos, o ar puro de nossos netos.

Se não quisermos o destino de ser alimento para o gigante comedor de gente, é necessário romper o cerco e conquistar algum tempo para nós. E devemos começar bem cedo, encontrando tempo para um lazer diferente, emancipador, que nos dê coragem para enfrentar Piaimã. A fenda, a fresta, é bem pequena, mas podemos encontrá-la e colocar uma cunha, alargando-a até que consigamos atravessá-la. Mas isso só poderá acontecer em nosso tempo livre, quando somos senhores de nosso tempo. Antes de começar, é melhor estirar os músculos, expandir a mente e, de um jeito bem devagar, alongar os braços e dizer:

Ai! Que preguiça!...

PS 1 – Escrevi este livro antes de ter idealizado e implantado o programa Cultura Viva e os Pontos de Cultura no Brasil. Em 2004, fui convidado por Gilberto Gil a assumir a função de Secretário de Programas e Projetos do Ministério da Cultura, depois Secretaria da Cidadania Cultural. Foi quando escrevi o programa, com conceitos, teoria, objetivos e metas, bem rápido, em duas noites num quarto de hotel em Brasília, quando minha nomeação ainda nem havia sido publicada no Diário Oficial. Quando alguns me perguntam como consegui escrever tão rapidamente e de forma tão completa um projeto de tanto impacto como os Pontos de Cultura, que alcançou 3.500 comunidades – de aldeias indígenas a favelas, de grandes metrópoles a assentamentos da reforma agrária, em 1.100 municípios e com 8 a 9 milhões de pessoas envolvidas –, eu respondo: o projeto foi escrito antes. Muitas das ideias apresentadas nos conceitos para o Cultura Viva e os Pontos de Cultura foram inspiradas no frescor da escrita deste livro. Assim, fui seguindo na trilha, com os Pontos de Cultura, que também podem ser chamados de muiraquitãs.

BIBLIOGRAFIA COMPLEMENTAR

ARANTES, Antônio Augusto. *Paisagens paulistanas: transformações no espaço público*. Campinas/São Paulo: Unicamp/Imprensa Oficial (Imesp), 1999.

ARIÈS, Philippe. *História social da criança e da família*. Rio de Janeiro: Guanabara, 1981.

ASSIS, Sávio. *Reinventando o esporte*. Campinas: Autores Associados, 2001.

BOTTOMORE, Tom. *Dicionário do pensamento marxista*. Rio de Janeiro: Zahar, 1988.

BOURDIEU, Pierre. *Razões práticas sobre a teoria da ação*. Campinas: Papirus, 1994.

BRONFENBRENNER, Urie. *A ecologia do desenvolvimento humano*. Porto Alegre: Artmed, 2002.

CALDEIRA, Jorge (org.). *Escolhas sobre o corpo, valores e práticas físicas em tempo de mudança*. São Paulo: Sesc, 2003.

CAMARGOS, Márcia. *Semana de 22: entre vaias e aplausos*. São Paulo: Boitempo, 2002.

CANDIDO, Antonio. *Literatura e sociedade*. São Paulo: Publifolha, 2000.

DEAECTO, Marisa Midori. *Comércio e vida urbana na cidade de São Paulo*. São Paulo: Editora Senac São Paulo, 2001.

DEJOURS, Christophe. *A loucura do trabalho*. São Paulo: Cortez, 2003.

FOUCAULT, Michel. *Vigiar e punir*. Petrópolis: Vozes, 1999.

FRÚGOLI JR., Heitor. *São Paulo: espaços públicos e interação social*. São Paulo: Marco Zero/Sesc, 1995.

GOULART DE FARIA, Ana Lúcia. *Educação pré-escolar e cultura*. São Paulo/Campinas: Cortez/Unicamp, 1999.

HOBSBAWM, Eric; RANGER, Terence. *A invenção das tradições*. São Paulo: Paz e Terra, 1984.

HOBSBAWM, Eric. *História social do jazz*. São Paulo: Paz e Terra, 1996.

HOBSBAWM, Eric. *Pessoas extraordinárias, resistência, rebelião e jazz*. São Paulo: Paz e Terra, 1999.

INSTITUTO BRASILEIRO DE GEOGRAFIA E ESTATÍSTICA. *Estatísticas do século XX*. Rio de Janeiro: IBGE, 2003.

JEKUPÉ, Olívio. *Arandu Ymanguaré (sabedoria antiga)*. São Paulo: Evoluir, 2003.

JEKUPÉ, Olívio. *Verá, o contador de histórias*. Coleção Palavra de Índio. São Paulo: Peirópolis, 2003.

LÉVI-STRAUSS, Claude. *Tristes trópicos*. São Paulo: Companhia das Letras, 2001.

LUCENA, Ricardo de Figueiredo. *O esporte na cidade*. Campinas: Autores Associados, 2000.

MARCELLINO, Nelson Carvalho (org.). *Lazer e esporte*. Campinas: Autores Associados, 2001.

MARCELLINO, Nelson Carvalho. *Políticas públicas setoriais de lazer*. Campinas: Autores Associados, 1996.

MARCUSE, Herbert. *Eros e civilização*. Rio de Janeiro: Zahar, 1968.

MILIBAND, David (org.). *Reinventando a esquerda*. São Paulo: Unesp, 1994.

MORIN, Edgar. *Os sete saberes*. São Paulo: Cortez, 2000.

MULLER, Ademir; PEREIRA DA COSTA, Lamartine. *Lazer e desenvolvimento regional*. Santa Cruz do Sul: Edunisc, 2002.

NIEMEYER, Oscar et al. *Parque do Tietê: plano de reurbanização da margem do rio Tietê*. São Paulo: Almed, 1986.

SALLES DE OLIVEIRA, Paulo (org.). *O lúdico na cultura solidária*. São Paulo: Hucitec, 2001.

V.V. A.A. *Especial Mário de Andrade*. Revista do Arquivo Municipal, vol. 180. São Paulo, jan.-mar. de 1970.

V.V. A.A. *Lazer e tempo livre*. Coleção Ensaios/Brasil. São Paulo: Sesc/Lazuli, 2003.